移动互联网营销推广宝典

海天理财　编著

清华大学出版社

北京

内 容 简 介

全书共分为 12 章，介绍了 11 种移动营销推广方式，具体内容有：App 推广、微信推广、微店推广、O2O 推广、大数据推广、QQ 推广、微博推广、二维码营销、论坛营销、软文营销、事件营销等，帮助企业轻松运营，让您一书在手，即可彻底读懂、玩透移动互联网，成为移动互联网营销推广的高手！

本书结构清晰，实战性强，适合于初次接触移动营销的新手、拥有经营经验的老手，以及需要营销的企业。此外，对移动互联网营销感兴趣的，并且希望通过移动端这个新领域获得第一桶金的投资者、创业者，也能从本书中汲取营养。

图书在版编目(CIP)数据

移动互联网营销推广宝典/海天理财编著. --北京：清华大学出版社，2016

ISBN 978-7-302-42798-8

Ⅰ. ①移… Ⅱ. ①海… Ⅲ. ①网络营销 Ⅳ. ①F713.36

中国版本图书馆 CIP 数据核字(2016)第 028142 号

责任编辑：杨作梅
装帧设计：杨玉兰
责任校对：吴春华
责任印制：何 芊

出版发行：清华大学出版社
　　　　　网　　址：http://www.tup.com.cn，http://www.wqbook.com
　　　　　地　　址：北京清华大学学研大厦 A 座　　邮　编：100084
　　　　　社总机：010-62770175　　　　　　　　邮　购：010-62786544
　　　　　投稿与读者服务：010-62776969，c-service@tup.tsinghua.edu.cn
　　　　　质 量 反 馈：010-62772015，zhiliang@tup.tsinghua.edu.cn
　　　　　课 件 下 载：http://www.tup.com.cn，010-62791865
印 装 者：三河市金元印装有限公司
经　　销：全国新华书店
开　　本：170mm×240mm　　印　张：22.75　　字　数：471 千字
版　　次：2016 年 4 月第 1 版　　　　　　印　次：2016 年 4 月第 1 次印刷
印　　数：1～3000
定　　价：59.80 元

产品编号：061741-01

前　言

■ 写作驱动

　　移动设备不仅极大地影响着我们的日常沟通方式，而且影响着我们与他人以及各个组织的交流和联系。如何在移动互联网上推广和销售自己的产品？如何通过移动互联网为顾客提供服务？如何在移动互联网上树立和传播自己的品牌？这几乎是当下所有互联网企业和传统企业都在思考的问题，企业要想在移动互联网时代立于不败之地，就必须拥抱移动互联网，在移动互联网上建立自己的优势。本书尝试着为企业给出这些问题的答案，它是目前移动营销领域很具有实践性和非常接地气的一本书。

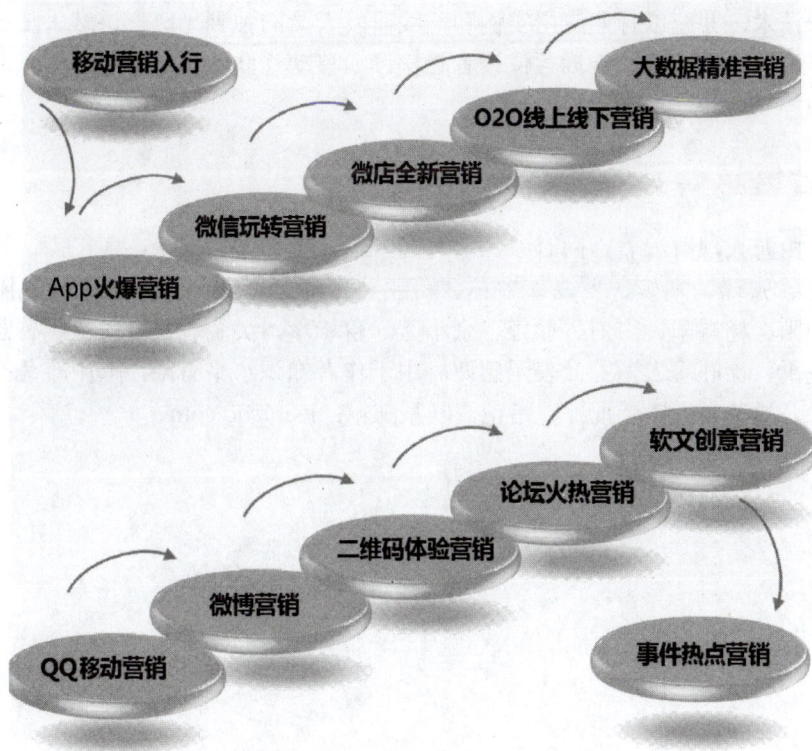

本书从移动营销的内容入手，帮助想要在移动互联网中寻求商机的人，掌握快速推广营销的秘诀，把商家和企业的规模进一步做大做强。无论是传统企业还是互联网企业，无论是大企业还是小公司，无论是创业团队还是个人，如果要利用移动营销进行推广，按照本书中所讲的思路和方法去做，一定会大有收获！

■ 本书特色

本书主要有以下两个特色。

(1) 容易懂，内容全面、专业性强：本书体系完整，以移动互联网营销推广、引爆流量为中心，对移动互联网营销进行了 12 章专题内容的详解，包括移动营销、App推广、微店推广、微信推广、O2O 推广、大数据推广、QQ 推广、微博推广、二维码营销、论坛营销、软文营销、事件营销等，帮助读者玩转移动互联网营销推广。

(2) 接地气，操作为主，实战性强：本书全面剖析当前移动互联网领域中的主流营销推广技术，并配以行业应用实例和一线研发人员的独到见解，讲解大量的真实营销案例，摆事实讲道理，告诉各位读者轻松读懂移动互联网营销、引爆流量的具体方法和技巧。

■ 作者信息

本书由海天理财编著，同时参加编写的人员还有谭贤、柏松、谭俊杰、徐茜、苏高、曾杰、张瑶、刘嫔、罗磊、罗林、蒋鹏、田潘、李四华、刘琴、周旭阳、袁淑敏、谭中阳、杨端阳、卢博、徐婷、余小芳、蒋珍珍、吴金蓉、陈国嘉、曾慧、向彬珊、李龙禹、徐旺等人，在此表示感谢。由于作者知识水平有限，书中难免有错误和疏漏之处，恳请广大读者批评、指正，联系邮箱：itsir@qq.com。

编　者

目　　录

第 1 章　新手入门——移动营销入行.....1

1.1　移动营销概述 2
　　1.1.1　什么是移动营销 2
　　1.1.2　移动营销的特点 2
1.2　移动营销模式 3
　　1.2.1　App 移动营销 3
　　1.2.2　微信移动营销 4
　　1.2.3　二维码移动营销 5
1.3　移动营销的发展 7
　　1.3.1　客户至上的服务理念 7
　　1.3.2　人性化的收费模式 8
　　1.3.3　产品的核心竞争力 8
　　1.3.4　移动营销的新模式 9
　　1.3.5　资源的整合利用 11
1.4　移动营销的应用 11
　　1.4.1　App 营销的应用 11
　　1.4.2　二维码营销的应用 14
　　1.4.3　微信营销的应用 14
　　1.4.4　大数据营销的应用 15

**第 2 章　移动门户——App 火爆
　　　　营销 19**

2.1　App 营销概述 20
　　2.1.1　什么是 App 营销 20
　　2.1.2　App 营销的特点 21
2.2　App 营销技巧 24
　　2.2.1　抓住人性精准定位 24

　　2.2.2　超越软广告保证品质 25
　　2.2.3　培育长久关系保持延伸 ...26
2.3　App 移动营销优势.........................28
　　2.3.1　可持续性强 28
　　2.3.2　开发成本低 29
　　2.3.3　信息传播快 30
　　2.3.4　产品信息全面 31
　　2.3.5　销售活动灵活 32
　　2.3.6　市场定位准确 32
　　2.3.7　与用户互动性强 34
　　2.3.8　内容吸引用户 36
2.4　App 营销模式 36
　　2.4.1　植入模式 36
　　2.4.2　广告模式 40
　　2.4.3　用户模式 41
　　2.4.4　购物模式 44
2.5　App 营销推广渠道.........................48
　　2.5.1　App 线下预装 48
　　2.5.2　第三方平台安装 48
　　2.5.3　App 的微博推广 49
　　2.5.4　App 的社区推广 50
　　2.5.5　品牌效应推广 50
　　2.5.6　App 的口碑推广 50
　　2.5.7　限时营销推广 51
　　2.5.8　App 的视频推广 51
　　2.5.9　App 的排名推广 52

第3章　社交神器——玩转微信
营销 53

3.1　微信营销概述 54
　　3.1.1　什么是微信移动营销 54
　　3.1.2　微信移动营销的特点 55
　　3.1.3　微信移动营销的优势 56
　　3.1.4　微信移动营销的价值 57
　　3.1.5　微信移动营销的问题 58
　　3.1.6　微信移动营销的模式 59

3.2　微信移动营销策略 62
　　3.2.1　漂流瓶 62
　　3.2.2　地理位置推送 65
　　3.2.3　公众平台 66
　　3.2.4　互动推送 68
　　3.2.5　与用户沟通对话 70
　　3.2.6　二维码 71
　　3.2.7　朋友圈 73

3.3　微信移动营销的技巧 75
　　3.3.1　特色的内容 76
　　3.3.2　多样的推送形式 76
　　3.3.3　特色的微信账号 77
　　3.3.4　创意的微信活动 78
　　3.3.5　多种方式的宣传 79

3.4　微信营销推广三部曲 80
　　3.4.1　抓住受众眼球 80
　　3.4.2　策划受众互动 91
　　3.4.3　营销推广方法 95

第4章　方便快捷——微店全新
营销 101

4.1　微店营销基础 102
　　4.1.1　店铺取名 102

4.1.2　店铺图标 103
4.1.3　微信号 104
4.1.4　店铺公告 106
4.1.5　微店店招 107

4.2　微店营销策略 107
　　4.2.1　内容营销 107
　　4.2.2　互动营销 110
　　4.2.3　情感营销 111
　　4.2.4　价值营销 113

4.3　微店营销技巧 116
　　4.3.1　增加点击率 117
　　4.3.2　统计数据 119
　　4.3.3　提升排名 121

4.4　微店营销推广方式 122
　　4.4.1　微信推广 122
　　4.4.2　腾讯QQ推广 126
　　4.4.3　微博推广 129
　　4.4.4　百度贴吧推广 130

4.5　微店营销推广技巧 130
　　4.5.1　互换店铺链接共同推广 130
　　4.5.2　"零成本开店"梦想的
　　　　　推广 132
　　4.5.3　全新的个性化直通车
　　　　　推广 135
　　4.5.4　利用用户消费欲望促销
　　　　　推广 138

第5章　全新体验——O2O线上线下
营销 143

5.1　O2O营销概述 144
　　5.1.1　O2O营销的优势 144
　　5.1.2　O2O的内容营销 145

目录

5.2 O2O 的三种营销模式 146
　5.2.1 广场模式 146
　5.2.2 代理模式 147
　5.2.3 商城模式 147
5.3 O2O 的四种营销方式 148
　5.3.1 体验式营销：让用户亲身
　　　　体验与感知 148
　5.3.2 直复营销：精准直达的
　　　　营销方式 150
　5.3.3 情感营销：实现与用户的
　　　　情感沟通 152
　5.3.4 数据库营销：深度挖掘
　　　　与维护客户 153
5.4 O2O 的营销技巧 154
　5.4.1 不过分依赖营销工具 155
　5.4.2 与用户的在线工具保持
　　　　一致 157
　5.4.3 将内容营销放在主要
　　　　地位 158
　5.4.4 O2O 营销的前提是服务 160
　5.4.5 O2O 营销的关键是互动 162
　5.4.6 与客户建立良好的关系 163

第 6 章　抓住市场——大数据精准
　　　　营销 165
6.1 大数据营销概述 166
　6.1.1 什么是大数据营销 166
　6.1.2 大数据营销的机遇 166
　6.1.3 大数据的营销价值 170
6.2 大数据的营销技巧 174
　6.2.1 分析用户行为 174
　6.2.2 实现精准营销 175

6.2.3 了解潜在客户的需求 177
6.2.4 通过大数据分析竞争
　　　对手 178
6.2.5 大数据帮助企业筛选
　　　客户 178
6.2.6 通过大数据营销改善用户
　　　体验 179
6.2.7 客户分级管理是大数据
　　　营销的前提 181
6.2.8 大数据营销需要市场预测
　　　与决策分析支持 182
6.3 大数据移动营销思维 183
　6.3.1 大数据移动营销的
　　　　新变化 183
　6.3.2 大数据移动营销的用户
　　　　思维 187
6.4 大数据移动营销的方法 188
　6.4.1 吸引客户的营销推广
　　　　方式 188
　6.4.2 打开突破口从客户开始 189
　6.4.3 "私人定制"化服务
　　　　和产品 189
　6.4.4 健全售后服务体系 190

第 7 章　社交平台——QQ 移动
　　　　营销 191
7.1 QQ 移动营销概述 192
　7.1.1 什么是 QQ 移动营销 192
　7.1.2 QQ 移动营销的特点 192
7.2 QQ 移动营销的技巧 194
　7.2.1 QQ 移动营销的优势 194
　7.2.2 QQ 移动营销的功能 195

7.2.3 QQ 账号的设置技巧 199

7.2.4 添加 QQ 好友的技巧 203

7.2.5 QQ 移动营销交流的
技巧 205

7.2.6 QQ 空间的营销技巧 207

第 8 章 人的接力——微博营销 209

8.1 微博营销概述 210

8.1.1 什么是微博营销 210

8.1.2 微博营销的优势 211

8.1.3 微博营销的步骤 213

8.1.4 微博营销的特点 214

8.1.5 五大招做好微博营销 215

8.1.6 免费的微博营销工具 216

8.2 微博营销策略 217

8.2.1 构建微博形象，赢得
关注 217

8.2.2 树立公关形象，赢得
口碑 220

8.2.3 构建营销环境，赢得
印象 220

8.2.4 构建营销团队，赢得
人才 221

8.3 微博营销的技巧 222

8.3.1 微博资料的设置技巧 222

8.3.2 微博内容推广技巧 225

8.3.3 微博标签设置技巧 226

8.3.4 微博提高粉丝数量的
技巧 227

8.3.5 微博提高满意度的技巧 228

8.3.6 微博互动营销技巧 230

8.3.7 微博硬广告营销技巧 231

8.3.8 微博公关服务技巧 233

8.3.9 微博热门话题营销技巧 234

8.4 微博营销推广 235

8.4.1 与粉丝形成紧密关系 236

8.4.2 微博图文结合发布广告 237

8.4.3 用微博促销活动吸引
眼球 237

8.4.4 寻找客户和潜在客户 239

8.4.5 根据企业特点精准定位 240

8.4.6 "巧时发博"增强微博
效果 241

**第 9 章 社交分享——二维码体验
营销 243**

9.1 二维码营销概述 244

9.1.1 什么是二维码 244

9.1.2 二维码营销的优势 246

9.1.3 二维码营销的潜力 248

9.1.4 二维码营销的模式 250

9.2 二维码营销设计技巧 252

9.2.1 提高二维码的扫描率 252

9.2.2 增加二维码的粉丝数 253

9.2.3 提升二维码的成交率 255

9.3 二维码营销策略 262

9.3.1 明确二维码投放的目的 262

9.3.2 明确扫描二维码的价值 263

9.3.3 设计令人眼前一亮的
二维码 264

9.3.4 二维码的链接页面是
关键 266

9.3.5 二维码摆放位置的策划 268

9.3.6 根据数据分析营销效果 269

9.3.7 追踪二维码营销效益 271

9.4 二维码营销推广渠道 272

9.4.1 二维码的微博推广 272

9.4.2 二维码的微信推广 273

9.4.3 二维码的网站推广 274

9.4.4 二维码的百科词条推广 275

9.4.5 二维码的电子邮件推广 275

9.4.6 二维码的 App 推广 276

第 10 章 互动交流——论坛火热
营销 279

10.1 论坛营销概述 280

10.1.1 什么是论坛营销 280

10.1.2 论坛营销的特点 280

10.2 论坛营销方法 281

10.2.1 筛选论坛，确保人气 281

10.2.2 注册账号，提高发帖
效率 282

10.2.3 个性签名，吸引用户
眼球 283

10.2.4 新人报到，互粉互学 286

10.2.5 发帖内容，确保新鲜
活力 287

10.2.6 发帖时间，提升文章
关注度 289

10.2.7 积极互动，提高帖子的
火爆度 289

10.3 论坛营销推广 291

10.3.1 论坛推广特点 291

10.3.2 论坛推广技巧 292

第 11 章 吸引眼球——软文创意
营销 297

11.1 软文营销概述 298

11.1.1 什么是软文营销 298

11.1.2 软文营销的特点 299

11.1.3 软文营销的要素 301

11.1.4 软文营销的优势 303

11.2 软文营销的步骤 304

11.2.1 营销活动的调研 305

11.2.2 策划软文营销方案 307

11.2.3 软文撰写要划分主次 309

11.2.4 营销评估需项目统计 311

11.3 软文营销的策略 314

11.3.1 新闻策略 314

11.3.2 经验策略 314

11.3.3 话题策略 315

11.3.4 概念策略 315

11.3.5 技术策略 315

11.3.6 专栏策略 316

11.3.7 炒作策略 317

11.4 软文营销技巧 321

11.4.1 吸引受众，受众
"埋单" 321

11.4.2 精准定位，准确投放 321

11.4.3 了解需求，抓住受众
口味 322

11.4.4 选择平台，发布软文 322

11.4.5 策略转化，效益评估 322

11.5 软文营销推广 322

11.5.1 软文推广的作用 322

11.5.2 软文推广的优点 324

11.5.3　软文推广的技巧 325

第 12 章　抓住时机——事件热点营销 335

12.1　事件营销概述 336
12.1.1　什么是事件营销 336
12.1.2　事件营销的特点 337
12.1.3　事件营销的表现形式 341
12.2　事件营销技巧 343
12.2.1　美女牌 344
12.2.2　情感牌 345

12.2.3　热点牌 346
12.2.4　争议牌 348
12.2.5　公益牌 349
12.3　事件营销的关键 349
12.3.1　借"事"造"势" 350
12.3.2　"创势"造"事" 351
12.3.3　抓住时机，趁"事"追击 351
12.3.4　抓住切入点，借"势"提升形象 352

第 1 章
新手入门——移动营销入行

移动营销概述
- 什么是移动营销
- 移动营销的特点

移动营销模式
- App移动营销
- 微信移动营销
- 二维码移动营销

移动营销的发展
- 客户至上的服务理念
- 人性化的收费模式
- 产品的核心竞争力
- 移动营销的新模式
- 资源的整合利用

移动营销的应用
- App营销的应用
- 二维码营销的应用
- 微信营销的应用
- 大数据营销的应用

1.1　移动营销概述

移动营销把现代网络经济中的"网络营销"和"数据库营销"理论进行了融合，是互联网营销的一部分，亦为经典市场营销的派生，为各种营销方法中最具潜力的部分。

1.1.1　什么是移动营销

移动营销主张通过"虚拟"与"现实"的互动，建立一个涉及研发、产品、渠道、市场、品牌传播、促销、客户关系等更"轻"、更高效的营销全链条，整合各类营销资源，达到以小博大、以轻博重的营销效果，是一种低成本、高性价比的营销手段。移动营销早期称作手机互动营销或无线营销，是整体解决方案，它包括多种形式，如短信回执、短信网址、彩信、声讯、流媒体等。

移动营销是基于定量的市场调研，深入地研究目标消费者，全面地制定营销战略，运用和整合多种营销手段，来实现企业产品在市场上的营销目标。

1.1.2　移动营销的特点

由于移动终端有小巧且功能强大的特性，决定了移动营销具有以下 5 个特点。

1．特色鲜明

(1)　自主接受。移动终端的消费者可以自由地在手机 App 中选择是否接受消息推送、接受哪些内容以及接受的方式。

(2)　内容丰富。收到的消息可能搭载在彩铃、视频、图片中，其内容简单明了且富有新意，消费者对此不易产生反感。因此，移动营销能给消费者带来个性化的服务。

2．传播及时

与互联网信息传播相比，移动终端在信息传播方面更加方便快捷，所以移动营销的传播内容更具"时效性"。

3．互动性强

互动是全媒体视域下移动营销一个最突出的特点。移动传播、移动营销更多的是通过细水长流的互动渗透式连接来建立人与人、品牌与受众的关系。通过这种互动性极强的交流方式，从而建立起一种有极强黏性的客户关系。微博传播范围广泛，受众面覆盖大，对品牌有较大的曝光量，可以将微博看作是品牌的广播台。

微信则为品牌开通了"电话式"服务，当品牌成功得到关注后，便可以进行到达率几乎为 100%的对话，它的互动传播能力便远远超过了微博。在移动营销平台上，企业和顾客都是用户，先天的平等性和社交网络的沟通便利特性使得企业和顾客能更好地互动，打成一片，形成良好的企业品牌形象。

此外，微博、微信等移动营销工具是一个天然的客户关系管理系统，通过寻找用户对企业品牌或产品的讨论或者埋怨，可以迅速地做出反馈，解决用户的问题。

4．形式多样

移动营销形式多种多样，例如，短/彩信，手机 App 游戏，手机门户网站，移动报刊软文，微信、微博等社交圈，这些都是消费者高频率使用板块，同时移动营销已经布局到各个层面。

移动终端比网络上铺天盖地的广告更适合消费者接收信息，而且不会太过杂乱，从而可以较高效地专注某一信息。

5．移动方便

相对于 PC 而言，移动设备不仅能够拥有 PC 所能拥有的任何功能，而且携带方便，借助移动端优势，会给商家的营销带来很大的方便。

1.2 移动营销模式

伴随着移动互联网的急速渗透，移动应用已经开始迅速地利用其先天的发展优势与营销紧密结合，开启了移动营销时代。

本节将重点介绍几种移动营销模式，让企业能够更加清楚地知晓该怎样进行移动营销。

1.2.1 App 移动营销

当前，很多企业把建设一个宣传型网站作为互联网宣传的第一步，在互联网上展示企业形象和主营业务，吸引浏览者关注其网站，从而达到促进销售、提升企业价值的目的。同样，在移动互联网时代，谁先占领用户的手机桌面，谁就是"明日霸主"。可以说，App 是移动营销时代的企业标识，如图 1-1 所示。

App 作为移动营销的标识，具有的优点如图 1-2 所示。

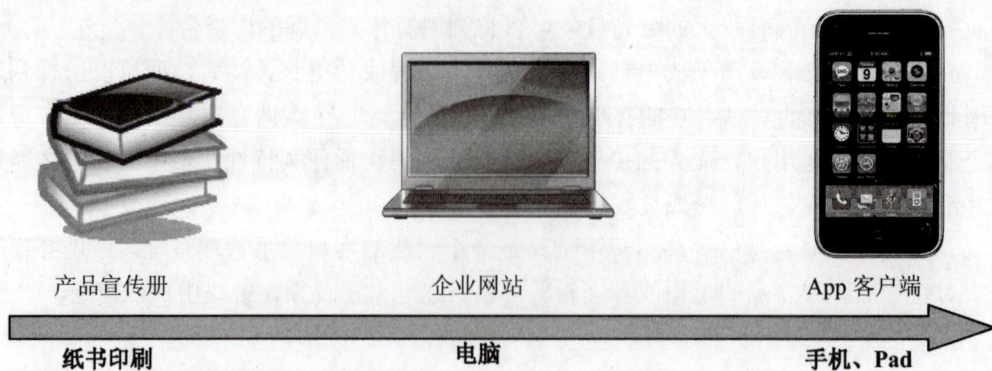

图 1-1　营销介质的发展

图 1-2　移动 App 营销的优点

1.2.2　微信移动营销

微信作为一个移动营销平台，发挥了非常大的营销作用，它不仅促进了企业销售，还在一定程度上推动了企业品牌的传播。图 1-3 所示的是微信作为移动营销平台发挥的作用。

- 销售引导。企业通过微信能够及时快捷地把产品与服务信息送达用户手中，促成交易，最大限度地缩短营销周期。
- 实现品牌传播。通过微信，粉丝不仅可以接受品牌信息，还可以更加方便地参与品牌互动活动，进一步深化企业品牌传播。
- 活动促销。微信能及时有效地把企业最新的促销活动告知粉丝用户，降低企业营销成本。

- O2O营销。线上与线下营销的互通是必然趋势，而微信为二者的结合提供了更加便利的通道。

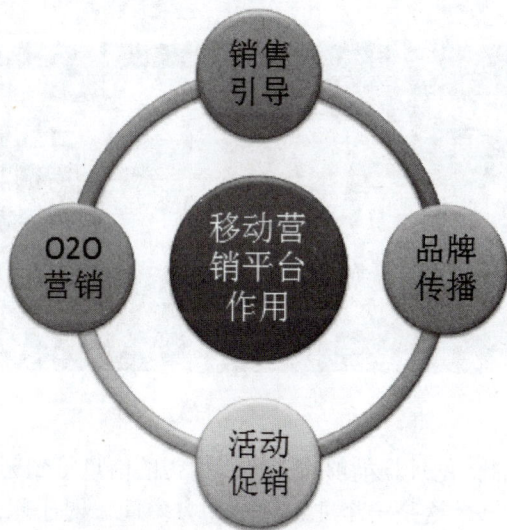

图 1-3　微信移动营销平台发挥的作用

1.2.3　二维码移动营销

二维码移动营销是最火的移动互联网营销手段，门槛低、成本少、可应用行业广泛、简单方便、可塑造性强，是网络营销中最有潜力的微营销方式，也是各行业进军移动互联网营销必备的手段，如图1-4所示。

二维码是微营销的三大入口之一　　二维码是企业营销的三大出口之一

图 1-4　二维码移动营销的重要性

在移动互联时代，二维码是入口级应用之一。二维码拥有广阔的应用空间，可印刷于产品包装、产品宣传页、户外广告、宣传海报、名片等任何介质上，这就提供了手机用户获取信息的多种途径，同时也为产品提供了覆盖范围很广的营销渠道，如图1-5所示。

图1-5　印制于各处的二维码

通过二维码中所带的网址，能够将二维码携带的信息得到无限延展，使商家能够把更多的信息糅合进去，这是一个非常大的想象空间。对于想要拓宽市场的企业来说，如何在二维码的推广初期来积极地进入这一市场，并努力构建各种模式符合市场的需要，是值得去努力的。

手机二维码的出现，也为正在不同媒体间无所适从的企业悄然打开了一条跨媒体的通道。任何形式的媒体，都可以通过这一通道实现"互联互通"，信息就在这些平台节点之间无障碍地任意流动。利用手机二维码可以组构的解决方案无处不在，在线下—手机—互联网这一通道上，它轻松地连接起了人们的日常生活与网络世界，甚至重新为那些在互联网上的低迷企业带来了生机。

• 专家提醒

与以往所有的营销手段相比，二维码移动营销最大的特点就是便捷，就像一间"移动商铺"。二维码对于消费者是一个应用工具，而对于商家则是一个便捷的移动营销平台。企业与商家可以在现有的任何形式的广告中设置二维码，只要消费者拍摄了二维码就可以在任何时间和任何地点对产品进行了解。这种了解是全方位的，不是原有的简单的一个户外或平面媒体的广告内容可以相比的，也不是短短的几十秒的广告可以表现的。

二维码移动营销可以轻松实现线上和线下的有机结合，通过二维码将客户从线下引导到线上，引导用户访问企业网站，从而提升关注度和品牌形象，带动客流量和销售量。二维码移动营销只要运用得当，可谓"百试百灵"，目前已被不少企业成功运用于各大平台。

1.3　移动营销的发展

随着移动互联网技术的发展，企业对移动营销也表现得更加重视，移动营销最主要的特点是比传统的互联网更加即时、快速和便利，而且也不会有任何地域限制。很多企业也开始重视移动营销这片市场，并思考如何做好移动营销。企业要做好移动营销，保持移动营销健康发展，需要从以下几个方面准备。

1.3.1　客户至上的服务理念

一种商品或一项服务必须从与消费者发生的第一次接触开始，就提供卓越和愉快的体验，这是它取得成功的首要条件。

"用户体验"将决定其移动营销爆炸能量的大小，因为相对于 PC 端来说，手机的屏幕小，输入速度没有电脑键盘快，看大的图片、视频不方便，影响浏览速度和浪费流量的广告也很讨厌，所以在操作上一定要越简单越好，但是在界面上却是成反比的，也就是说呈现的资讯要越丰富、越精确越好。

雪佛兰的智能微信客服"UCLUB 雪佛兰车主俱乐部"由上海通用与小 i 机器人共同打造，可提供 7×24 小时的智能客户服务。通过它，用户可进行产品咨询、车辆使用咨询、试驾预约、事故协助处理、24 小时紧急道路救援、维修保养预约、经销商与维修站查询、UCLUB 商城等一系列相关业务，如图 1-6 所示。

图 1-6　雪佛兰的智能微信客服系统

符合条件的车主无须到实体店填写纸质申请表，不用提供身份证与车辆证件，只要扫描二维码并在手机上填写入会信息，即可成为 UCLUB 会员，享受消费累积积分、维保工时折扣、尊享车主服务、专属品牌活动、联动品牌优惠、多样化沟通平台等多项围绕车主爱车与车主生活的全方位服务。另外，升级成为 UCLUB 银卡、金卡会员，更能升级礼物，体验由经销商提供的维修保养上门接送车、机场接送等高端服务。

1.3.2　人性化的收费模式

移动营销模式在企业的盈利策略上一定不可急功近利，在发展初期推出的收费业务必须通过谨慎思考和分析。因为移动业务是对自身现有业务的一个延伸，它吸引许多非电脑网民的客户，这些客户可能只用过手机的简单功能，对于电脑和网络的操作经验不足，这个时候，企业就需要有足够人性化和简单易懂的操作去教育和指导他们。

例如，免费的服务聚集人气，提高原有用户的黏性和依赖。中国移动在这方面显然更有前瞻性，它正在全方位、立体式地打造自己的移动互联网生态圈，依托移动梦网的强大平台，中国移动开通了自己的 SNS 网站 139.com，启动了二维码业务，剑指移动娱乐和移动商务，还有大量行业意见领袖的移动 Labs 博客等。

1.3.3　产品的核心竞争力

在移动营销市场，处于产业链被动位置并不可怕，可怕的是找不到自己的核心竞争力。

移动互联网的迅速发展，正在逐渐改变人们的生活方式和消费观念。尤其是近年来移动设备的兴起，让人们得以在生活、工作的间隙，把更多的碎片时间放在持续不断地享受移动购物的乐趣上。相比 PC 网站购物和传统购物形式而言，移动购物更方便、快捷，还能节省大量时间，易被广大用户，尤其是年青一代所接受。对于企业来说，移动互联网拥有更加广阔的市场，如何利用好这个大市场，启动移动营销创意，是每一个企业都必须思考的问题。

例如，丰田汽车推出了一款叫作 Backseat Driver App，意为"后座司机"的 LBS 移动 App 应用，如图 1-7 所示。当司机在前面开车，坐在后座上的其他人应该玩些什么呢？来自汽车制造公司的丰田想出了一个绝妙的主意，设计了一个名为 Backseat Driver 的小游戏，可以让汽车后座上的玩家与司机同步"开车"。

借助 iPhone 的 GPS 定位系统和地图导航系统，游戏中的虚拟车程与现实车辆保持一致，如图 1-8 所示。前座的司机在开车时，能给坐在后座的孩子们带来很多乐趣，同时，也方便了开车的家长们专心开车。

图 1-7　Backseat Driver 应用

　　Backseat Driver 这款游戏受到了众多用户的喜爱，后座的小朋友被模拟成前座的司机开车所吸引，而前座的家长也因为考虑到孩子的安全性而钟情于 Backseat Driver 应用。这款基于地图和流行的 LBS 元素的创意应用，融合了亲情，连接线上模拟开车的小朋友与线下驾驶的家长，让丰田汽车的营业额暴增。

图 1-8　游戏中的虚拟车程与现实车辆同步

　　Backseat Driver 不仅是丰田的一项推广活动，还是丰田周到服务体验的延伸项目。丰田通过 Backseat Driver 向用户提供购车与开车以外的游戏服务，来增加用户的体验，获得了移动营销史上的圆满成功。

1.3.4　移动营销的新模式

　　移动营销相比于传统营销，在模式上已经有所创新，主要体现在：精准的身份识别、即时对话、个性化需求和互动沟通这几个方面。只有把握这些模式，企业才明白如何找到自己的潜在客户，实时地与之对话，满足其个性化的需求，随之让其参与互动，通过口碑传播吸引更多的客户。移动营销模式与传统营销最大的不同，就是直接让正确的客户为企业说正确的话，冷冰冰的广告式营销终将在这个时代里慢慢消退。

融入普通大众的日常生活中去是移动营销模式的最终归宿，让我们的生活能够在移动中越来越多姿多彩，所以创新不应该只是局限在产业链里面，而更应该走出去，以共赢的态度寻找更广阔的天地。

歌莉娅试水 O2O 营销，选择与阿里旗下的微淘合作，在精选出的全国各地近百家门店内摆放了微淘活动物料，吸引到店顾客通过扫门店内的二维码成为歌莉娅微淘粉丝，再加上店铺营业员的针对性引导和现场扫码引导，短短 5 天内让歌莉娅的粉丝增长了 20 万，据统计活动期间共有超过 110 万用户打开手机访问了歌莉娅天猫店铺。图 1-9 所示为歌莉娅 VIP 会员粉丝召集令。

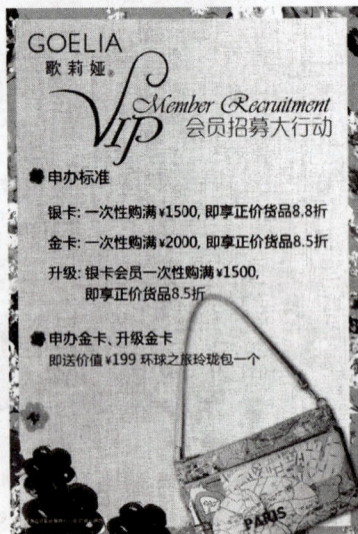

图 1-9　歌莉娅 VIP 会员粉丝召集令

歌莉娅的营销是一种典型的粉丝模式。所谓粉丝模式，是指品牌商把 O2O 工具，如第三方 O2O 平台、自有 App 等，作为自己的粉丝平台，利用一系列推广手段吸引线下用户不断加入进来，通过品牌传播、新品发布和内容维护等社会化手段黏住粉丝，定期推送给粉丝优惠和新品信息等，以吸引粉丝直接通过移动 App 购买商品。

•专家提醒

粉丝模式适合中小型服装品牌，利用社会化平台的粉丝聚集功能，通过门店对现场用户的引导，然后通过粉丝在线互动提高黏性，这样在新品发布、优惠活动或者精准推荐的拉动下，可以提高移动终端的网购能力。

1.3.5　资源的整合利用

只要把握住移动设备的前沿技术，抓住行业强势资源，不论什么企业，都能够实现快速增长。对于互联网企业和终端厂商来说，也只有把自己的核心业务和产业链甚至是产业链以外的相关节点进行有效的捆绑，才能有更大的发展空间。

1.4　移动营销的应用

随着手机、平板电脑等智能移动终端的普及，依托于移动终端的营销开始进入人们的视野，App、二维码、微信等便是其中的典型代表。下面我们简单介绍一下关于几种移动设备的应用。

1.4.1　App 营销的应用

App 营销的应用是指用特定的应用程序营销，通过特制手机、社区、SNS 等平台上运行的应用程序来开展的营销活动。

"蚂蚁短租"App 是一款基于移动互联网的酒店预订平台，主要功能如图 1-10 所示。与传统的酒店预订不同，"蚂蚁短租"主打全家出游一居、两居、三居整租房型，同时集合别墅、客栈、四合院等特色房型于一体，"蚂蚁短租"App 推出的服务颇有颠覆性，它的性价比高，比同等酒店便宜 50%。

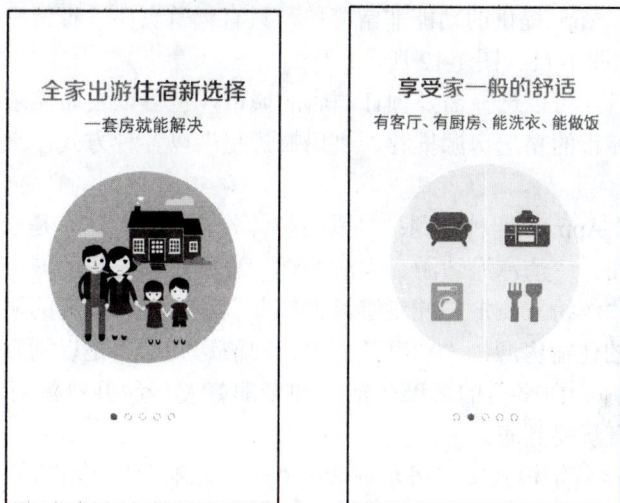

图 1-10　"蚂蚁短租"App 的主要功能

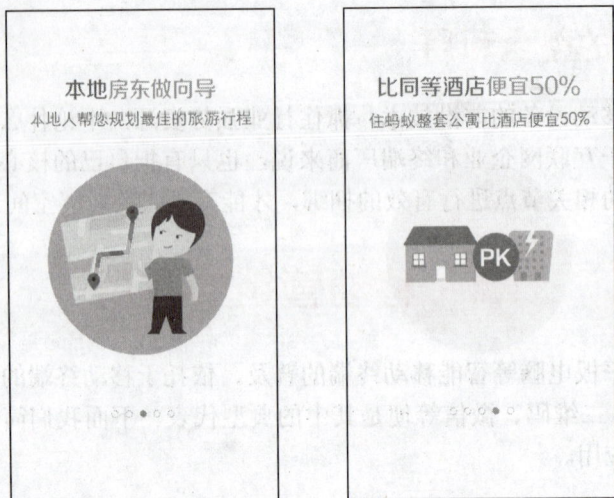

本地房东做向导
本地人帮您规划最佳的旅游行程

比同等酒店便宜50%
住蚂蚁整套公寓比酒店便宜50%

图 1-10　"蚂蚁短租" App 的主要功能(续)

·专家提醒

　　"蚂蚁短租"让租户能感觉到家一般的舒适，不但提供客厅、厨房，租户还能洗衣、做饭；另外，还有一居、两居、三居以上公寓，以及客栈、独栋别墅、阁楼、四合院、海边小屋、林间小屋、城堡、树屋、船舱、房车、冰屋等。到店无房，赔付首晚房费。

　　"蚂蚁短租" App 提供的功能非常简单，只有"首页""搜索""订单"和"我的" 4 个栏目，如图 1-11、图 1-12 所示。

　　登录首页栏目，可以选择需要预订酒店的城市，也可以发布需求让房东来找你，在下方还有主要城市的精选房源推荐。"蚂蚁短租"以各种方式，来满足旅游短租者的需求。

　　"蚂蚁短租" App 有四种主题："爱的初体验、半价入住"是以活动的方式，给予消费者折扣短租；"清凉海边游、大海畅玩一夏"是以海边的城市为主线，主推海边住宿海景房；"缤纷景点汇、仲夏避暑大推荐"是以编者推荐的避暑景点为主，向消费者推荐景点的住宿房源；"别墅开轰趴、啤酒送到家"是以别墅的推荐为主，体验人均百元高富帅、白富美的奢靡生活，和亲朋好友一起开"派对"，将唱歌、打牌、烧烤尽情疯狂玩耍到底。

　　在这样的 App 营销模式中，房东盘活了本来可能浪费掉的库存，消费者得到了高性价比的房间，"蚂蚁短租"线上平台则从中赚取了差价或佣金，最终实现三方共赢。笔者认为，类似"蚂蚁短租" App 应用等模式大都是一种轻型 O2O 模式，因此企业不能只做一个局限于媒介功能的线上平台，而是要建立自己的销售团队，掌握线下资源，这样才能形成自己的核心竞争力。

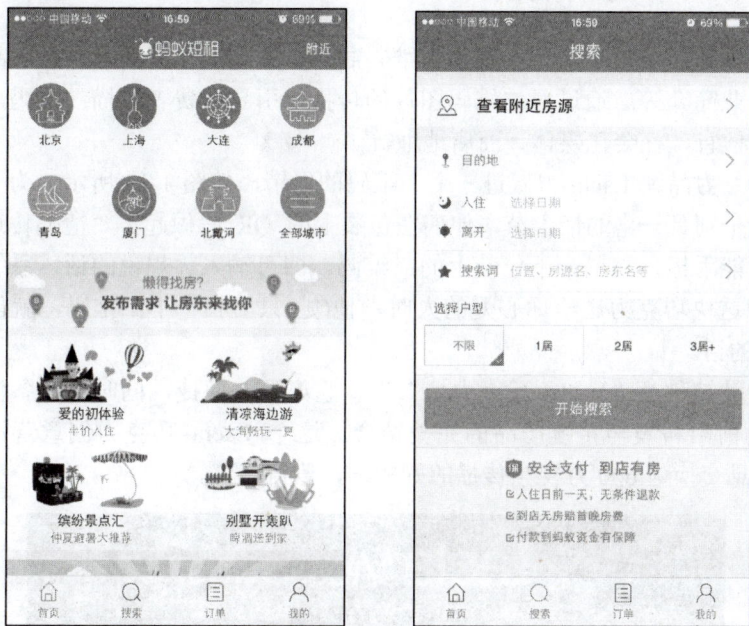

图1-11 "蚂蚁短租"App"首页"和"搜索"界面

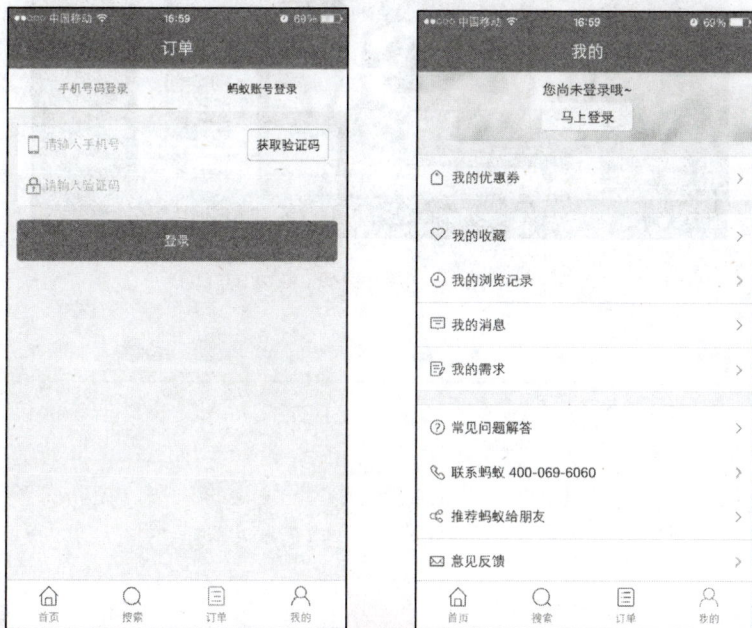

图1-12 "蚂蚁短租"App"订单"和"我的"界面

1.4.2　二维码营销的应用

二维码营销的应用是指企业利用二维码制作一系列的营销活动，如产品信息、企业活动、企业简介等。通过对二维码图片的传播，引导消费者扫描二维码，如视频、电商、订阅信息、社会化媒体、商店地址等。

希腊巧克力品牌 Lacta 曾做过一个二维码的促销，如图 1-13 所示。为了让广告吃货们度过一个别具一格的情人节，他们在包装上的 QR 码做起了"情书传递"。只要你有一部智能手机，扫描一下包装上的二维码，即可输入你想说的话，系统会记录下来。当你把这块巧克力送给你心爱的人时，他(她)只要扫一下二维码，就能看见你要对他(她)说的话。

这个活动被称为"Lacta 巧克力情书"，它好玩、便捷，同时又兼备情书的浪漫与私密，是前沿科技与传统产品的完美结合。这个 Lacta 巧克力创意营销，取得了75000 个信息交换与 600 万视频传播的好成绩，值得借鉴。

图 1-13　希腊巧克力品牌 Lacta 的广告

•专家提醒

通过二维码引导消费者使用手机购物，能够极大地提升广告的价值。传统广告主进行品牌传播、新品介绍或活动告知，可以借助二维码在原来的基础上，直接实现用户互动和交易转化，同时也能监测广告投放的效果，获取在不同渠道和载体的广告上分别有多少人来扫码、购买等数据，从而让广告获得更多的回报。

1.4.3　微信营销的应用

微信营销的应用是指企业应用微信进行一系列营销活动。微信不存在距离的限制，用户注册微信后，可与周围同样注册的"朋友"形成一种联系，订阅自己所需的信息，商家可以通过提供用户需要的信息，推广自己的产品，从而实现点对点的营销。

"小农女送菜"案例堪称微信营销的经典案例之一，三个年轻有为的青年聚在一起卖菜，与传统卖菜不同的是，他们通过微信来进行接单。

小农女团队选择的送菜地点目前主要在深圳科技园附近，他们提供的是半成品(也就是净菜)。微信用户可以在前一天晚上用微信预订，小农女团队会在早上 5 点采购菜品，并在下午 3 点多以前完成对食材的装配，通过自建物流完成下午 4～6 点的配送。而用户则可以在下班前收到送来的新鲜菜品，回家后就能做饭。

下面我们来分析一下小农女成功的几个要点。

(1) 名字有创意。虽然创业团队是三个小伙子，但他们的思维能够突破男人限制，从"卖菜""小龙女"想出"小农女"，吸引力十足，让人叫绝。

(2) 传单有创意。传单的成功就在于传单上的内容，从发的人手里到看的人手里，那 1～2 秒能否抓住用户眼球，关键就在于内容，而他们在传单上印有显眼大字"微信送菜"，肯定能吸引人们去拿手机扫一扫。

(3) 前期试运营。小农女团队每天送出 30 个特价单，每单赔 10 元，售价 9.9 元，但是必须要把图文信息分享到自己朋友圈才有机会获得特价菜。

(4) 信息无广告。虽然小农女团队是卖菜的，推送的内容主要以菜品为主，但是从用户的角度出发，谁都不希望每天收到广告信息。于是小农女团队想办法在消息内容上做文章。他们经常会发一些有关饮食文化、创业想法的交流内容等，兼具了趣味性和实用性，也拉近了与客户之间的距离。

·专家提醒

微外卖是指通过移动互联网平台为用户提供手机在线下单、智能订单处理、便捷在线支付、自动小票打印、精准的 LBS 智能定位等功能，让商家的接单、送餐变得更容易。除此以外，微外卖还可以提供订单数据统计、菜品实时更新、门店自由管理等管理功能，必要时可以推出团购、会员卡、优惠券等多种促销活动来帮助商家轻松营销和宣传。

1.4.4 大数据营销的应用

大数据营销的应用是指企业应用多平台的大量数据，依托大数据技术的基础，应用于互联网广告行业的营销方式。

随着电子商务的快速发展，大量从事电子商务的小微企业在各类电子商务平台上聚集，从而产生了巨大的金融需求。

例如，针对小微电商企业的融资难问题，浦发银行义乌支行及时推出了专门服务小微电商企业的特色产品"电商通"。在浦发银行义乌支行的帮助下，目前已有 40 多家义乌电商企业走出了融资难的困境。

在义乌"电商通"试点推广仅四个月后的 2013 年 12 月，浦发银行就着手搭建了服务电商的大数据平台，全新推出"电商通 2.0"，实现了全面的线上操作，包括线上经营、线上数据、线上审批与线上贷款等服务。

浦发银行升级后的"电商通 2.0"带来了 5 大创新，如图 1-14 所示。

1. 颠覆传统营销模式

彻底颠覆了银行客户经营的传统模式，实现"自上而下"的组织推动，真正做到精准营销和快速服务。

2. 信贷效率更便捷

以"信用贷款"为主要融资产品，加载网上自助、随借随还等功能，极大地提高了小微电商的融资便利和服务体验，在资料齐全的情况下，客户贷款通过审批最快仅需 10 分钟。

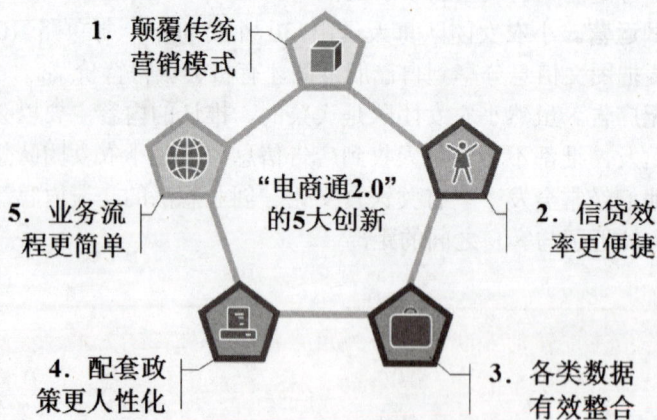

图 1-14　"电商通 2.0"的 5 大创新

3. 各类数据有效整合

打造大数据引入和运用平台，全面整合各类有效数据信息，做到精准定位效率领先、产品服务契合度领先、售后管理质量领先。

4. 配套政策更人性化

配套政策凸显优势，浦发银行为"电商通 2.0"配套了专项的贷款规模及更高的不良容忍度。

5. 业务流程更简单

以自动评审为核心，最大限度地简化了客户经理和客户的操作流程，客户经理上门一次、客户来银行一次即可完成所有业务流程。

"电商通 2.0"有效地解决了小微电商融资普遍存在的"短、频、急"需求，取而代之的是"多、快、好、省"的服务体验，即更多的贷款机会、更快的申贷速度、更好的信用贷款和更节省的融资成本。这也标志着浦发银行服务中小微企业的能力的提高、手段和范围的进一步扩大，使浦发银行在中小微金融服务领域具有里程碑式的意义。

第 2 章
移动门户——App 火爆营销

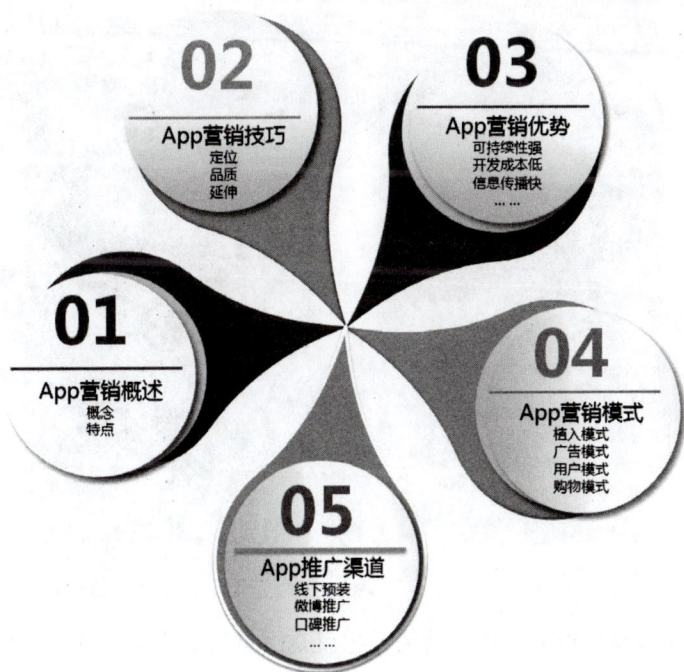

02
App营销技巧
定位
品质
延伸

03
App营销优势
可持续性强
开发成本低
信息传播快
··· ···

01
App营销概述
概念
特点

04
App营销模式
植入模式
广告模式
用户模式
购物模式

05
App推广渠道
线下预装
微博推广
口碑推广
··· ···

2.1 App 营销概述

目前，全球进入了一个移动互联网的时代，这是 IT 产业继 PC 互联网后开启的又一新领域。随着移动互联网的兴起，越来越多的互联网企业、电商平台将 App 作为销售的主战场。

相关数据显示，App 给手机电商带来的流量远远超过了传统互联网(PC 端)的流量。目前，通过 App 进行盈利成了各大电商平台发展的主要方向。在移动互联网时代，App 营销变得越来越火爆，对于企业来说，未来谁先占领用户的手机桌面，谁就能成为"营销巨头"。

2.1.1 什么是 App 营销

在认识 App 营销之前，我们必须了解什么是 App，App 其实就是移动应用程序的简称(也称手机客户端)，它可以在移动设备上使用，满足人们咨询、购物、社交、娱乐、搜索等需求，如图 2-1 所示。

图 2-1 App 生活应用

而 App 营销原是指应用程序营销，也就是通过特制手机、社区、SNS 等平台上运行的应用程序来开展的营销活动。不过，由于移动互联网的快速发展，目前 App 营销已经逐步向移动化发展，智能手机的异军突起和迅速普及，让手机变成了 App 营销的主流平台，如图 2-2 所示。

图 2-2 手机成为 App 营销的主流平台

各大电商平台向移动 App 的倾斜也是十分明显的，原因不仅仅是每天增加的流量，更重要的是由于手机移动终端的便捷，为企业积累了更多的用户，更有一些用户体验不错的 App 使得用户的忠诚度、活跃度都得到了很大程度的提升，从而为企业的创收和未来的发展起到了关键性的作用。

手机 App 营销是整个 App 营销的核心内容，是品牌与用户之间形成消费关系的重要渠道，也是连接线上和线下的天然枢纽。作为一种符合时代发展的营销工具，App 迅速抢占了移动互联网营销的大平台，逐渐发展成为各大电商互相竞争的主流营销渠道，开启了 App 营销时代。

2.1.2 App 营销的特点

进入移动互联网时代，消费者把目光开始投向智能手机，利用手机进行生活与消费；众多企业与个人开发者也开始调整营销战略，把目光投向 App 营销，希望从中获得利益。

App 营销变得越来越受欢迎，是因为其与 PC 版普通网站营销在用户体验、设计风格、登录方式、互动性等方面相比更具优势和特点。

1. 用户体验

用户体验方面更加人性化，满足用户的手机浏览习惯：普通 PC 网站只适合电脑页面浏览，不适合手机页面的浏览，一旦普通网站在手机上展示，就会不可避免地出现比例不协调，排版不整齐，错位、变形，甚至乱码的现象，这将有损企业形象，降低合作伙伴对企业的好感和信任，进而直接降低合作率和业务量，这是对企业的致命伤害。

而手机网站是针对手机屏幕和手机分辨率的大小而定制的网站，文字和图片的显示比例都适合手机页面浏览，吻合手机用户的视觉习惯和需求，因此，App 网站制作已成企业当今的刚性需求。

2. 设计风格

手机 App 的设计简洁清晰、突出重点，普通网站和 App 网站风格有"详"与"简"的区别。普通网站展现的是企业全面详细的信息，它的特点就是面面俱到；而手机网站是集电话、短信、定位、分享、留言等基本功能为一体的网站，它只展现企业的核心信息，针对性和目的性强，传输数据量小，访问速度快，这些特点更有利于其在手机终端发挥营销价值。简而言之，手机网站是普通网站的简约版，具备画面清晰、板块简约、排版整齐、视觉冲击力强等优势，如图 2-3、图 2-4 所示。

图 2-3　京东商城 PC 网站

3. 登录方式

手机 App 可用扫描二维码的方式登录，更加便捷快速。众所周知，能满足客户惰性的产品更具生命力，更容易吸引客户，被客户所接受。访问普通网站需要通过输入网址或者搜索引擎来进行访问，而 App 网站的访问方式更新颖、方便。访问展示型 App 可通过拍摄二维码直接登录访问，节省了手动输入网址的麻烦，很好地迎合了人的惰性，如图 2-5 所示。

图 2-4 京东商城 App 网站

图 2-5 扫描二维码直接登录 App

4．互动性

手机 App 互动性更强，可以增加用户体验度，与 PC 版普通网站相比，手机端 App 网站的留言、分享功能更能促进与客户的互动，增加客户的黏度。正因为展示型 App 制作可以实现上述优势，所以手机 App 网站制作已成当今企业内在的需求。

此外，App 可以下载到手机，让用户能时刻打开访问，不用打开浏览器输入网址，也不用记住网址；它还可以推送信息给企业的下载用户，推荐最新的促销信息，便于用户第一时间看到。

·专家提醒

随着智能手机和平板电脑等移动终端设备的普及，人们逐渐习惯了使用 App 客户端的便捷消费与上网方式，而且，目前在国内，各大电商均拥有了自己的 App 客户端，这标志着 App 客户端的商业使用已经开始变得越来越火爆。

2.2　App 营销技巧

得移动者得天下，未来移动互联网会成为各大电商争夺的主要阵地，移动终端的迅猛发展是投资人投资移动网络一个非常重要的参考因素。现在，企业之所以如此快速地抢占移动互联网市场，主要是因为借助移动互联网进行 App 营销能带来更大的商机。

App 已经渗透到了人们生活的各个方面，无论是娱乐、生活、社交，还是工作，App 的影响无处不在，与此同时，围绕 App 进行营销的商家也日益增多。App 营销已成为不少企业营销布局的重要组成部分，在抢占移动互联网市场、争夺 App 营销战场时，应该把握哪些关键点，目前成为企业要重点讨论的问题。

2.2.1　抓住人性精准定位

一说起 App 的功能定位，很多人首先谈到的是"全功能包含品牌"还是"单一功能展现品牌"？在笔者看来，其实这些并不重要，不管选择前者还是后者，都要先调研品牌、产品与消费者之间的关系，根据大数据分析的结果来挖掘消费者内在的需求和兴趣点，并与能抓住目标人群人性的某些元素相结合，如好奇、分享、愤怒、健康、懒惰、善良、感性、嫉妒、虚荣等。定位成败的关键在于与产品的贴合度，要既能适合品牌或产品，又能很好地满足用户的需求。

例如，QQ 空间就是腾讯公司根据用户的分享与虚荣心理开发出来的一个个性空间，它具有博客的功能，自问世以来受到很多人的喜爱。在 QQ 空间上用户可以写日志、上传用户个人的图片、听音乐、写心情、为好友点赞、签到等，通过多种方式展现自己，满足自己的分享需求与虚荣心理，如图 2-6 所示。

腾讯根据用户的需求与心理开发出来的这款 App 产品，拥有多种社交功能，满足了用户在社交上分享与炫耀的需求，被众多的用户追捧，成为社交榜下载的热门 App 软件。

图 2-6　腾讯 QQ 空间 App 功能

2.2.2　超越软广告保证品质

其实，好的定位就意味着好的创意，好的创意也就决定了好的品质，而拥有了好的品质就使得消费者和用户能更加乐意接受这款 App 产品。好的 App 产品要么是实用性很强，能成为用户生活的小助手，给用户的生活带来方便；要么是娱乐性很强，能让消费者消遣生活，打发娱乐时间。

对于一款好的 App 来说，它能超越软广告，实现自发传播，在众多的 App 产品中脱颖而出。相反，一款平庸的 App 产品即使拥有平庸的品质，也无法靠强营销赢得用户。

在 App 品质与创意上做得很好的产品有很多，比如日本的 iButterfly。这款 App 产品将各色优惠券变身为一只只翩翩飞舞在城市各个角落的蝴蝶，用户只要利用手机摄像头进行捕捉，就能获得优惠券。iButterfly 能根据各个地区的特点，提供不同类型的蝴蝶(优惠券)，帮助服务、餐饮行业进行巧妙的宣传。

• 专家提醒

当前，App、LBS、AR 等"新名词""新技术"的运用正风生水起，面对这场由移动时代带来的全新机遇，各品牌商家都在摩拳擦掌、蓄势待发。AR 增强现实技术是利用计算机生成一种逼真的视、听、力、触和动等感觉的虚拟环境，通过各种传感设备使用户"沉浸"到该环境中，实现用户和环境直接进行自然交互。

AR 技术可以让用户享受更好玩的实景体验，将 AR 营销应用于产品展示、

卖场、街头路演等活动中，不仅可以聚集人气，吸引关注，还可以通过这种具有
丰富互动性的终端产品展示，给消费者带来最接近真实又最简便的产品体验。

　　iButterfly 项目将 App、AR、LBS 有机的结合，使客户既得到实惠，又得到良好
的游戏体验，如图 2-7 所示。iButterfly 项目对旅游业和餐饮业来说是一个完美的宣传
平台，它利用移动互联网与高科技的发展优势，推送优惠券，成功地将 App 跟商业营
销结合起来。

图 2-7　iButterfly App 的"AR＋LBS"应用

2.2.3　培育长久关系保持延伸

　　企业在进行 App 营销时，需要注意除了为用户提供主要的产品服务外，还需要提
供产品以外的其他服务来为用户的生活提供便利，以维持长久的客户关系。如果用户
通过下载 App，能够使用产品以外的其他功能来满足自己生活或学习中的某种需要，
那将增加用户对企业 App 产品的黏性。

1．NIKE——"女子训练营升级版"Training Club

　　例如，在为用户提供增值服务方面，耐克做得非常好，其为女性用户提供了一款
帮助完成训练的 App——"女子训练营升级版"Training Club。

　　在这款 App 中，用户可以在程序中选择适合自己的运动项目、运动水平、运动时
间等，App 会通过图片或视频把运动流程展示给用户看，给用户提供参考，如图 2-8
所示。这种 App 的创意能以间接的方式切入，展现品牌对用户的关怀，让用户享受耐
克带来的增值服务的同时，深入地记住耐克品牌，与耐克建立长久的关系。

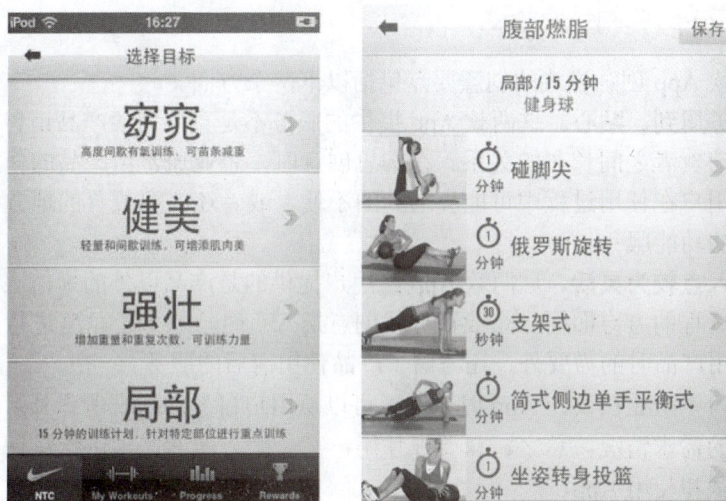

图 2-8　Training Club 运动指导

2. Beck's——"酒后的士呼叫器"

还有一款 App——贝克啤酒(Beck's)的"酒后的士呼叫器"也是从用户的侧面需求切入，提供一款帮助酒醉消费者呼叫出租车的 App，如图 2-9 所示。

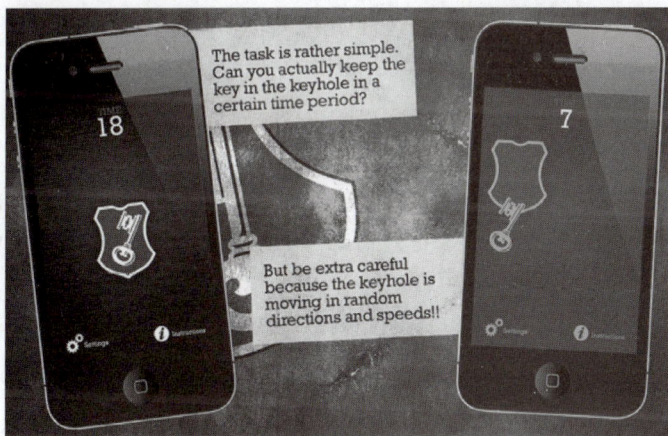

图 2-9　"酒后的士呼叫器"App

在使用这款 App 时，如果用户不能在规定时间内把游戏中的钥匙放到钥匙孔中，并连续保持 25 秒，App 就会跳出拨打出租车电话的提示，并提供 GPS 定位为用户找到最近的出租车。贝克啤酒的 App 并不旨在直接提升用户喝啤酒时的体验，而是通过提供产品以外的服务来关心用户，从用户的安全角度出发，打造产品增值服务，让自己的品牌深入人心。

3. App 创意模式的创意要点

上述两款 App 创意模式的创意要点包括以下两个方面。

(1) 服务周到、贴心。 这两款 App 提供的服务不是直接为了产品销售，而是为了培养企业与消费者之间长久的关系。在构思创意时，企业通常由产品的使用情景开始发散，思考用户在使用过程中可能会遇到的不便，或者还需要改善的地方，然后给用户提供相应的功能服务。

(2) 切入点较为灵活。 这两款 App 给用户提供的是产品以外的增值服务，使用范围涵盖使用过程的方方面面。企业在寻找创意切入点时，从多个角度进行思考，除了考虑用户使用产品时的需要外，还考虑了产品使用前后的服务。

笔者认为，企业在设计 App 时，除了可以从用户自身的需求考虑外，还可以考虑陪同使用者的需求情况。总之，只要抓住用户某一个方面的需求进行设计，就能够带动用户去尝试和使用 App。

• 专家提醒

虽然延伸产品服务的 App 可以增加用户的黏性，但是，如果用户不使用这种 App，那么这些 App 也不会使企业的产品得到更好的宣传。对用户而言，这些 App 是有帮助的，但却并不一定是必要的。因此，这种 App 面临的首要问题是如何吸引用户进行下载，对此，笔者认为，这种 App 应当配合一定的宣传，让用户意识到自己有这些增值服务的需求，从而吸引用户下载。

2.3　App 移动营销优势

随着移动互联网的兴起，传统的营销方式越来越不受企业的推崇。而同时以 App 作为企业的主要营销方式已经成了各大企业营销的常态。本节将详细讲述 App 营销的主要优势，让营销者可以更快地掌握 App 营销的核心内容。

2.3.1　可持续性强

一旦用户将 App 下载到手机成为客户端，那么其持续性使用就会成为必然。建立一群满意度高的 App 用户能够驱动 App 的成功，这意味着 App 必须给用户带来很好的体验，才能让品牌在用户中更长久地使用。

很多企业由于缺乏竞争性的营销战略，虽然在前期开发市场中投入了大量的资金、人力和物力，但是所产生的效果并不明显。可能前期销售好，但由于策略缺乏变通，无法实现企业销售可持续、稳定地增长。App 营销可以很好地弥补这一缺陷，只要 App 做得够好，那么企业的营销思想就会一直存在于用户的手机中。

2.3.2　开发成本低

App 程序的开发成本低，可以说比现有任何一种宣传方式的成本都低。App 营销模式的费用相对于电视、报纸甚至是网络都要低很多，只要开发一个适合于本品牌的应用即可，可能还会有一些推广费用，但这种营销模式的效果是电视、报纸和网络所无法代替的。

App 的创富神话远远超过当年的互联网，不少 App 一夜成名，例如，最近很火的"魔漫相机"，一时间在微信朋友圈中都是各位好友的趣味形象，如图 2-10 所示。

图 2-10　"魔漫相机" App 界面

"魔漫相机"可以将拍下的真人照片在几秒钟内绘制成一幅漫画，并提供多种个性化后期编辑模板，短期内的用户数已经飙升到 324 万。在移动互联网时代，"魔漫相机"通过运用大众化的艺术手段，更好地满足了用户的个性化移动社交需求。

• 专家提醒

　　为了降低 App 的开发成本，现在已经有一些平台开发出一些模板，用的时候只要从后台把一些基本信息换掉即可。这种模式的收费不是按照人力成本计算的，而是按照产品售价计算的，这些模板目前的费用比独立开发至少节省了一半。但缺点在于只能基于它们原有的模板进行使用。

2.3.3　信息传播快

App 营销是一种通过手机应用推送、传播的移动应用营销方式，所传播的信息影响受众的意识、态度以及行为后，从而形成营销结果。由于 App 营销具有网络媒体的一切特征，能够随时随地接收信息、分享信息，所以它比互联网信息传播更具优势。有了 App 的竞争优势，无疑增加了企业的产品和业务的营销能力。

随着越来越多的用户购买东西时，转向使用移动手机和平板电脑，致使零售商和营销公司纷纷寻找将浏览者转换成购买者的方法。例如，提供特殊的优惠，或者追踪商店附近买家的一举一动，通过数据分析来向用户推送促销信息。

根据 Google 调查显示，44%的智能手机购物者表示，他们使用移动设备购物是因为能省钱。因此，Google 的搜索引擎在比价购物方面非常受欢迎，而且现在智能手机上可以配备大量的移动 App，能够扫描条形码和其他编码产品识别符。

例如，奔驰推出了"奔驰 smart"移动应用。相比服装、图书等轻型商品，笨重且昂贵的汽车要在移动端实现交易还太过遥远，但无论是品牌厂商还是经销商，都并未怠慢 App 的开发。

"奔驰 smart" App 以 smart 风格的智趣新风将线上和线下灵动结合带来全新的移动体验，用户可以登录苹果 App Store 下载该应用程序，通过手机随时查找附近的 smart 经销店，还可以随意比对 smart 各款车型，分享自己的心得，如图 2-11 所示。

图 2-11　"奔驰 smart"　App 界面

除了汽车品牌商之外，一些 4S 连锁店也正在通过移动端来辅助销售。"与汽车品牌商的 App 主要以强化品牌形象、传达品牌理念不同，4S 店移动应用的目的很直接，就是提高销售转化率。消费者选择汽车品牌主要还是受传统广告的影响，经销商的移动 App 的主要目的是提高到店转化率，减少客户的流失。

2.3.4　产品信息全面

App 能够全面地展现产品的信息，让用户在购买产品之前就已经感受到了产品的魅力，降低了对产品的抵抗情绪，通过对产品信息的了解，刺激用户的购买欲望，提升转化率。

例如，"布丁优惠券"App 支持全国大部分城市，囊括了市面上常见的优惠券信息，对于经常出差的用户来说相当方便，如图 2-12 所示。

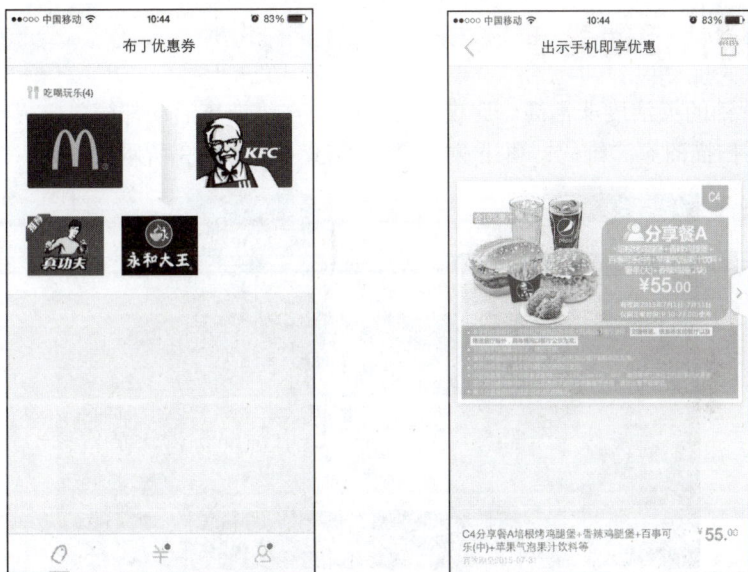

图 2-12　"布丁优惠券"App 界面

用户无须注册即可使用，首次使用 App 还会自动定位用户当前所在城市。确定城市之后，"布丁优惠券"App 会显示当前城市支持优惠券的商家，而且还会将支持电子优惠券和需打印后使用的商家分开，便于用户区分，点击喜欢的商家就可以查看它们当前的优惠券信息。

对于支持电子优惠券的商家，用户只需在就餐的时候出示手机电子优惠券即可；而需要打印优惠券的商家，用户就需要将该优惠券发至邮箱打印出来才能使用。

对于用户感兴趣的商家，当前用不到但是有效期又较长的优惠券，还可以收藏到"口袋"之中以备以后使用(应用会自动删除过期优惠券)。如果用户担心下载优惠券浪费手机流量的话，可以在 WiFi 环境下将感兴趣的商家的所有优惠券一键下载到手机中。"布丁优惠券"App 首先解决了用户省钱的需求，而这也是最基础的思路，过去的优惠券大多都是纸质的，想用时未必找得到。但有了手机这个平台，可以随时发现随时使用，而这个需求是天然的。从商家的角度来说，"布丁优惠券"App 的价值在于信息全面和资源被用户更快速地发现，并且是被特定的目标用户所发现。

> **·专家提醒**
>
> 　　优惠券其实并不是交易性产品，它没有现金价值，但电子凭证能够改变商家的主流营销手段，将线下的储值卡和返券搬到了 App 应用中。如果 App 真的能给用户和商家提供准确的信息，用户是能接受的，而商家也是有意愿去管理和维护的，只是别让商家管理起来太累。

2.3.5　销售活动灵活

　　App 营销的灵活度非常高，比现有任何一种宣传销售活动都简单、灵活。例如，用户只需要扫描商家二维码即可下载该商家 App，如图 2-13 所示。

图 2-13　扫描二维码下载 App

　　用户只需在手机上点击商家 App 即可看到商家的所有活动信息，并及时参与消费。对于商家来说，也可以随时随地用手机或者电脑发布、管理营销信息，查看实时的营销数据。另外，利用手机和网络，易于开展商家与个别用户之间的交流。用户的喜爱或厌恶的样式、格调和品位，也容易被商家一一掌握。这些数据对产品大小、样式设计、定价、推广方式、服务安排等均有重要意义。

2.3.6　市场定位准确

　　App 营销的本质是将企业的产品、品牌和相关企业附带的信息借助应用程序展现出来，并利用相关的移动互联网平台开展网络营销。随着 App 不断融入人们的生活，娱乐、社交、生活、购物、工作等类型 App 无处不在，随之围绕 App 开发营销的商家也不断增长。

通过 App 进行营销，即使消费者只消费一次，商家也可以终身精准锁定，直接收集消费者的个人信息。App 通过可量化的、精确的市场定位技术，突破传统营销定位只能定性的局限，借助先进的数据库技术、网络通信技术及现代高度分散物流等手段保障和消费者的长期个性化沟通，使营销达到可度量、可调控等精准要求。

目前，"电商大佬"都是依靠 App 来抢占客户的，比如凡客诚品也开发了 App，而且还开发了一个闹钟 App——"凡客闹钟"，提醒用户可以设定时间来凡客诚品网站抢购商品。

"凡客闹钟" App 目前主要上线了摇晃、找不同等闹钟叫停方式，如图 2-14 所示。另一个重要的特点在于利用粉丝资源与用户互动。在该应用中，启用了用户的特色录音作为铃声库，并称将把微信粉丝上传的照片作为"找不同"模式的备用资源。

图 2-14　"凡客闹钟"App 的闹钟叫停方式

另外，虽然目前"凡客闹钟"App 主要为一款娱乐兼功能型的应用，但其依然在应用 App 界面左下角设置了凡客手机商城(WAP 版本)接口，不放过任何一个与用户接触的机会，如图 2-15 所示。

目前，移动互联网时代的 App 具有高度的精准营销和强大的交互营销能力，再加上智能移动终端的不断普及，App 广告随处可见，比网页广告高出两倍。手机 App 营销凭借着开发成本低、深受目标受众的欢迎、拥有精准的服务、高效的顾客黏稠度、始终助力于促销等特点，为企业带来了更多的社交媒体营销。

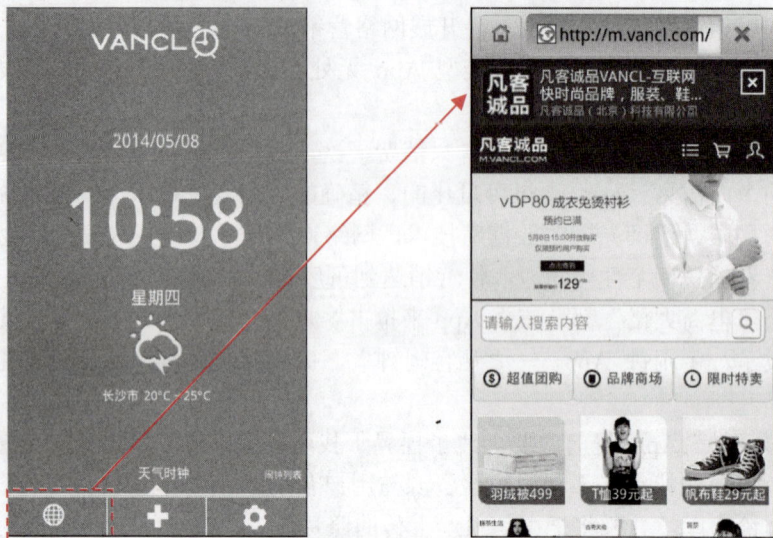

图 2-15　点击相应按钮直接进入凡客商城

•专家提醒

凡客诚品在拥有凡客官方旗舰版 App 以及以第三方商品为主的"闪购神器"后，还将推出与"凡客达人"相关 App 及销售自主品牌的"凡客盒子"等新产品，由此可见，在移动互联网时代，越来越精准也已经成了营销的主要方向。

2.3.7　与用户互动性强

App 营销的互动性主要表现在以下 3 个方面。

- 用户可以利用地图定位功能查看商家具体位置或拨打商家电话，如图 2-16 所示。
- 用户在购物时可以在线查看他人对某件产品的评价，并发表评价，如图 2-17 所示。
- 不用借助第三方平台，企业直接面对终端用户。企业的移动手机 App 比 PC 更具备灵活性，可以随时随地和用户进行一对一的信息交流。

例如，康师傅传世新饮利用手机 App 举办签到活动，将时下最受年轻人欢迎的手机位置化"签到"与 App 互动小游戏相结合，用户可以通过手机随时随地全程参与，利用网友自发传播，巧妙地展示出康师傅传世新饮的品牌内核。

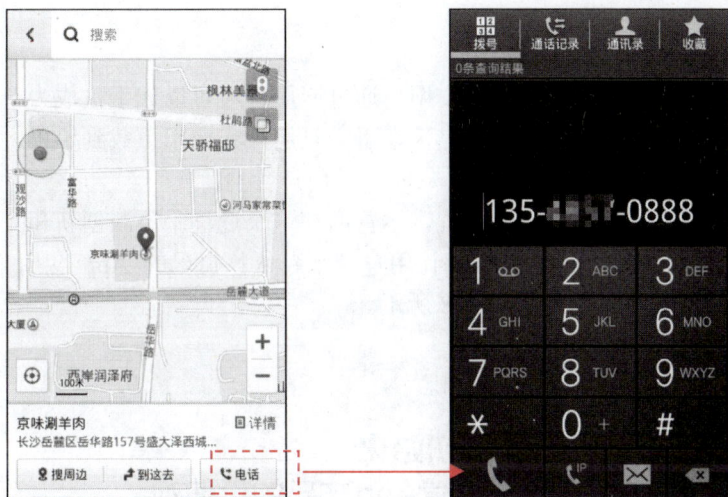

图 2-16　点击"电话"按钮可直接拨打商家电话

图 2-17　查看评价与发表评论

·专家提醒

　　移动应用具有很强的实用价值，手机应用程序就是一种实用性很强的工具，用户通过应用程序可以帮助手机用户提供有关生活、学习、工作方面的信息，这是手机的必备功能，每一款手机都或多或少地有一些应用。

2.3.8　内容吸引用户

App 本身具有很强的实用价值，用户通过应用程序可以让手机成为一个生活、学习、工作上的好帮手。App 营销的黏性在于一旦用户将应用下载到手机，应用中的各类任务和趣味性的内容会吸引用户，从而形成用户黏性。

增强 App 用户黏性需要一个过程，运营商在这个过程中不断创新和完善自己的产品的内容，使产品的"引力"加强，让用户越来越依赖自己的 App 应用。用 App 增强用户的黏性有几个步骤，如图 2-18 所示。

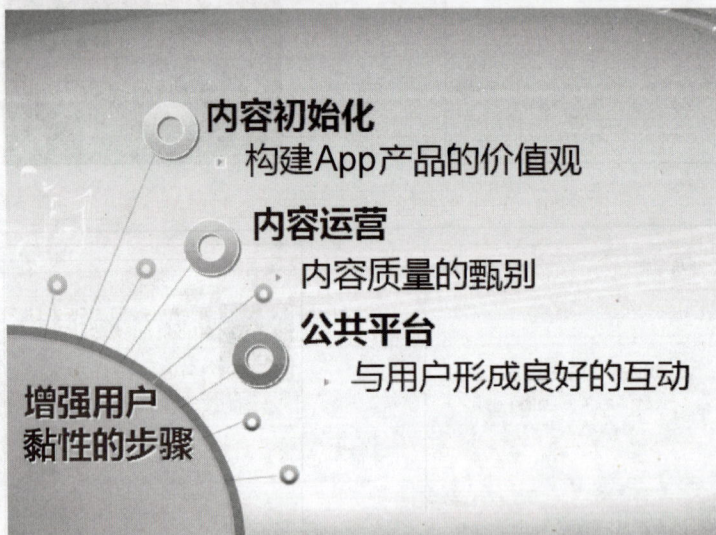

图 2-18　增强用户黏性的步骤

2.4　App 营销模式

伴随着移动互联网的急速渗透，移动 App 已经开始迅速地利用其先天的发展优势与营销紧密结合，开启了移动互联网营销时代。本节将重点结合案例，分析移动 App 的几种营销模式。

2.4.1　植入模式

在免费和付费 App 这两者之间，你会更倾向于选择哪种呢？目前，应用商店里大部分的 App 都是免费的，而且越来越多的 App 正以广告补贴、应用内购买等形式换取用户的免费使用。

笔者认为，开发者应该将开发方向从"应用内是否应该有广告"转移到"如何把应用内广告做得更有趣、与消费者联系更紧密、对广告主和开发者最有效"的方向。既然广告是去不掉的，那为什么不把它做得更好呢？本节主要通过分析和案例来告诉大家"如何在 App 中植入更加有效的广告"。

曾经十分流行的"疯狂猜图"游戏就是很好的广告内容植入的成功案例。"疯狂猜图"是由北京豪腾嘉科软件有限公司开发的一款十分新颖的国产解谜猜图游戏，如图 2-19 所示。这款益智游戏的最大亮点就在于能够不断地扩大玩家的知识面，侧重于休闲和互动性，很适合消磨休闲时间，让玩家做一个有见识的人。

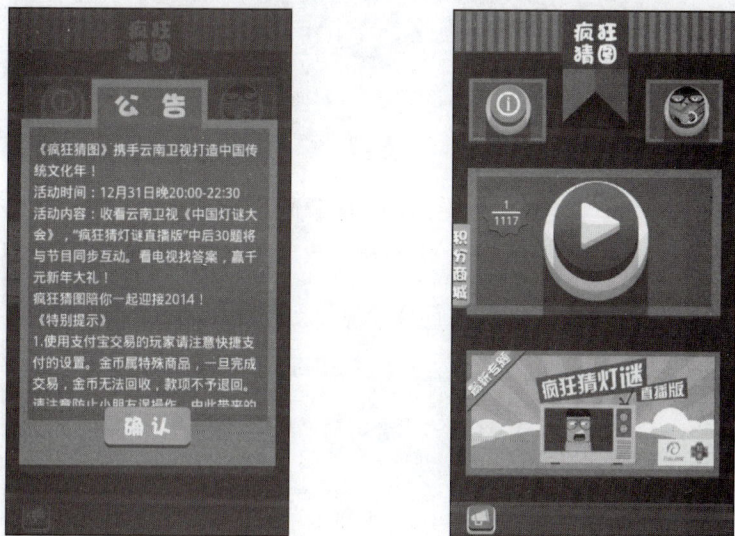

图 2-19　初次打开"疯狂猜图"游戏界面时会有公告信息显示

该游戏操作简单，即根据游戏中展示出的幽默搞笑图片判断出其名称，如图 2-20 所示。在这些猜图游戏中，题目类型包罗万象，图片妙趣横生，有电影电视、人物角色、国家城市、公司品牌、游戏、球队、名人明星等。

根据图片让用户找出正确答案，既考验用户的知识面，同时也挑战用户的好友。因为一旦有题目卡住，则不会进入下一关，于是向朋友求助这个想法与模式就被诸多人采用，用户可以将题目分享到微信朋友圈和人人社区，让大家一起想办法来猜答案，如图 2-21 所示。

据悉，"疯狂猜图"App 在前期成本不到 10 万元的情况下，做到了上线之初用户暴增，其风靡程度可见一斑，如图 2-22 所示。

因此，笔者认为企业最好是与自己应用的用户群贴近的广告主，这样的广告不仅能给用户创造价值，不会引起用户反感，而且点击率会比较高，因此能获得较高的收益。

图 2-20　游戏界面

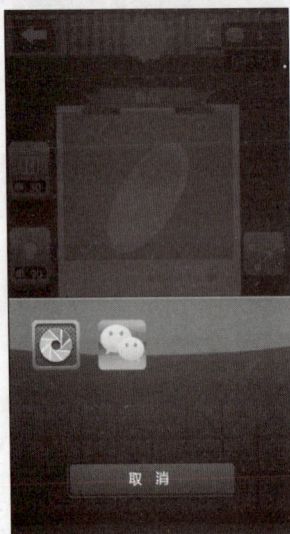

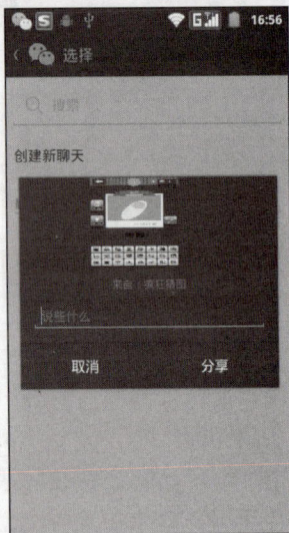

图 2-21　将猜图游戏分享到微信

目前看来，"疯狂猜图"的营销模式主要有以下 3 种。

(1) 游戏币。"疯狂猜图"游戏更大的乐趣在于向微信朋友圈求助，肯花钱购买游戏币寻求答案的用户显然不会太多。

(2) 硬广告。用户每通过 10 关，就会弹出硬广告，如图 2-23 所示。有专家分析，目前"疯狂猜图"的通关广告很可能是不同的手机游戏公司间的广告"互换"，在 A 产品中插入 B 公司的广告，在 B 产品中插入 A 公司的广告，以期获得更多的交叉玩家。

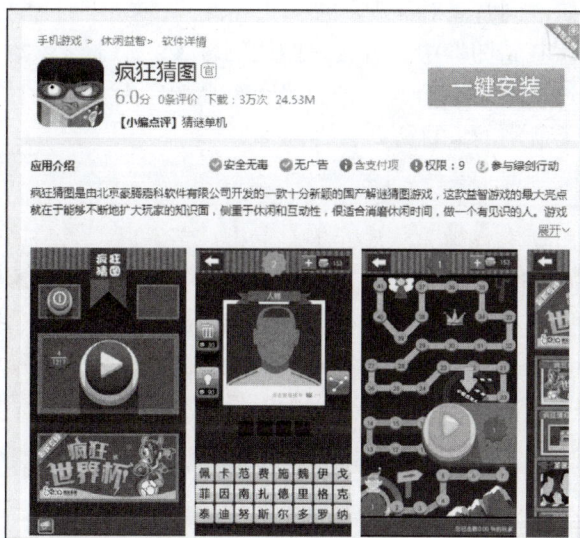

图 2-22　"疯狂猜图" App 的下载十分火爆

图 2-23　植入广告模式

(3) 植入广告。"疯狂猜图"游戏融入广告品牌营销，把 NIKE、IKEA 之类的品牌作为关键词，既达到了广告宣传的效果，又不影响用户玩游戏的乐趣，而且因为融入了用户的互动，广告效果会更好。例如，某一关卡显示有黄底红色的运动衣帽，还有"三道杠"，猜一品牌，给出的范围仅仅是三个字母。据说该题难倒了不少玩家，很多玩家看到"三道杠"会自然而然地想到阿迪达斯，而正确答案则是著名的国际快递公司 DHL。游戏的高明之处就在于"似广告与非广告之间"，用户猜题时忽视掉植入广告的存在，同时又对品牌印象大大加深。

总体上看，"疯狂猜图"中广告收入的比例较大，由于玩家数量多，吸引了许多广告商的重视，通过在游戏中植入广告使可获得高额广告费用，目前"疯狂猜图"的制作公司已经获得了蓝港的近百万广告合同。

• 专家提醒

> 在"疯狂猜图"游戏的关注度和下载量出现下滑时，豪腾嘉科又推出了"疯狂猜歌"App，及时地交换了"接力棒"。"疯狂猜歌"的营销模式和盈利模式与"疯狂猜图"并没有很大区别，仅上线两周的时间，"疯狂猜歌"同样受到追捧，在各大游戏排行榜中跻身前列。笔者认为，在 App 游戏中植入好的创意，让用户绞尽脑汁地寻求答案，这样做可以加深用户对品牌的印象，更重要的是，通过微信小圈子的贴图与求助，还可以扩大品牌的影响力。

2.4.2 广告模式

在众多的功能性和游戏应用中，植入广告是最基本的模式。广告主通过植入动态广告栏链接进行广告植入，当用户点击广告栏的时候就会进入指定的界面或链接，可以了解广告主详情或者参与活动，这种模式操作简单、适用范围广，只要将广告投放到那些热门的、与自己产品受众相关的应用上就能达到良好的传播效果。

Durex Baby 是杜蕾斯发布的一款创意养成类游戏 App，具有丰富逼真的现实元素，如图 2-24 所示。

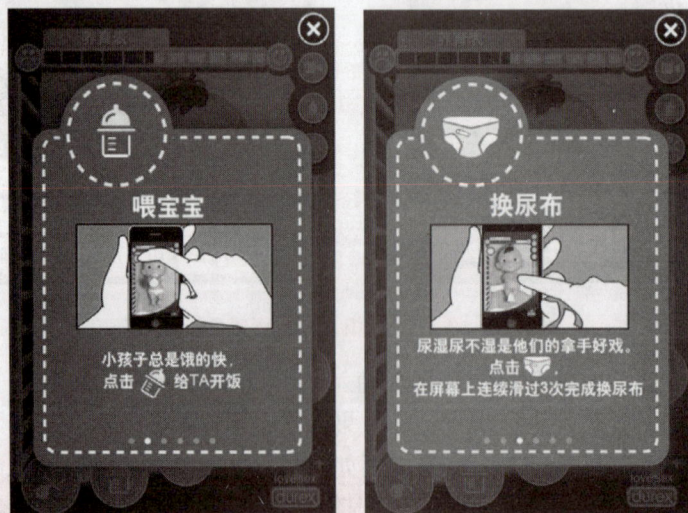

图 2-24 Durex Baby 现实育婴元素

这款游戏界面简洁，现实模拟效果栩栩如生。在这款游戏的设计中，只要两部手机都下载了 Durex Baby 的 App 软件，同时打开游戏界面，贴在一起上下运动一番后游戏中的宝宝就诞生了。

值得一提的是杜蕾斯在这款游戏中采取广告营销的模式，巧妙地植入了杜蕾斯的产品信息。在这种广告营销模式中，用户看到广告，主动关注广告，广告商的广告已经影响了用户。在游戏过程中，它用合情合理的且幽默风趣的方式告诉用户要有使用安全套的意识，如图 2-25 所示。Durex Baby 以恰到好处的温馨提示，降低了用户对广告的反感，不仅让用户感受到了它真诚的服务模式，还使其品牌更加深入人心。

图 2-25　Durex Baby 广告植入模式

2.4.3　用户模式

用户模式的主要 App 类型是网站移植类和品牌应用类，企业把符合自己定位的 App 发布到应用商店内，供智能手机用户下载，用户利用这种 App 可以很直观地了解企业的信息。用户是 App 的使用者，手机 App 已成为用户的一种工具，能够为用户的生活提供便利性。用户营销模式具有很强的实用价值，让用户了解产品，增强产品信心，提升品牌美誉度。

宜家家居(IKEA)于 1943 年在瑞典创建，是一款贴近客户体验的 App，"为大多数人创造更加美好的日常生活"是宜家公司自创立以来一直努力的方向。宜家品牌始终和提高人们的生活质量联系在一起，提供种类繁多、美观实用、价格合理的家居用品。

作为北欧家居设计风格的典范，宜家不仅在设计中追求自然时尚的风格，不断提高自身的家居设计水平，同时，还在用户体验上下足了工夫。在移动互联网营销热潮开启的时代，宜家为了让用户得到更加贴心的体验，开创了一款十分具有创意的 App，如图 2-26 所示。

图 2-26　宜家 App

宜家最具特色的 App 经营模式，莫过于用户体验式营销模式。这种模式的创意体现在产品设计、展示、体验、试用的每一个环节。宜家发布的移动应用 App，打破了传统的家居用品购买方式，它不仅利用移动互联网带来的便利，改善了消费者的体验形式，而且还用互动科技，提升了品牌形象，进一步抓住了用户的心。

1. 创作体验

宜家的 App 应用可以让用户体验一回当设计师的感觉。用户在下载宜家的 App 应用后，可以通过这款应用在购买家具之前，自己先尝试在 iPhone 或者 iPad 上进行增强现实设计。

这款应用将房间分为客厅、卧室、厨房与书房，用户可以将所有宜家卖场的应用添加到这些分类的虚拟房间，在购买之前先对喜欢的家居进行摆放预览。在确定好要设计的房间后，用户可以将椅子、沙发、桌子等元素添加到房间中，还可以将各种家具任意摆放在自己想要摆放的位置。

宜家通过这款 App 消费前的体验设计，让用户在购买产品的同时参与到产品的情感创作中来，使其体验到了宜家产品与服务的个性化魅力。用户因为宜家的这款创意类 App 得到了更加丰富的体验，进而与宜家的品牌建立起了紧密的情感联系。

2. 科技体验

根据宜家的市场调查，有 14%的消费者表示自己曾买错过家居的尺寸，而 70%的消费者则完全不知道自己究竟需要购买多大的家居。为了解决这个问题，宜家借助智能手机和 App 应用，让用户可以足不出户就能买到合适的家居产品。

用户只需扫描 App 目录上的产品就可以了解到心仪产品摆放在自己家中的样子，并且能够看出款式是否搭配、尺寸是否合适等信息，如图 2-27 所示。

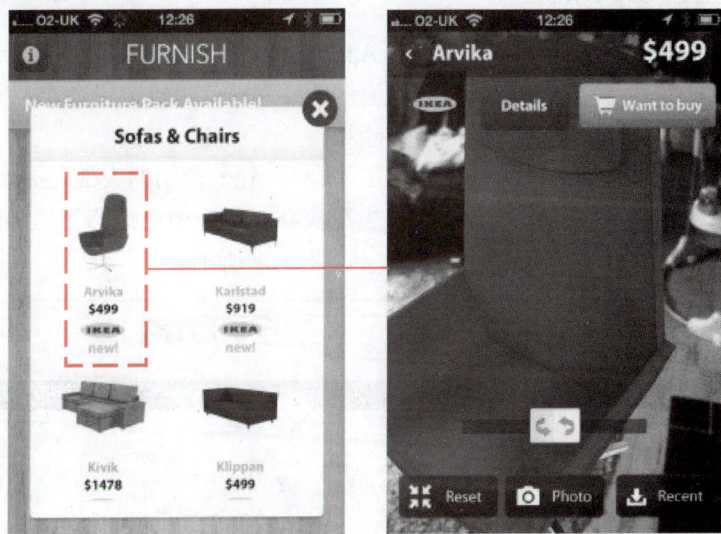

图 2-27　宜家产品 App 互动体验

宜家的这种 App 产品体验利用的是"增强现实技术"，它借助实体产品目录的标准尺寸推算出家具的实际尺寸，然后将家具与家中实景按照实际比例尺的尺寸投放到智能设备显示屏上，让用户在家中挑选自己需要的产品。

这样一种科技互动的方式，不仅满足了用户追求简单、方便的心理，同时也为宜家节省了不少聘请导购的费用。由于宜家懂得利用 App 进行创意营销，搭建了一个产品体验平台，为顾客营造了美好的消费体验感受。

•专家提醒

增强现实技术(Augmented Reality Technique，AR)，又名"增强虚拟现实技术""增强现实""混合现实"。它是在虚拟现实基础上发展起来的新技术，是通过计算机系统提供的信息增加用户对现实世界感知的技术，并将计算机生成的虚拟物体、场景或系统提示信息叠加到真实场景中，从而实现对现实的"增强"。

增强现实技术目前已经开始在营销、医疗、军事等领域进行应用研究。

2.4.4　购物模式

　　购物网站移植模式是指商家开发自己产品的 App，然后将其投放到各大应用商店以及网站上，供用户免费下载。该模式基本上是基于互联网上的购物网站，将购物网站移植到手机上面去，用户可以随时随地浏览网站来获取所需的商品信息、促销信息，进行下单。这种模式相对于手机购物网站的优势是快速便捷、内容丰富，而且这类应用一般具有很多优惠措施。

　　伴随着移动互联网的急速渗透，移动 App 与社交基因已开始逐步融合到电商企业的营销全局中，尤其是在移动互联网购物流量的红利时代，推进电商企业向 App 全渠道方向转型已经成了购物网站发展的必然趋势。

　　目前，已经有越来越多的互联网企业加入到了 App 营销的大战之中，在 App 这个万亿级的巨大市场中，各大企业展开了生死决斗。作为中国电商第一梯队的主要成员——聚美优品，毫无疑问，也加入进来，如图 2-28 所示。

图 2-28　聚美优品提供 App 下载

　　聚美优品本质上是一家垂直行业的 B2C 网站。从最初每日一件限时折扣团购模式到如今每日多件产品限时抢购，在品类管理上主要以推荐明星产品搭配其他产品进行销售。与常规的团购有所不同，聚美优品的信息发布客户是自己，即自建渠道、仓储和物流，销售化妆品，严格意义上说，它是采取团购形式的垂直类女性化妆品 B2C 网站。

　　在移动互联网风暴来袭的时代，对于化妆品电商来说，利用手机 App 进行线上和线下互动是 B2C 网站未来发展的必经之路。从 2012 年开始，聚美优品进行了大胆的尝试，开创了手机 App，为消费者提供了移动购物的全渠道服务，如图 2-29 所示。

图 2-29　聚美优品 App 聚美商城

对于聚美优品而言，App 移动端的抢先布局更多的是为了满足消费者多元化的购物需求，并为消费者带来更便捷、更完美的购物新体验。聚美优品 App 上线发布后，非常重视其质量性能检测和服务检测，它多次根据不同网络地区的服务响应情况实施高效的监测与服务体验解决方案，以确保 App 能为用户提供更加周到的服务体验。

聚美优品在 App 购物模式中，主要有"魔盒"功能、闪购功能和支付功能。

1. 魔盒功能

继微信火热的社交市场开启之后，其标配"摇一摇"功能也开始蔓延至手机购物领域。在 2012 年，美妆特卖商城聚美优品开始试水手机"摇一摇"的营销功能，开创了美妆行业第一个尝试"摇一摇"抽奖购物的网站。

细心的用户会发现，聚美优品曾经升级手机客户端 App，在其最新的 2.5 版本中，加入了聚美魔盒功能，如图 2-30 所示。用户只需"摇一摇"就有机会得到名牌化妆品与现金券。

据了解，除聚美魔盒功能外，此次聚美优品手机客户端更突出了购物元素，其商城频道进行了全新改版，浏览商品更加方便。

2. 闪购功能

2014 年，作为电商新锐巨头的聚美优品进一步加快了对移动电商布局的步伐，将充满娱乐化基因的"闪购模式"率先移植到手机 App 中，如图 2-31 所示。与传统的

PC 端闪购模式不同，"聚美闪购"是目前主流电商里第一家融合"连连看"等小游戏模式的新闪购。

图 2-30　聚美魔盒功能

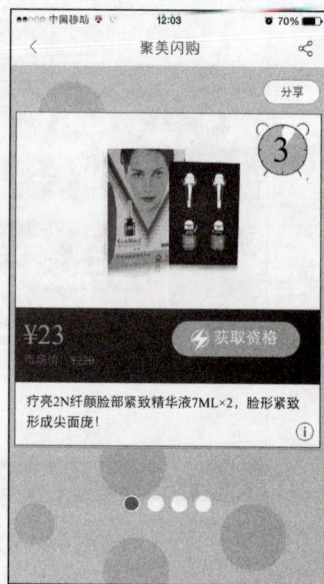

图 2-31　聚美闪购

聚美闪购会在每 30 秒推出一款超低价商品，商品一经推出，用户就可以在聚美的 App 平台玩闯关游戏抢占闪购资格，获得最新的购物体验。聚美移动端新闪购旨在让购物行为游戏化，它在产品开发及设计上借鉴微信 5.0 打飞机的游戏模式，将用户的碎片时间与游戏化体验模式融合，给予用户购物的紧迫感和成就感。

在聚美 App 娱乐化闪购模式下，用户开始逐步降低对价格的敏感度，进一步提升对品牌的忠诚度。聚美优品利用 App 娱乐化的创意营销，与用户建立了深度的互动联系，提升了用户对其品牌的情感度。据最新研究数据显示，聚美优品的移动互联网占有率已然达到了 49%，比起唯品会的 23%、京东的 18%、当当的 10%，可谓是成绩斐然。

3．支付功能

为了迅速抢占移动支付入口，带给用户全新的移动支付体验，聚美优品早在 2012 年就与支付宝进行了战略合作，开始支持手机版支付宝支付体系，并推出了支付宝安全支付与微信支付等多种支付方式，让手机支付变得更加方便和快捷，如图 2-32 所示。

聚美优品除了完善手机支付体系外，在物流服务方面也下足了工夫，它在手机客户端配备了物流查询体系，让顾客可以随时查看订单物流信息，如图 2-33 所示。

图 2-32　聚美手机支付功能

图 2-33　聚美可用手机查询物流

47

移动互联网与 App 的发展给了聚美优品一个全渠道渗透的机会，它让聚美移动端与 PC 端销售进行有益的补充，不仅给聚美带来了新的收入来源，还增进了聚美美妆网购的信任度并提升了线上的人气。

•专 家 提 醒

比起网页版，手机客户端针对手机的阅读方式，对商品资料、图片等都做了排版，让用户能更方便地浏览到不同商品的信息，以便做出选择。

移动购物的兴起已经动摇了传统的销售渠道，智能手机和平板电脑让人们的购物突破了空间与时间的局限。现在 58%的手机用户利用手机进行购物，而这终将成为普遍性趋势，人们对移动终端功能的开发也将不断深入，并带来更快捷方便的购物体验。

2.5 App 营销推广渠道

目前手机 App 应用的数量已经超过了 10 年前网站的数量，开始爆发式的增长。面对越来越多的 App，如何才能够让自己的 App 脱颖而出，快速地推广出去呢？

笔者认为，开发 App 的技术并不是一个难题，与技术细节相比，如何有效地去推广一款 App 是更为关键的问题。下面是我们总结出的 10 种推广渠道。

2.5.1 App 线下预装

这种硬推广相对而言，规模较大，一次预装几十万甚至上百万都是轻松的。这是那些拿到了风险投资，想快速把安装量做上去的 App 的首选。另外，这种推广渠道的效果比较好，同时转化率也很高。

2.5.2 第三方平台安装

目前主流平台主要有以下几类。

- 硬件开发商商店：联想应用商店、智汇于(华为)。
- 网络运营商：移动 MM、电信天翼空间、联通沃商店。
- 独立商店：安卓市场、安智市场、机锋市场、爱米软件商店、优亿市场、掌上应用汇、开齐商店、N 多市场、安卓星空、安丰下载、力趣安卓市场等。
- 应用商店：Google 商店、小米商店、三星商店、魅族商店、联想开发者社区、OPPO 软件商店等。
- 客户端：豌豆荚手机精灵、91 手机助手(见图 2-34)、360 手机助手、PP 手机助手、同步推、腾讯应用中心等。

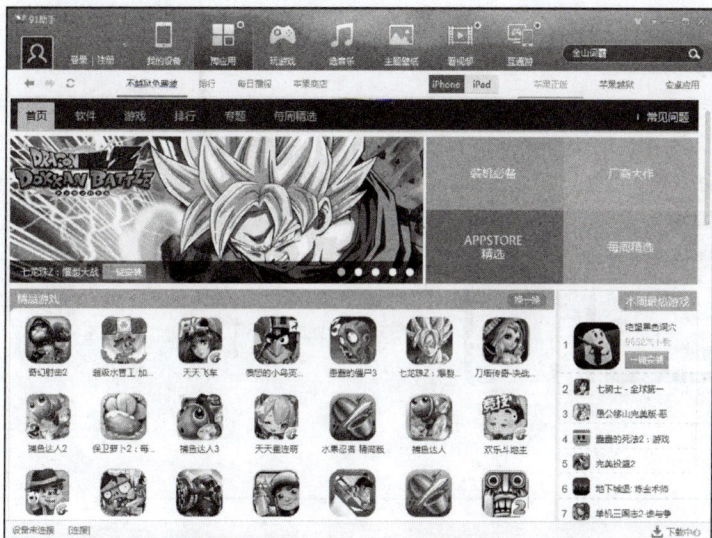

图 2-34　91 手机助手的软件宝库

应用商店作为 App 的"栖息地"，扮演着最基础的角色，同时也是 App 推广的第一步。作为 App 信息的第一来源，在应用描述方面要保证真实而有创意，能够吸引挑选者的眼球，另外，把握好应用的更新及分类也是至关重要的。

2.5.3　App 的微博推广

很多用户每天都在用手机看微博，如果在微博上发现了好玩的 App 应用，顺手即可下载，所以微博推广做得好，还是可以获得不错的点击率的，这对 App 营销的推广来说十分有利。

通过微博进行内容营销，这样可以近距离地与海量的用户进行沟通，所以微博的影响力是不容小觑的。在做微博的时候，要注意留心那些微博上的意见领袖、话题制造者、评测网站之类的账号，尽量和它们取得联系。充分利用这个平台上的用户，通过互动来增加用户的黏性，让你的 App 更受欢迎。

在微博上推广 App 时，笔者建议做好以下几点。

- 直接带上下载链接，用户点击之后，可以链接到 App Store 中的下载页。
- 描述内容要清晰，要把 App 的好处列出来。
- 最好配合多组图片和视频，在用户下载之前，即可快速了解 App 的作用，如图 2-35 所示。
- 通过有奖活动、大号转发等方式吸引用户。

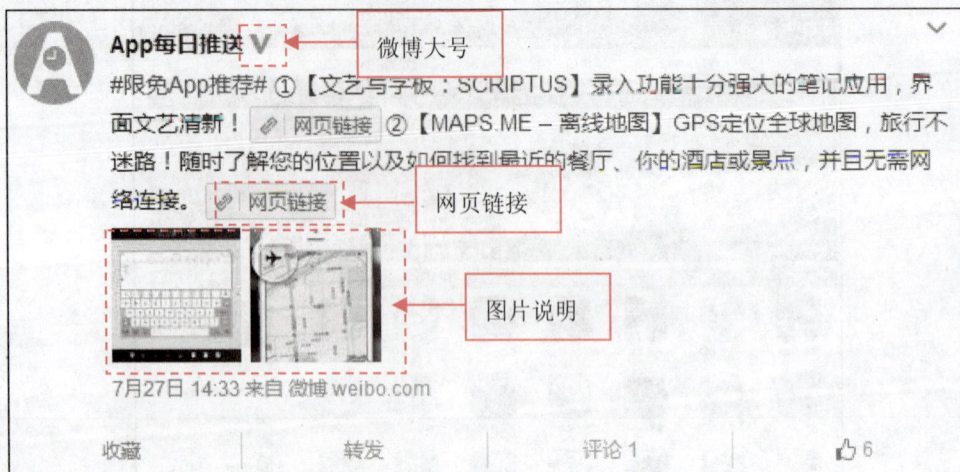

图 2-35　通过微博推广 App

2.5.4　App 的社区推广

在国内的智能手机论坛和高端社区上做广告的投放，可以找一些与应用用户定位较为相似的社区做一些广告投放或进行一些活动营销。例如，一些人气比较活跃的论坛，包括机智论坛、安卓论坛、安智论坛、威锋论坛、XDACN 社区、中关村在线论坛、91 论坛、太平洋手机论坛等。

2.5.5　品牌效应推广

品牌效应推广方式的成本比较高，尤其是那些非高峰期的本地电视节目时段、知名的互联网平台，以及流量较大的门户网站。这种方法可能不一定很有效，但是无论是在传统媒体还是在新媒体中，其都是收入来源、盈利模式离不开广告的原因，用户每天都能看到那些广告，就会在潜移默化中形成品牌效应。

2.5.6　App 的口碑推广

要让 App 形成口碑推广，首先 App 的功能必须让用户喜欢，这样用户再向朋友推广的时候，才能保持良好的感觉。例如，笔者向喜欢吃肯德基的朋友推荐"肯德基"这款 App 时(见图 2-36)，朋友一定很感激，因为可以让他们快速知道周边店面的优惠信息，也可以节省不少开支。

图 2-36　"肯德基" App 界面

2.5.7　限时营销推广

限时营销推广主要是对 App 产品进行限时营销(免费促销)的手段，让开发商供应无广告、无注册要求或其他附加条件的高级应用，并在某一特定时段将这些 App 无偿供应给网站访问者，并通过在线广告收回成本。

2.5.8　App 的视频推广

App 的视频推广是指通过不间断地在视频网站上投放广告，来获取知名度。例如凡客诚品、梦芭莎等电商。视频能传达的信息是文字和图片无法替代的，一段酷炫的应用展示视频，很容易被受众记住你的品牌，如图 2-37 所示。如果同时加上微信或二维码，还会获得更好的效果。

图 2-37　通过视频推广 App

2.5.9　App 的排名推广

虽然这种推广方式不是一种正规的手段，但是在国内非常受欢迎。毕竟绝大部分用户都会参考排名去下载 App，如图 2-38 所示。如果某款 App 的排名比较靠前，用户一眼就能看到，当然可以快速获得用户的关注，同时获得较高的真实下载量。

图 2-38　各种 App 排行榜

由于刷榜推广的成本比较高，所以企业一般会配合新闻炒作一起进行，这样容易快速提高知名度。新闻一般都是最廉价的网络推广手段，撰写一篇新闻稿，花上一两万元就可以发布到 100 个主流的新闻门户网站上，让这些网站一起来报道之后，就会有更多的网站去转载。

·专家提醒

使用刷榜的方式推广 App 时，产品的好坏是成功的最大关键点。不好的产品，即使被刷到排行榜，也会很快掉下来，意义不大。所以说推广只是一种手段，更重要的还是要专注于自己的产品本身的品质。

第 3 章

社交神器——玩转微信营销

微信营销概述
概念、特点、优势、价值、问题、模式

微信移动营销策略
漂流瓶、地理位置、公众平台、互动、二维码、朋友圈

推广三部曲
眼球、互动、推广方法

营销技巧
内容、对话、活动

社交神器
——玩转微信营销

3.1　微信营销概述

在移动互联网中进行营销主要有两类工具：一类是企业自主研发的 App；另一类则是以微信为代表的社交平台。微信营销是网络经济时代企业营销模式的一种创新，是伴随着微信的使用而兴起的一种移动互联网微营销方式。

3.1.1　什么是微信移动营销

微信不存在距离的限制，用户注册微信后，可与周围同样注册微信的"朋友"形成一种联系，订阅自己所需的信息，商家可以通过提供用户需要的信息，推广自己的产品，从而实现点对点的营销。

目前，微信用户规模已达到 6 亿，成为移动互联网领域具有龙头地位的交互平台，如图 3-1 所示，这是一笔巨大的财富。已经有很多商家领略到了微信营销的好处和魅力。现在几乎所有的智能手机都能安装和使用微信，在微信的程序不断完善之后，又增加了二维码的扫描功能。然后又出现了微信公众平台，人们开始热衷于微信这个互动的平台。

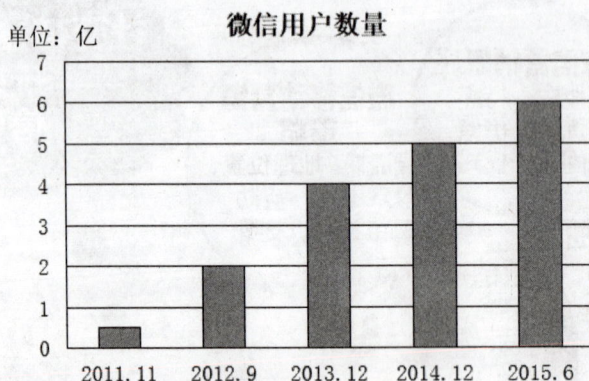

图 3-1　微信用户规模

微信一对一的互动交流方式具有良好的互动性，精准推送信息的同时更能形成一种朋友关系。基于微信的种种优势，借助微信平台开展客户服务营销也成为继微博之后的又一新兴营销渠道。

微信作为新兴的营销渠道，它的公众号类型如图 3-2 所示。

企业号	为企业或组织提供移动应用入口，帮助企业建立与员工、上下游供应链以及企业应用间的连接。
服务号	给企业和组织提供更强大的业务服务与用户管理能力，帮助企业快速实现全新的公众号服务平台。
订阅号	为媒体和个人提供一种新的信息传播方式，构建与读者之间更好的沟通和管理模式。

图 3-2　公众号的类型

3.1.2　微信移动营销的特点

微信，是一种生活方式，它功能强大，远远超越了对交流平台的定义。从免费的短信聊天 App，到最火热的语音交流 App，微信不断完善和发展，给用户带来全方位、高品质的服务体验。

微信作为一款时下最火爆的 App，大受年轻人的青睐，更是众多商家用来获取盈利的一种营销手段。借助微信，商家纷纷打造自家独属的公众号，实现和特定群体的文字、图片、语音的全方位沟通互动。微信移动营销的特点如图 3-3 所示。

• 专家提醒

　　微信打造营销者能够直接与用户对话的渠道，成为众多广告商的新宠。微信未来会成为一个开放平台，营销者可以开发独特功能的插件，改写以开发出独具特色的营销工具，然后用微信发送相关信息给用户。微信用户的特点如下。

- 微信的用户和活跃度的增加依赖于三个关键功能：语音对讲、查看附近的人和摇一摇。
- 超过 70%的用户会通过手机通讯录添加好友，将线下社交转移到移动互联网上来。
- 发展初期借助 QQ 关系链，将用户的 QQ 好友、邮箱好友以及手机通讯录好友社交关系链整合到产品之中，积累了一定数量的用户群。

·打造O2O入口

通过扫一扫，用户可以获取商品信息、比价、购买等，充分利用微信获取分享信息、在线消费。作为O2O流量的入口，商业想象空间巨大。

·点对点精准化营销

微信拥有庞大的用户群，借助移动终端、天然的社交和位置定位等优势，企业可以更加便捷地推送各种营销信息，让每个个体都有机会接收到这些信息，继而促使点对点精准化营销的实现。

·工具多样便捷营销

在微信平台有漂流瓶、二维码、**LBS**定位系统、公众平台等工具，能够为企业提供多种方式的便捷营销。

·关系强化机遇营销

企业用可以通过多种点对点形式与消费者形成朋友的关系，让用户产生信任感，在此基础上与用户形成强关系，从而产生更大的营销价值。

·成本低廉优势营销

从增加企业用户数量上来说，企业利用微信做推广，成本相对较低。企业无论是通过"摇一摇"来吸引粉丝的关注，还是利用朋友圈传播产品与服务信息，都不需要耗费太大的人力与物力。

·构造微信商业闭环

微信支付不仅完善商业化支付环节，还对众多推广和建设公众号商家的移动商业化奠定了基础，打开了一个更大的想象空间。

微信营销的特点

图 3-3 微信移动营销的特点

3.1.3 微信移动营销的优势

微信移动营销使不少的企业和个人都从中尝到了甜头，发展前景也非常值得期待，那么相对于一些传统的互联网，微信移动营销又有哪些优势呢，具体如图 3-4 所示。

相对于 PC 而言，未来的智能手机不仅能够拥有 PC 所能拥有的任何功能，而且携带方便，借助移动端优势，微信天然的社交、位置等优势，会给商家的营销带来很大的方便。

虽然前些年火热的博客营销也有和粉丝的互动，但是并不及时，除非天天守在电脑面前，而微信就不同了，微信具有很强的互动及时性，无论你在哪里，只要带着手机，就能够很轻松地同你的客户进行很好的互动。

可以通过手机通讯录、QQ好友、微信二维码、摇一摇、附近的人、漂流瓶等功能添加好友

图片、语音和视频优化，1M可发约1000条文字信息，1000秒语音信息，约1分钟视频信息

交友手段多

省流量

营销优势

多平台

软件免费

支持iPhone、Android、Windows phone、Saipan平台的手机之间相互收发消息

集成多款软件，如QQ邮箱助手、QQ离线助手等

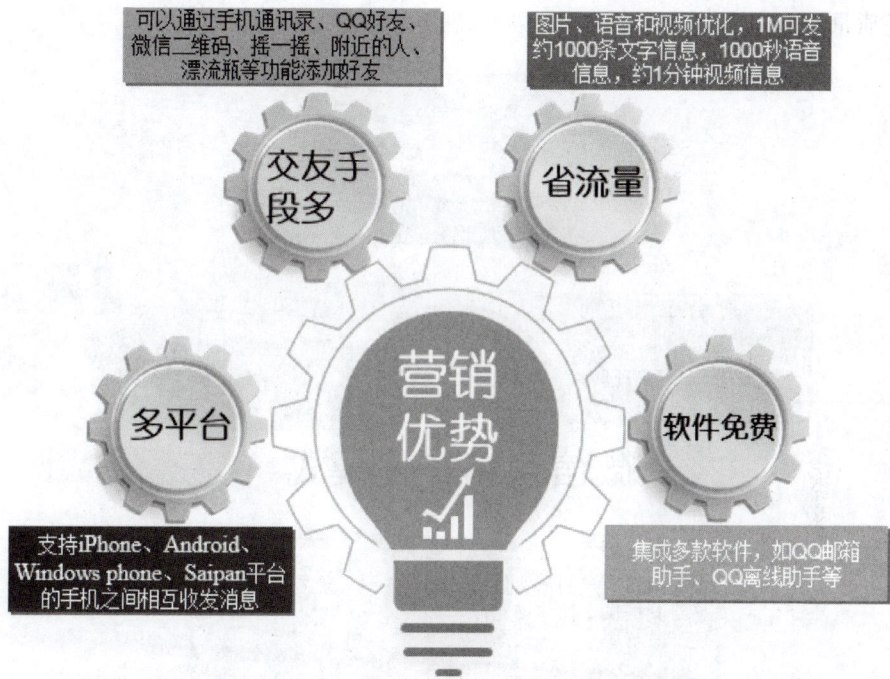

图 3-4　微信移动营销的优势

3.1.4　微信移动营销的价值

微信移动营销是企业的一次机遇，企业不仅能够科学合理地建立客户数据库，还可以进行持续的产品营销和口碑营销。通过互动沟通和精细化管理粉丝。使企业的目标客户群不断清晰和目标化，推广更加科学和有针对性，如图 3-5 所示。

强关系 ➡ 社交圈层 ➡ 精准营销

图 3-5　微信移动营销的价值

品牌需要微信用户主动添加才能被关注，而添加行为本身就是信任的象征。微信是朋友关系属性比较强的社交工具。在微信上，要关注个人(包括 QQ 好友和通讯录好友)必须要得到对方的认可，反之亦然，所以添加的好友大多是亲朋好友等熟人，封闭的熟人网络更有利于建立信任。因此，如果成功进入微信，品牌在微信里的粉丝

应该是质量更高、忠诚度更高，且购买可能性也更大的，如图 3-6 所示。

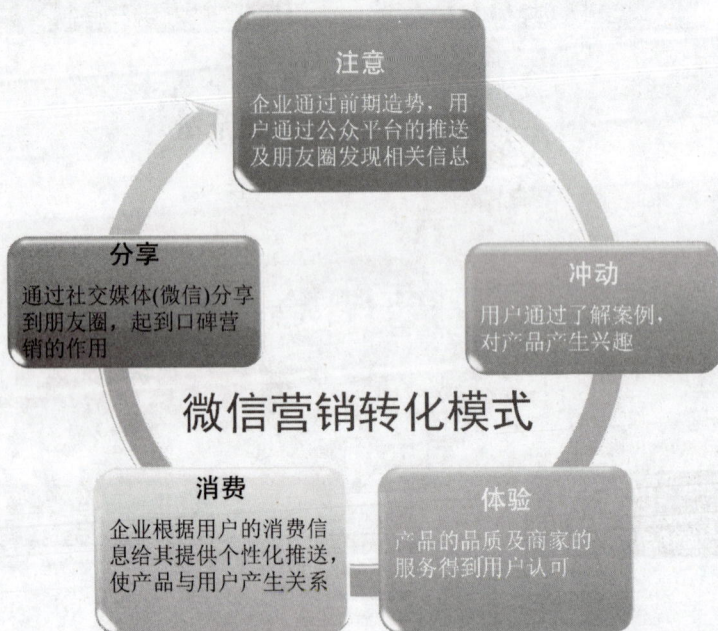

图 3-6　微信移动营销的转化模式

精准营销就是精确、细分、可衡量，将需要传达的信息直接推送给潜在用户。由于微信是通过用户自主关注企业的品牌微信公众号，用户对品牌有一定的认知度，针对这些用户定向推送内容，必将会有高转化率，所以微信是企业精准营销的核心，如图 3-6 所示。

3.1.5　微信移动营销的问题

在微信移动营销势头发展火热的背后，也存在着种种隐忧，前景并不是一帆风顺的。商家要想在微营销中立于不败之地，就需要目光敏锐，正视微信存在的不足，提前做好应对措施。微信营销面对的问题如图 3-7 所示。

• 专家提醒

　　微信营销之所以如此受到追捧，很大程度上是因为它的快捷方便，以及不收费的形式。商家借助微信公众平台可以省下大笔的宣传费，而宣传效果只增不减。微信目前是不收取任何使用费用的，但是客服成本的增加无疑是把商家刚刚节省下来的钱又花了出去。长此以往，如果客服的成本超出预算，那么微信的优势也将不复存在，对商家也就失去了吸引力。

相当长的时间内，PC以及平板电脑仍然会很重要，纯移动产品的显示和功能，都可能限制微信营销被企业接受的程度。

平台分布不均衡；主体对所拥有平台的资源利用不当；微信公众平台发布的信息有待甄别。

如果企业信息多了，对用户可能造成信息困扰，这可能制约着用户关注。

微信营销面对的问题

PC的辐射力不足

公众平台有待成熟

用户对广告的抵触

难以平衡用户感受与盈利

客服成本增加

企业容易陷入政绩工程

每一个商家都是不可能单纯照顾客户的感受的，盈利始终是最后的目的，如何在兼顾用户的感受之余消费他们的购买力，这需要商家精心的策划。

当前微信"公众平台"对认证的要求是1000个关注，这似乎是大品牌的特权，因为对诸多小品牌而言，1000个关注还是比较困难的。

如果每天都有几十万乃至上百万的粉丝提出关于产品或者售后的问题和投诉，这对商家而言，绝对是个棘手而头疼的问题。

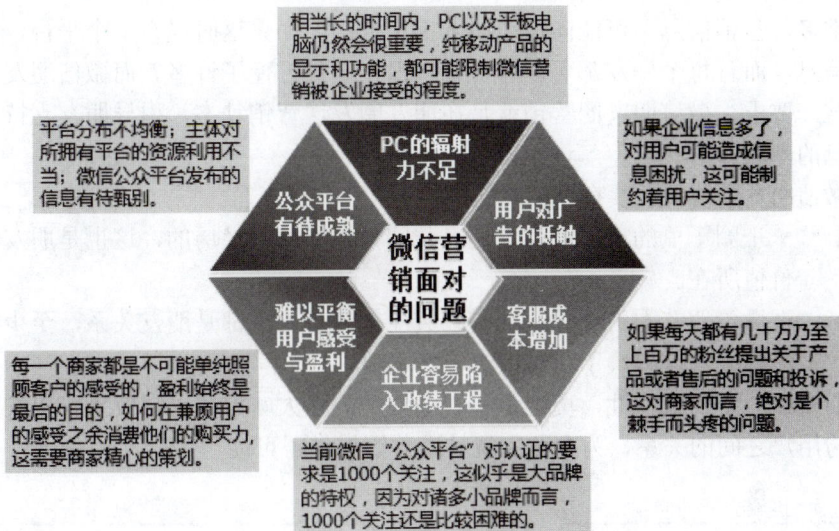

图 3-7　微信营销面对的问题

3.1.6　微信移动营销的模式

如何做好微信移动营销，是企业占领移动互联网营销市场的关键性步骤；而如何利用微信的特殊功能来形成一种独具特色的营销模式，是微信营销要迈出的重要一步。

目前微信移动营销主要有以下几种常用的营销模式，如图3-8所示。

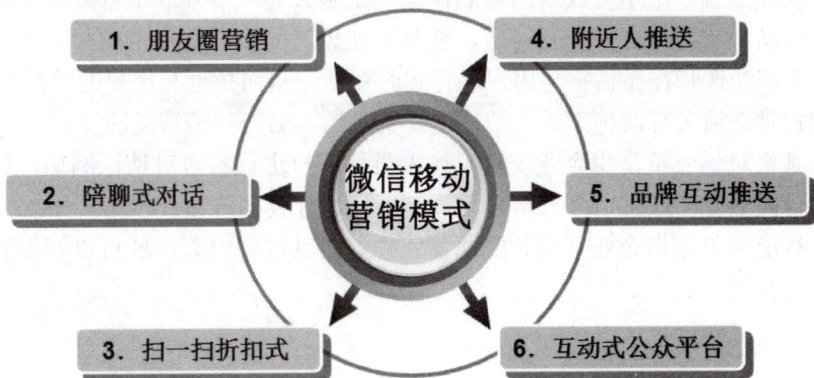

微信移动营销模式

1. 朋友圈营销

2. 陪聊式对话

3. 扫一扫折扣式

4. 附近人推送

5. 品牌互动推送

6. 互动式公众平台

图 3-8　微信移动营销模式

1. 朋友圈营销

微信移动营销就是通过微信"交朋友"，让别人关注自己。然而，微信的朋友数量非常多，营销信息不可能向每个朋友推送一次，如果这时候有一个平台，可以发布营销信息，而且每个好友都可以看得到，那岂不是方便了许多？而微信朋友圈恰好符合了这一要求，微信朋友圈营销就是在朋友圈发送营销动态，引导朋友支持自己，购买自己的产品。

微信朋友圈营销主要有以下两大优势。

- 一个圈子里的一群人肯定是有共同爱好或共同经历的，这也是朋友圈营销的价值所在。
- 在微信朋友圈，你关注的或者关注你的基本上都是朋友关系，至少是有过交流的人，这解决了交易中的信任难题。

朋友圈的这两条特性，奠定了朋友圈营销的强大威力和无限效果。朋友圈强化了企业与用户之间的关系，为企业实现精准营销提供了可能。

·专 家 提 醒

朋友圈营销要注意以下两点。

- 微信朋友圈营销信息的发布不要过于频繁，建议一天发两三条广告微信，并且要以不同的形式呈现营销内容，只有这样，朋友圈里的人才不会觉得你的广告嫌疑太重。
- 要经常和朋友互动，多去评论朋友的微信，为他点点赞，这样他会觉得你一直在关注他，下次他要买东西的时候肯定会想到你。

2. 陪聊式对话

社交软件都有一个不可或缺的功能，那就是聊天。微信开放平台提供基本活动会话功能，让品牌与用户之间交互渗透，使品牌在短时间内获得一定的知名度。所以许多知名企业都会选择在微信上与用户进行实时对话，从而拉近与用户的距离。

陪聊式对话通常有两种形式，一种是真实对话，另一种是智能回复。

- 真实对话通常是由企业安排工作人员与用户进行实时对话。例如，杜蕾斯微信团队专门成立了8人陪聊组，与用户进行真实对话。
- 智能回复是指企业下载智能回复软件并对其进行设置，就可以智能答复用户的问题。

3. 扫一扫折扣式

商家设定自己品牌的二维码，微信用户只要用手机扫描特有的二维码，就可享有商家提供的会员优惠活动，商家也可通过这样的方式吸引用户关注。

移动应用中加入二维码扫描这种营销方式早已普及开来，坐拥上亿用户其活跃度足够高的微信，价值不言而喻。

4．附近人推送

微信中基于 LBS 的功能插件"查看附近的人"可以使更多的陌生人看到这种强制性广告。企业点击查看"附近的人"后，根据自己的地理位置查找周围的微信用户，并将促销信息推送到附近用户进行准确投放。

例如，企业的产品针对的是白领、上班族，那么营销人员就可以在城市的商业地段进行定位，添加好友并进行产品信息的推广，其推广形式通常有以下两种。

- 利用"附近的人"功能添加好友，向好友发送营销信息，这个过程只需支付流量费用，无须花费太多的钱，就能够将产品广告等信息发送到用户的手机上，而且信息的接受率是百分之百。
- 直接用企业的名字作为微信昵称，再加上签名广告，就可以吸引不少用户添加你为好友。

5．品牌互动推送

微信有一个从 QQ 邮箱中移植过来的功能——漂流瓶，只要将自己想说的话写在上面，然后放入瓶子，将它扔进水里，等待另外的用户拾取就可以了。

微信流瓶主要有以下两个简单功能。

(1) **"扔一个"**。企业可以将产品信息以语音或者文字的形式投入大海中。

(2) **"捡一个"**。"捞"大海中无数个用户投放的漂流瓶，"捞"到后也可以和对方展开对话，但每个用户每天只有 20 次机会。

利用微信漂流瓶进行产品信息营销推广时要注意以下几点。

- 要注意漂流瓶的措辞，尽量温和，可以根据行业的不同写上几句诱惑的话题。
- 在选择做漂流瓶推广的时候，要更换头像，头像要让其他人对其有点击欲望。
- 漂流瓶是"大海抛针"式的，所以在放置漂流瓶中的词句时，要做一个自己微店网站的签名。

6．互动式公众平台

微信公众平台是从微信 4.0 版本开始推出的新功能，它的目标用户就是企业和机构等，它向所有用户打开了一个门户，信息和资本在这里高速流通。

要想在如火如荼的微信营销中脱颖而出，商家必须下工夫，掌握运营技巧。

(1) **开发自定义回复**。自定义回复接口可开发的空间绝对超出商家的预计，通过自定义回复接口，"电影演出票"这样的微信公众号可以实现"快速购票"服务，还有更多福利供大家选择，如图 3-9 所示。

(2) **做好内容定位**。商家从刚开始运营微信时，就一定要根据产品属性做好微信内容的定位，建立在满足用户的需求基础之上，包括休闲娱乐需求、生活服务类的应用需求、解决用户问题的需求等。

图 3-9　"电影演出票"快速购票

(3) 尽快完成认证。微信公众号的认证是很有必要的，因为认证的微信号会有搜索中文的特权，会提高商家的公众号被搜索到的概率。

3.2　微信移动营销策略

微信移动营销正在逐步兴起，无论是企业还是个人都应该抓住微时代的这一机遇，做好"微"营销。本节笔者将以实例操作来讲解几种常用的微信移动营销策略。

3.2.1　漂流瓶

使用"漂流瓶"功能的用户，只要通过扔瓶子、捡瓶子，就能方便快捷地和陌生人打招呼，结交志趣相投的新朋友，并将自己的品牌、产品或活动推荐给他们。

(1) 首次安装微信后，必须先启用"漂流瓶"功能，进入"我"界面，点击"设置"按钮，如图 3-10 所示。

(2) 执行操作后，进入"设置"界面，点击"通用"选项，如图 3-11 所示。

(3) 执行操作后，进入"通用"界面，点击"功能"选项，如图 3-12 所示。

(4) 执行操作后，进入"功能"界面，在此可以开启"附近的人""摇一摇""语音记事本""视频聊天""朋友圈"等功能，找到并点击"漂流瓶"选项，如图 3-13 所示。

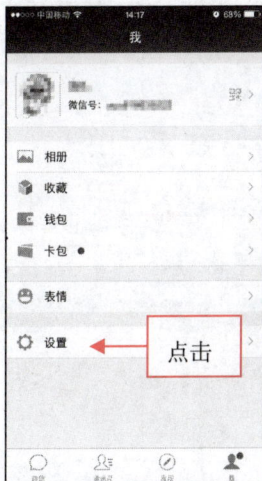

图 3-10　点击"设置"按钮

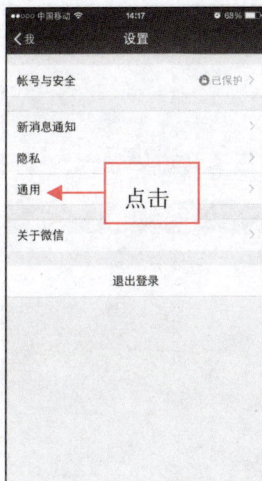

图 3-11　点击"通用"选项

图 3-12　点击"功能"选项

图 3-13　点击"漂流瓶"选项

（5）执行操作后，进入功能设置界面，点击"启用该功能"按钮，如图 3-14 所示。

（6）执行操作后，即可启用"漂流瓶"功能，点击"进入漂流瓶"选项，如图 3-15 所示。

（7）进入漂流瓶的相应界面，点击"扔一个"按钮，如图 3-16 所示。

（8）进入编辑漂流瓶的内容界面，如图 3-17 所示。

（9）输入"漂流瓶"的内容，如图 3-18 所示。

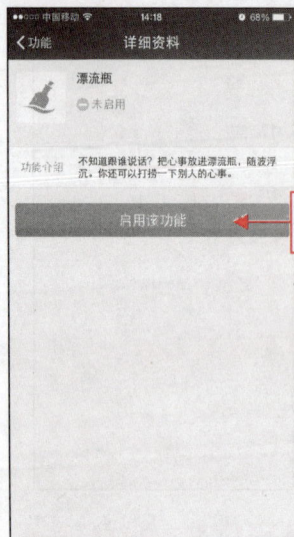

图 3-14　点击"启用该功能"按钮

图 3-15　点击"进入漂流瓶"选项

图 3-16　点击"扔一个"按钮

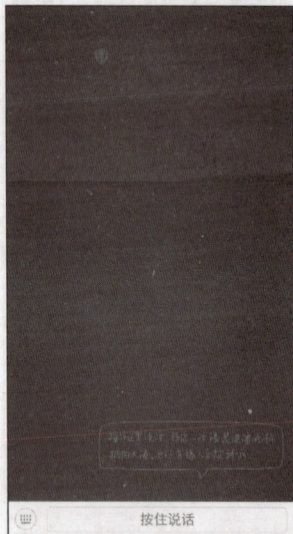

图 3-17　编辑内容界面

(10) 点击"扔出去"按钮，即可将含有微店链接的"漂流瓶"扔向"大海"，如图 3-19 所示。

• 专家提醒

　　"漂流瓶"发出后，一般由网络自动分配，不定收件人，双方是完全陌生的，这样就更容易把信息发送给客户，减少销售广告的成本。

本店一直是薄利多销，在合理利润的基础下尽最大可能让利，比专柜便宜。井霖女装 http://weidian.com/s/235938651?wfr=c

输入

扔出

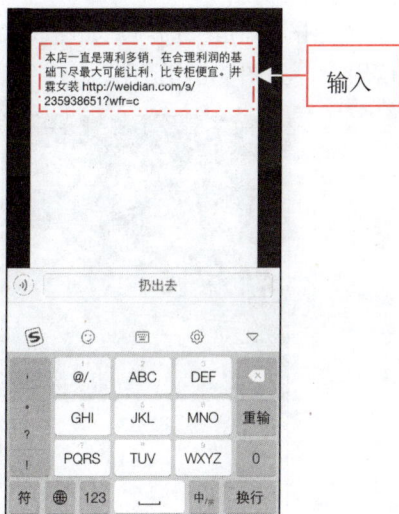

图 3-18　输入"漂流瓶"的内容　　　　图 3-19　扔出"漂流瓶"

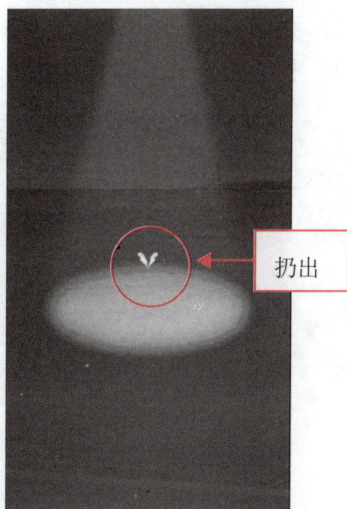

3.2.2　地理位置推送

　　"附近的人"是微信推出的一项 LBS 功能，目的是方便用户交友，它根据用户的地理位置找到附近同样开启这项功能的人，使用户轻松找到身边正在使用微信的其他用户，具体操作方法如下。

　　(1) 启动微信，进入"发现"界面，点击"附近的人"选项，如图 3-20 所示。

　　(2) 进入"附近的人"界面，点击"开始查看"按钮，如图 3-21 所示。

图 3-20　点击"附近的人"选项　　　　图 3-21　点击"开始查看"按钮

(3) 执行操作后，弹出"提示"对话框，点击"确定"选项，如图 3-22 所示。

(4) 执行操作后，即可查看附近的微信用户，如图 3-23 所示。

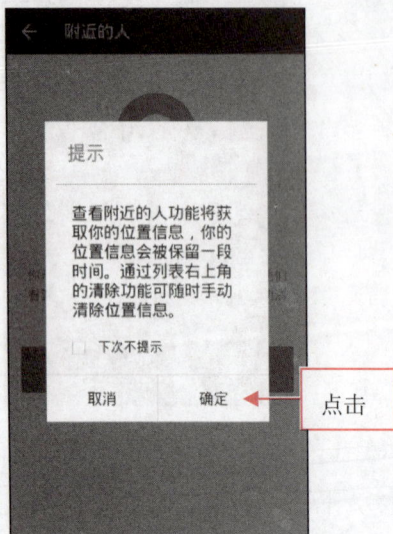

图 3-22 弹出"提示"对话框

图 3-23 查看附近的微信用户

添加附近的人为好友后，有两种宣传方式可以选取：第一，先积累用户，做长久打算；第二，立刻发广告，利用微信的一个群发助手，可以一次群发多个广告。笔者认为此功能可以打造成一个非常不错的营销工具，尤其是对于 O2O 模式的企业或商家而言。

3.2.3 公众平台

营销上有一个著名的"鱼塘理论"，把客户比喻为一条条游动的鱼，而把客户聚集的地方比喻为鱼塘。"鱼塘理论"认为，企业应该根据自身的营销目标，分析鱼塘里面不同客户的喜好和特性，采取灵活的营销策略，最终实现整个捕鱼过程的最大成功。笔者认为，微信公众平台就相当于这个"鱼塘"。

1. 营销方式

企业可以选择一家在行业中具有相当影响力和权威性的微信公众账号作为营销平台，在新的媒体环境和市场竞争中才能与时俱进，这已成为大多数企业的共识。拥有忠实粉丝数量庞大的微信公众账号已经成为网络营销的必备利器。

微信公众平台营销的方式主要有以下 3 种，如图 3-24 所示。

图 3-24　微信公众平台营销方式

(1)　植入广告。 这种方法主要是让商家在推送的富媒体内容上，植入广告内容，比如在文章、图片中提到某些品牌的名字、广告词等，在用户的阅读过程中不知不觉地完成宣传。

•专家提醒

这类广告不露痕迹，不易引起用户抵触，基于数量巨大的粉丝和用户对微信账号的高度认可，这类广告效果也不错，商家可以尝试。

(2)　图文广告。 微信公众账号每天可以精选有价值的新闻、资讯等富媒体推送给订阅用户，并在文章的插图后面或者文章最后面，附上一张精心设计的广告图，一目了然，不影响用户体验，还能实现广告传播效果最大化。

(3)　纯粹广告。 某些信息发布类媒体的微信公众账号可以定期整理一定数量的"纯粹广告"进行发布，广告内容本身就是用户需要的一种服务，因此，纯粹广告推送的效果自然最佳。需要提醒商家的是，这种方法不建议长期大规模地使用，商家要针对特定用户群，否则，长篇累牍的广告只会引起受众的厌烦。

2.　营销技巧

掌握了营销的主要方式，并不意味着商家就可以高枕无忧了，要想在如火如荼的微信营销中脱颖而出，商家不仅仅需要对微信公众有全方位的了解，还必须要下工夫，掌握运营技巧，如图 3-25 所示。

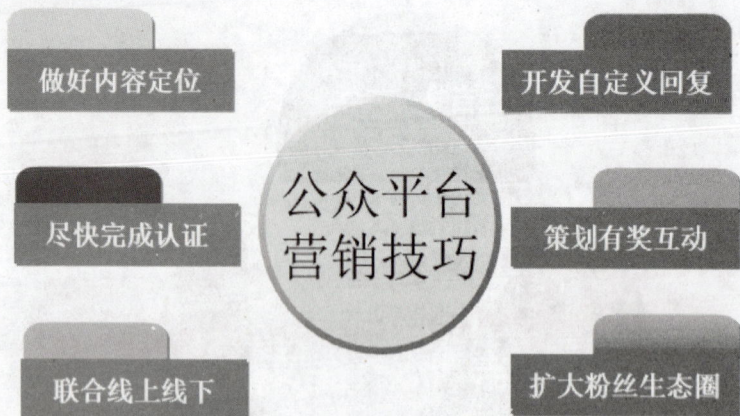

图 3-25　公众平台营销技巧

3.2.4　互动推送

通过一对一的推送，企业可以与"粉丝"开展个性化的互动活动，提供更加直接的互动体验，根据用户对关注的商家发送品牌信息。

1. 图文并茂

单纯的文字或者语音消息推送，可能宣传效果有所欠缺，微店商家可以运用"图文并茂"的策略开展微信营销，直观而形象地诱导用户。

- 更直观地展示产品：包括特色和优惠、折扣等，吸引特定的市场和特定的客户，提供个性化、差异化服务。
- 有助于商家挖掘潜在客户：将微店产品、服务的信息传送到潜在客户的大脑中，为微店赢得竞争的优势，打造出优质的品牌服务。图 3-26 所示的是优衣库的优惠活动信息，商家借助产品图片，直观而形象地诱导用户。

2. 语音信息

一般而言，声音的阅读难度远高于文字图片，如果选择发布语音消息，那么时间上就要受到严格限制，而信息量也会大打折扣，因此商家少有尝试这个途径。

在微信 App 中，语音是一个强大的信息功能，声音信息简化了沟通的方式，用户随时随地拿起手机，就能和朋友沟通，更适用于日常的交际和会话。微信中的语音消息非常适用于互动，就如同电台模式，亲切直接，一问多答，商家可以直接和粉丝交流，掌握第一手的用户信息，如图 3-27 所示。

图 3-26　优衣库的优惠活动信息

图 3-27　使用微信发送语音信息的操作

另外，微信的语音功能对于电台媒体来说，是一个招揽听众的绝好平台。通过互动沟通和精细化管理粉丝，企业的目标客户群不断清晰和目标化，推广更加科学和有针对性。

3．微信小视屏

微信 6.0 新版夺人眼球之处莫过于短视频功能的加入，朋友圈终结了仅有的"望图兴叹"与"文字传情"模式。用户可以在聊天窗口或朋友圈拍摄一段小视频，让朋友们看见你眼前的世界，如图 3-28 所示。

图 3-28   使用微信发送语音信息的操作

此前，游戏一直是微信的重要筹码，但是一味的娱乐化也会让用户觉得乏味。微信小视频的推出无疑掀起了一阵"小清新"风。"社交+视频"的新模式更像是对工具及社交两种不同属性应用的融合。借助社交平台短视频会得到很好的传播效果，反之，短视频的加入也丰富了社交生活。

3.2.5   与用户沟通对话

微信开放平台提供基本的活动会话功能，让品牌与用户之间交互渗透，陪聊式的对话要有针对性，并投入一定的人力成本，使品牌在短时间内获得一定的知名度。

随着微信功能的不断完善，现在不少商家都是采用相关软件来实现智能回复，只需要直接下载软件进行设置即可，如图 3-29 所示。

• 专 家 提 醒

企业微信的自动回复功能是十分强大的，能够吸引众多粉丝，可是微信公众平台关键字自动回复的规则，却并不尽如人意，用户在回复了关键字之后，微信服务页面才会进行相应跳转，而这些可供选择的关键字并不能满足用户的全部需求，效果差强人意。

图 3-29　智能回复

3.2.6　二维码

微信用户只要用手机扫描特有的二维码，就会享受商家提供的会员优惠活动。

二维码在微信中的应用，是每位用户的专属标志，是私密性的，但与此同时，它又具有可读性，不可避免地成了一个公开的秘密，将隐私和公开完美地结合起来。

- 当用户在浏览商家官方网站时，活动主题页面快速跳转，用户只需要扫码即可浏览商家所有产品及信息，快速了解广告完整的信息，如图 3-30 所示。
- 在浏览商家微博时，也省去了输入查找的烦琐过程，扫描二维码之后就能快速关注，时时浏览商家微博的新产品动态。
- 部分实体商城商品一拍即买，在手机上就能实现购物，无论实物商品还是虚拟商品，都可以方便快速地购买，多种支付方式让手机购物更为便捷，而商家的折扣券、积分大礼等，扫码即有。

• 专 家 提 醒

二维码应用快捷便利，主要有以下优势。

（1）**整合营销**。二维码结合传统媒体，能无限延伸广告内容的实用性和时效性，消费者通过扫码，便捷入网，利用手机就能实时获得信息。

（2）**即时互动**。企业可发动调查、投票、会员注册等活动形式，让用户参与调查、信息评论、活动报名、手机投票等，增加用户的黏度。

(3) 立体传播。 二维码是移动互联网时代 O2O 最便捷的入口，已经成为当下社会化媒体传播最便捷的工具，商家能时刻进行线上和线下的信息传播，用户也能随时随地地接受资讯。

图 3-30　扫码了解信息

例如，豆捞坊作为国内最具上市实力的餐饮品牌之一，秉承"以时尚为荣、以新鲜为荣、以您的光临为荣"的经营理念，以电子会员卡的形式获得了更多的潜在客户。图 3-31、图 3-32 所展示的是豆捞坊的二维码电子会员卡扫描界面和结果，消费者在门店消费时使用该电子会员卡可享受一定的优惠。

图 3-31　二维码电子会员卡扫描界面

图 3-32　二维码电子会员卡扫描结果图

二维码电子会员卡的优势在于它是保存在消费者手机里面，便于携带，随用随取，不易丢失。另外，电子会员卡注册会员过程简单快捷，一键扫码注册。在保证会员卡档次的同时，商家不必再为制作精美会员卡而花费高额的成本费用。

•专家提醒

> 餐饮商家除了使用二维码电子会员卡，还引导消费者在餐馆内通过扫描各种宣传海报以及餐桌牌上的二维码，阅读手机电子菜单，轻松地将餐饮文化、菜品介绍等信息按照相关的指引录入。
>
> 传统的服务员在点菜中使用纸质记录、传单、上菜，对于客流量不大的餐厅是没有问题的；但大型餐厅食客较多，就会出现有的客户刚到就开始上菜，有的食客等半个小时不见一个菜。相反，如果通过电子系统操作，服务员扫码后数据直接进入后厨，按照时间等级排序，将会减少操作流程中的诸多麻烦。

3.2.7　朋友圈

简单来说，微信营销就是通过微信"交朋友"，让别人关注自己，然后在朋友圈发送动态信息引导朋友支持自己，能够购买自己的产品。

1. 朋友圈的特性

在朋友圈做营销，要先研究朋友圈的特性，如图 3-33 所示。朋友圈的特性很好理解，有以下两个方面。

(1) 朋友特性。无论是你的朋友圈还是你的 QQ 空间，你关注的或者关注你的一般都是朋友关系，至少是有过交流的人，这解决了交易中的第一个难题——信任。其实，在朋友圈做生意就是拿自己的名誉做赌注，只要你还想保持朋友关系，你就不可能对自己的朋友坑蒙拐骗。笔者认为，朋友圈营销的核心就是"深化与朋友的关系"。因此，企业要把与微信用户的"弱关系"转变为"强关系"，只有把关系放在首位，深化与用户的关系，才能迎来长期、高质量的发展和收获。朋友圈营销是企业微营销的最佳实践场所，它从自说自话演化为让别人帮你说话。话语权已经不再在企业一方，而在朋友圈一方，只有强化跟他们的关系，让他们为你布道，企业才能塑造未来的优势。

(2) 圈子特性。俗话说"物以类聚，人以群分"，一个圈子里的一群人肯定是有共同爱好或共同经历的，这也是朋友圈营销的价值所在。例如，一群爱旅行的人组建了一个朋友圈，当有个驴友在圈子里发表关于"旅行"的状态后，会引发一群驴友点赞、评价甚至转发。当这条关于"旅行"的状态被转发到另一个旅行的圈子里时，则会引爆二次宣传和扩散，这就是朋友圈营销的"病毒式"扩散。

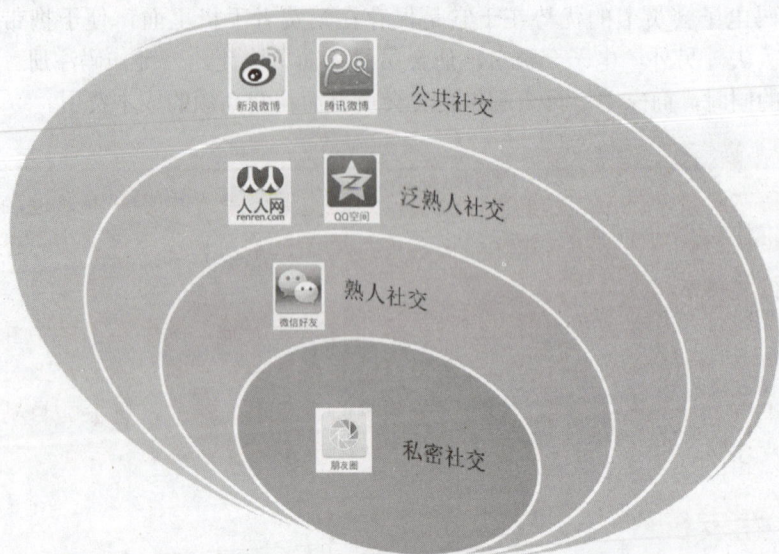

图 3-33　微信朋友圈产品的本质

·专家提醒

　　传统的媒体采取的是"广播"的形式，内容由媒体向用户传播，属单向流动。而朋友圈营销的优势在于，内容在媒体和用户、用户与用户之间多方向传播，这就形成了一种交流。另外，大部分的朋友圈都具有强大的连通性，通过链接，将多种信息融合到一起。这是一个互利的时代，你认识多少人已经不是成功的前提，多少人认识你才是畅行天下的保证。

　　2. 朋友圈营销的技巧

　　朋友圈的以上两个特性，奠定了朋友圈营销的强大威力和无限效果。下面介绍笔者总结的一些朋友圈营销的技巧。

　　(1) 不要经常刷屏。这里所讲的刷屏是只发一种形式的微信，如发布产品的图片信息，在十分钟内连发多条微信，并且是不同形式的微信内容。如果一天到晚地刷屏，只会让你的朋友产生反感，建议一天发两三条广告微信。

　　(2) 积极参与好友互动。一定要多和朋友互动，多去评论朋友的微信，为他点点赞，这样他会觉得你一直在关注他，下次他要买东西的时候肯定会想到你。

　　(3) 不要只发广告。你的微信里面不要只是宣传产品的信息，可以有一些自己生活写照的东西，比如今天去哪儿吃东西了，拍点图片分享一下，如图 3-34 所示。不要让朋友把你当成一个只知道卖产品的商人。

　　(4) 塑造个人品牌。做朋友圈营销，至少要把你的产品描述清楚、说得明白，对分享要有自己的观点，要学会点赞和评价。分享的东西必须是正面的、积极的、正能量的，可以塑造你的个人品牌。例如，对经营餐馆的企业来说，可以在朋友圈里分享一些美食制作方法或者健康食谱，中间再自然而然地介绍自己的餐馆，这样朋友就很容易接受你介绍的产品。

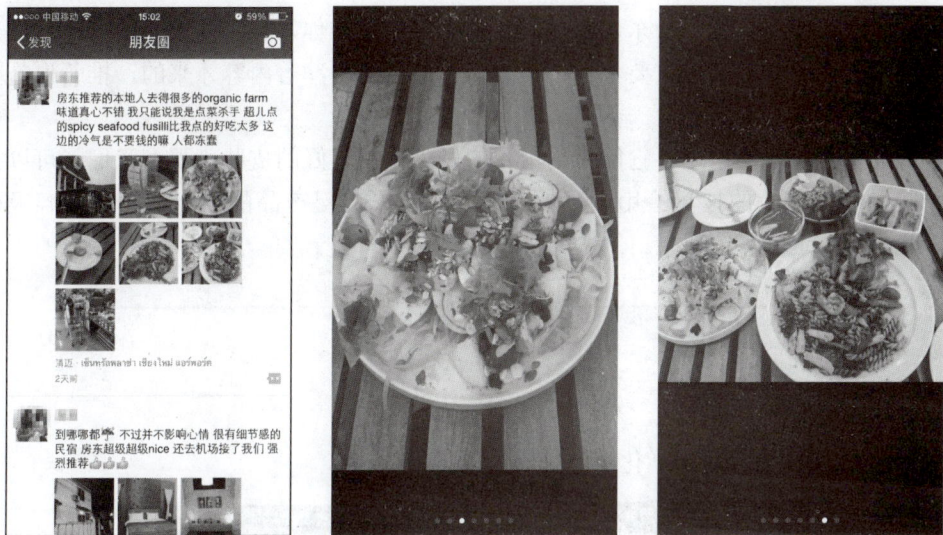

图 3-34　朋友圈营销技巧

(5) 有效合理地增加粉丝。充分利用好自己的社会人脉资源，将 QQ 好友、手机通讯录的朋友全部加上，这些一般都是认识的亲人、朋友、同学、同事、客户等；在微博、QQ 空间、QQ 签名上发布你的微信号、QQ 群，根据你的产品特性加入不同的群；微信搜附近的人，但此过程中要谨慎，过分的广告语易让人举报；多参加一些培训、论坛、讲座、交流会等，来这里的朋友都是为了认识更多的人，所以是一个增加好友、资源整合的地方；最后，可以采用互推(互相推广)的方法。

•专家提醒

微店 App 的"友情店铺"功能，也是一个非常好的增加新朋友的方法。

3.3　微信移动营销的技巧

如今的微信像是一个聚宝盆，提供了很多功能应用给企业创造财富，只要企业对微信营销了如指掌，那就一定会有收益。

3.3.1 特色的内容

微信内容的定位应该结合企业自身的特点，同时又从用户的角度去着想，而不能一味地只推送企业自己的内容。记住微信不是为企业服务的，而是为用户服务的。只有从微信中获得用户想要的东西，他们才会更加忠诚于你，和企业成为朋友，接下来的销售才会理所当然。一定要记住：内容为王，用户是冲着内容才来的，推荐也是因为觉得内容有价值。

就拿卖美容产品来说，它能带给用户的好处是拥有好的皮肤，那么我们就可以推送一些保养、化妆的技巧给用户，然后适当地加入自己产品的信息，只要内容吸引人，就会有一定的营销效果。

·专家提醒

> 对于微信的内容，有一个"1+X"的模型，1 是指最能体现账号核心价值的内容，X 则代表了内容的多样性，迎合和满足用户的需求，增强内容的吸引力。

图 3-35 所示为"每天学化妆"订阅号的推送信息。

图 3-35　微信"每天学化妆"订阅号推送信息

3.3.2 多样的推送形式

现在绝大多数的微信公众账号每天都有 1 次群发消息的功能，其实这个频率已经很高了。现在每个用户都会订阅几个账号，推送的信息经常让用户眼花缭乱。

推送频次一周最好不要超过五次，太多了会打扰到用户，最坏的后果可能是用户取消对你的关注；当然，太少了就不会引起用户的注意，觉得你的微信只是一个摆设，所以一定要把握好尺度。

推送的形式不一定都是图文专题式的，也可以是一些短文本，文本字数一般在一两百字左右，最为关键的在于内容能引发读者的思考，产生思想的火花，形成良好的互动效果，如图3-36所示。

图3-36 短文本故事

"简易心理学"是一篇利用人性的故事来引发读者的感慨，让用户觉得我们需要有一颗宽容的心，去看待朋友的错误，不要因为一个错误而把朋友的好处全部忘记；"每天正能量"是利用追求故事的形式，让读者感受到人的一生需要很多目标，而目标又是对生命的追求，从而使我们从目标中获得喜悦。

3.3.3 特色的微信账号

如今的人们都追求个性化，微信回复顺应了这个潮流。许多微信账号被"拟人化"，用户咨询问题时，得到的回复非常有特色。并且很多微信账号都有一个十分特别的名字，如艺龙旅行网的"小艺"，如图3-37所示。这样的对话亮点确实吸引了不少粉丝。

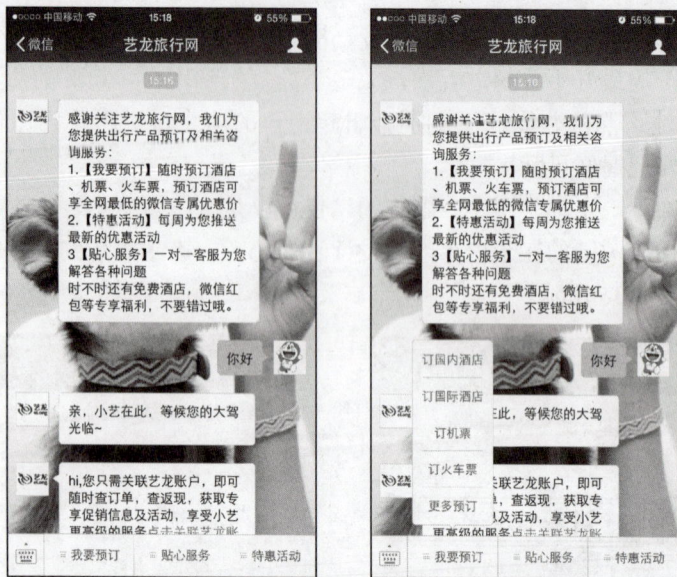

图 3-37　艺龙旅行网特色名字账号

3.3.4　创意的微信活动

微信营销比较常用的就是以活动的方式吸引目标消费者参与，从而达到预期的推广目的。如何根据自身情况策划一场成功的活动，前提在于企业愿不愿意为此投入一定的经费。当然，餐饮类企业借助线下店面的平台优势开展活动，所需的广告耗材成本和人力成本相对来说并没有达到不可接受的地步；相反，有了缜密的计划和预算之后，完全可以以小成本打造一场效果显著的活动。

"扫红码得红包"是腾讯应用宝在 2014 年发起的有奖扫码活动，所有用户通过微信扫红码，并成功安装应用宝 App 后即可获得微信红包。从当天晚上 8 点开始，1 小时内送出 100 万元现金红包，从而拉开腾讯应用宝"扫红码得红包"5 亿元现金大派送的序幕。

"扫红码得红包"的活动流程如图 3-38 所示。需要注意的是，一部手机一天最多只能下载两个应用，并且每个自然月只能下载 10 次。

・专家提醒

　　在微信群中发红包最具趣味性的关键点是"抢"，"抢"本身就会带来微信群的瞬间活跃，并激发传播欲望。抢红包时，可以先抢到红包再发送祝福。当然，拼手气发红包的实质是抢红包，"抢"意味着竞争，竞争的机制会带来人气的增加。

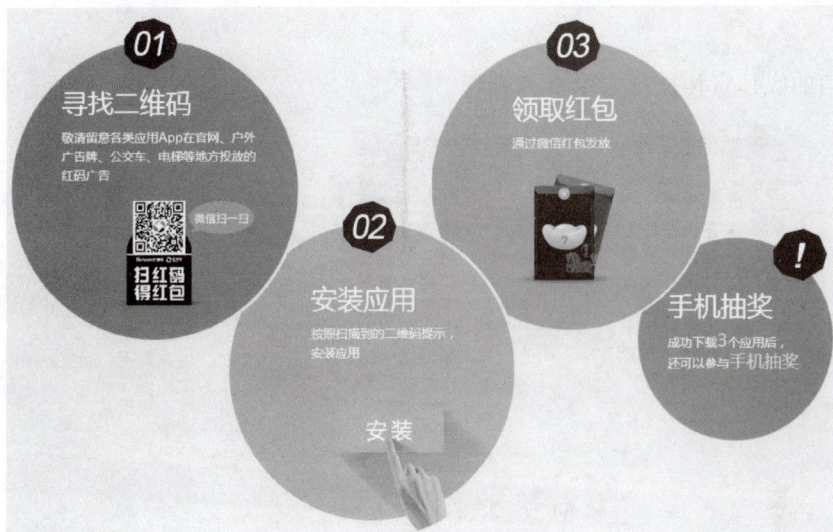

图 3-38 "扫红码得红包"活动流程

3.3.5 多种方式的宣传

除了网络宣传外，店面也是充分发挥微信营销优势的重要场地。在菜单的设计中添加二维码并采用会员制或者优惠的方式，鼓励到店消费的顾客使用手机扫描。这样一方面可以为公众账号增加精准的粉丝；另一方面也可以积累一大批实际消费群体，对后期微信营销的顺利开展至关重要。店面能够使用到的宣传推广材料都可以附上二维码，当然也可以独立制作海报、传单等材料进行宣传。

1. 口碑宣传

微信的即时性和互动性强，可见度、影响力以及无边界传播等特质特别适合病毒式口碑营销技巧的应用。微信平台的群发功能可以有效地将企业拍摄的视频、制作的图片，或是宣传的文字群发到微信好友；企业更是可以利用二维码的形式发送优惠信息，这是一个既经济又实惠，也更有效的促销模式。它更有利于顾客主动为企业做宣传，激发口碑效应，将产品和服务信息传播到互联网和生活中的每个角落。

2. 领袖宣传

企业家、企业的高层管理人员大都是意见领袖，他们的观点具有相当强的辐射力和渗透力，对大众言辞有着重大的影响作用，会潜移默化地改变人们的消费观念，影响人们的消费行为。微信互动营销可以有效地综合运用意见领袖型的影响力和微信自身强大的影响力刺激需求，激发购买欲望。

3. 媒体宣传

微信的媒体宣传技巧如图 3-39 所示。

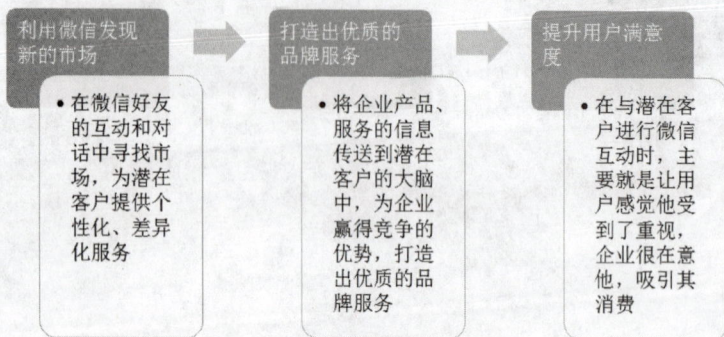

图 3-39　微信的媒体宣传技巧

3.4　微信营销推广三部曲

微信营销作为时下最热门的网络营销模式，只有依靠粉丝，才能在厚积薄发之后为自己的品牌创造二次传播的效果。那么，如何达到营销推广的最佳效果呢？

3.4.1　抓住受众眼球

首先，商家利用微信营销最核心的目标就是获取用户，挖掘潜在的购买力，所以微信公共账号的一切运营都要围绕着这个目标进行。

怎么抓住受众的眼球呢？企业微信要做的就是打造清晰明确的核心卖点。比如加多宝，用户看到该品牌就会想到凉茶，如图 3-40 所示；而提到香奈儿，用户就知道是化妆品中的奢侈品，如图 3-41 所示。企业树立这样的"标记"很重要，就像比尔·盖茨，人人都知道他是世界首富，没有人会说他是科学家，因为在公众中广为传播的他就是世界首富。

一流的企业销售的不是产品或服务，而是它们在消费者心目中的印象。换言之，企业需要去找到一个专属的字眼，深入人心，让用户牢牢记住，这就是定位。

1. 定位准确

不同的行业、不同的产品有着不同的经营方法。微信营销借助微信这个移动互联网的战略升级平台展开，但是，它也并不是适用于所有的行业和所有的产品的。

企业和个人跟风投身微营销，原因大致上有两个：第一，希望尝试这种新的营销方式为企业或个人获益；第二，跟上趋势。这说明大家是愿意接受新鲜事物、愿意学习的，这本是一件好事，但是不少商家盲目跟风，没有任何的专业知识，也没有任何的策略，这就变成了一件坏事。

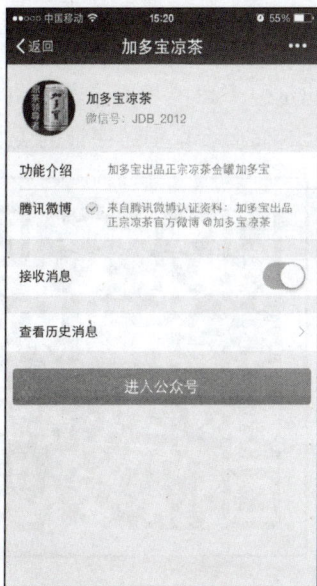

图 3-40　加多宝微信　　　　　　图 3-41　香奈儿微信

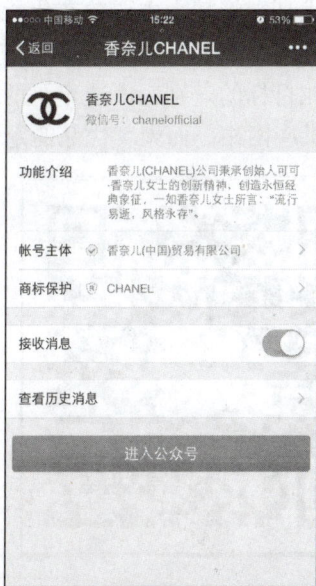

准确定位需要从以下几个方面考虑，如图 3-42 所示。

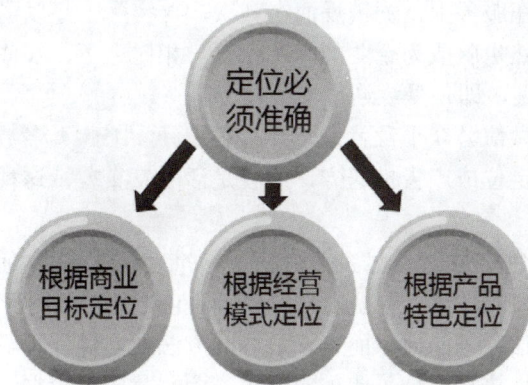

图 3-42　定位必须准确

(1) 根据商业目标定位。每个行业都有自己的特点和要求，因此它们的营销目标也不尽相同，那么企业微信在定位的时候，就不能人云亦云。

比如苏宁和聚美优品，虽然两家网站都是主打网上购物，但是这其中的差别也很大：苏宁主要是做电器电子这一块，因而它的目标用户群是知识分子、上班族、家庭主妇或者电器商，这类群体对电子产品的需求比较大。图 3-43 所示的是苏宁的微信公众账号。

而聚美优品则将精力主要放在化妆品上面，它最大的消费群体无疑是女性，而且有相应的年龄段。图 3-44 所示是聚美优品的微信账号。

两者商业目标的差别，就决定了两家网站的定位不可能相同，苏宁将自己定位成最大的电器供应网站，而聚美优品的定位则是全国唯一一家正品保证的美妆网。

图 3-43　苏宁的微信公众账号　　　　**图 3-44　聚美优品的微信账号**

(2) 根据经营模式定位。 除了商业目标，不同的经营模式也决定了企业不同的定位。艺龙旅行、招商银行、南方航空等企业就是很成功的范例。

企业把自己定位在服务上，营销反而在其次，这实际上是以退为进，用户在体验周到的服务之后，自然也就成为企业的忠实粉丝。相比之下，那些靠信息群发来主动营销的方式并不受欢迎，即使受欢迎也不会长久。

从广义上来讲，微信公众平台就是一种客服工具，因此大多数的商家都采用了工具化的模式，将企业定位成广告推送方，或者是活动发布方，这种定位自然与服务式截然不同。

(3) 根据产品特色定位。 当然企业微信要精准定位，并不拘泥于某个固定的套数，服务式营销固然要人性化，更受用户青睐，但它也并不适用于所有的行业。

对于广大投身微信营销的商家而言，最好的方法就是深入了解自己的产业特色、产品特色，有针对性地进行定位。比如衣服生产商，就应该根据不同的场合，锁定不同年龄层的用户，进行有针对性的宣传。图 3-45 所示的是优衣库的微信，和其他服装商的广撒网方针不同，优衣库巧妙地避开与同行的竞争劣势，精准定位自己的客户群，将目标瞄准年轻一族，把握年轻人的心理，打造自己的产品特色。

2. 内容新颖

营销要求内容为王，不管是以前的网络营销还是现在的微信营销，这都是永恒不变的真理。

　　微信作为新的信息传播媒介，它对内容营销的价值是显而易见的：首先，传播的内容包罗万象，而且信息含量大；其次，信息的载体除了文字之外，还包括其他各种多媒体形式，可选择性大。图 3-46 所示的是一项关于微信内容的比例调查。

图 3-45　优衣库微信

　　在进行内容营销之前，商家必须懂得一些内容策略。内容策略从字面的意思来看，可以理解为指导企业微信如何精选题材、如何精编内容。同时，它也指导企业如何通过发布合适的内容，来实现商家预定的营销目标。

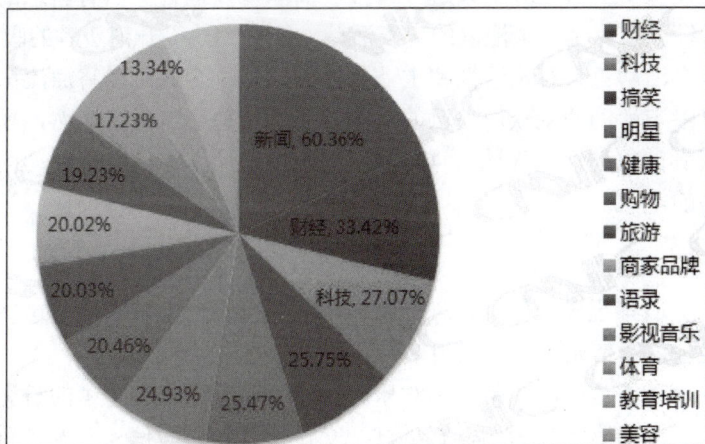

图 3-46　微信各种内容所占比例

企业的微信营销人员进行的最直接且最重要的一项工作，就是通过微信发布信息，而商家所发布的信息必须经过认真的思考和衡量，要从用户的心理和企业目标的角度出发，考虑各方面的问题，尤其是中小企业。为了吸引其他用户的注意，微信营销发布的信息必须遵循"3I原则"，如图3-47所示。

图 3-47　内容 "3I 原则"

3. 创意活动

互动十分重要，无论是大品牌企业还是小品牌企业，其商家都需要做好优质内容，通过微信为老用户或者新用户提供更多的有价值的服务，并且与他们互动。增加用户黏性是非常重要也是非常有必要的。

单纯地发布硬广告和软文对粉丝的转化率基本为零，所以要学会用这种朋友交流的工具，以朋友互动交流的方式来进行传播。商家可以进行一些有新意的活动，这样企业的微信营销就更像是一个浪漫的交友活动，能极大地提升消费者的吸引力。

为了让整个活动更具有延续性和主动传播的动力，企业可以将漂流瓶打造成真心话分享站，让参与活动的受众用自己的故事为品牌传递影响力，当然，要随机赠送礼品以激发消费者的主动性。如图 3-48 所示，在实际操作中，这种活动的粉丝抓取力还是非常不错的。

4. 巧用游戏

微信用户大概都玩过"抢红包""打飞机"，如图 3-49 所示。这些游戏并不算新奇，除了这些，微信旗下开发了很多有趣的小游戏。

用户还在沉迷于这些游戏带来的欢乐时，不少商家已经将营销的目光转向了这些不起眼的游戏。以乐跑手环为例，它尝试社交化营销，在微信上开发了首款购物游戏"极速秒购"。

"极速秒购"是由腾讯和 Groupon 旗下高朋网的微团购部门策划研发的一款购物类应用，如图 3-50 所示。该产品目前可通过微团购公众账号左下角的自定义菜单进入，进入后即可通过微信联合登录进入游戏。

图 3-48　微信活动互动

图 3-49　微信游戏

为何会选择在微信上的首款购物游戏进行首发呢？乐跑方面负责人表示，一方面"极速秒购"的用户群和乐跑存在高度重合；另一方面它改变了移动购物的玩法，适合乐跑手环这种前沿性、智能化的新产品来进行售卖。

　　"极速秒购"每日推荐的产品，均来自开通了微信公众账号的商家。这些商家在"极速秒购"平台上推广自己的产品的同时，还可以展示自己的微信公众账号。对商家来说，这款购物游戏让其品牌公众账号瞬间化身成为"微信店铺"，商家能够方便并且直接地触及用户，从而积累品牌粉丝，服务客户。

图 3-50　极速秒购

5. 认证身份

　　现在的微信公众平台可以进行微信认证，如图 3-51 所示，通过认证以后，企业的微信公众平台就会多出一个认证的图标。

图 3-51　微信公众账号认证

那么，微信认证有什么好处呢？

第一，微信公众平台通过微信认证，会增加用户的信认度和体验度，具有微信力的账号自然能够吸引更多的客户关注。

第二，微信公众平台通过认证后，服务号就会自动打开高级接口中的所有接口权限，这样二次开发功能将会大大增加用户的体验度。订阅号马上会打开自定义接口权限，借助这些接口的开放，商家的微信公众平台会做出有别于其他的服务号或者订阅号的特色。

第三，高级接口会自动获取用户信息。在语音识别接口中，用户发语音消息时，此功能会给出语音识别出的文本内容。

第四，有了客服接口高级功能，用户发送消息后的 24 小时内，公众号会及时回复用户的提问，高效便捷。

第五，可以定位用户发消息时的方位，也就是用户的地理位置。公众号可以获取用户的基础信息，如用户的头像、称呼、性别、地区等，还会获得用户的 ID 号。

第六，通过认证，之前的不能分组用户，认证后是可以进行分组的，可以对移动用户分组，也可以创建和修改分组。同时，公众号还可以在微信的服务器中上传和下载多媒体文件。

6. 微信 CRM

微信以其 6 亿用户和强大的互动性和即将开通的支付功能，引起旅游、会展、电商、游戏等行业的变革，当然 MTC(生产商检测证明)的专家成员都认为媒体和 CRM(客户关系管理)这两个领域也将是首当其冲。

以国内运用微信的广播电台先驱"FM93 交通之声"为例，2012 年的时候，FM93 还主要将微信当作一个内容推送的渠道和与听众互动的桥梁，现在已经在思考如何通过微信为听众提供更多的服务、如何创造新的交通信息服务模式，以及创新盈利模式。图 3-52 所示的是"FM93 交通之声"的服务页面。

微信对接企业 CRM 系统已经成为趋势，不少企业账号在微信公众平台上进行了自定义接口功能，这个接口可以接入任何公司的 CRM 系统，公众账号背后的企业将能够通过这个接口为用户提供更加个性化的服务

• 专家提醒

这里的企业还包括生产型行业、本地服务行业、媒体、明星、草根、App 开发者等。

目前微信上的公众账号已经从单一的以推送信息和客服为主，向深化自定义回复、第三方接口等功能发展。有了这个第三方接口之后，这些公众账号能够实现的功能就有了无限的想象空间。比如"订酒店"这个账号，如图 3-53 所示。它不仅提供

酒店入住的服务，让用户在手机上轻松快速地解决手续问题，而且还提供 LBS 定位，根据用户发送过来的位置，提供线路图。

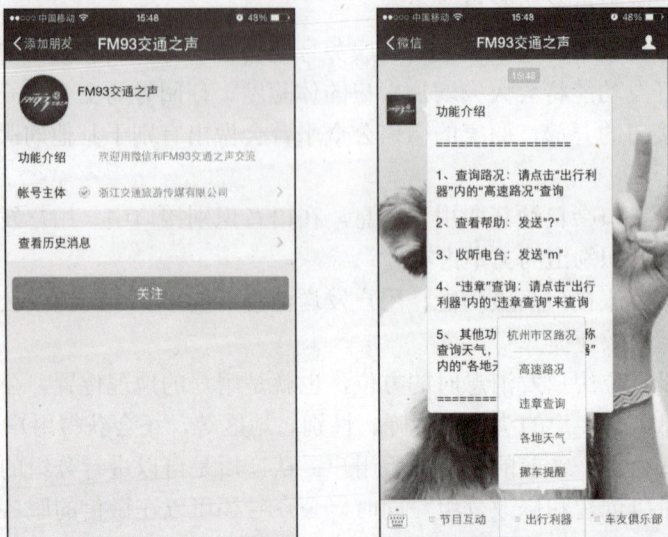

图 3-52　FM93 微信

当用户在微信中把自己当前的地理位置(微信可以直接发送地图信息)发送给"订酒店"之后，"订酒店"会回复一条信息，告诉用户附近有哪些酒店可以预订，并提供订房的费用和电话号码，而且还可以实现订房和退房的功能。

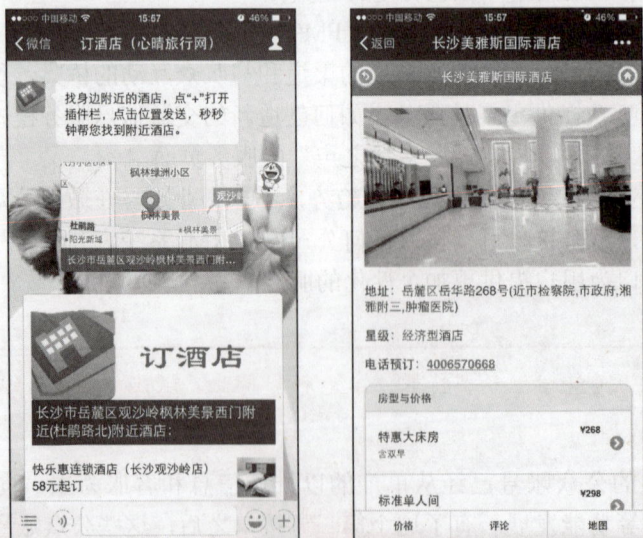

图 3-53　订酒店微信

7. 账号域名

要想吸引住用户的眼球，除了内容和活动外，企业的账号域名也是很重要的部分。试想，一个没有任何特色的企业账号，用户怎么会有兴趣关注呢？图 3-54 所示为特色账号域名取名方法。

图 3-54　特色账户域名

除此之外，企业微信取名还可以采用区域加产业的方式，如"杭州房产""郑州吃货"等。或者根据阅读类、体育类、电影类细分入手；或者从最酷、最好玩、最时尚为切入点入手；或者从最新资讯、娱乐时尚、轻松笑话、读书学习、实用小工具等入手；或者从健康、天气、职场、音乐、热门等入手。总之，就是要有趣，好记、接地气、生活化。

8. 独特二维码

二维码最早进入到大众的视线是火车票右下角那个小小的方格，渐渐地，电影票、飞机票也逐渐被二维码替代。现今智能手机的普及，让用户使用手机就能扫描各处的二维码，解读其中信息。

由于智能终端的出现，4G 时代的来临，网络运营商的发展和百姓对二维码认知度的提升，二维码现今正处在一个爆发式发展阶段。处在微信营销大潮中的企业和商家紧随二维码的脚步，纷纷开发了属于自己的二维码。

但是这看似大同小异的二维码也蕴含了大大的玄机，二维码的开发成本低，技术要求含量也不高，因此几乎所有的企业都开发了二维码。那么，如何让自己企业的二维码在众多的二维码中脱颖而出呢？商家可以考虑自己企业的二维码具有特色，如图 3-55 所示，外观既好看，能吸引受众的眼球，同时又能体现企业的文化，这也是一种变相的宣传手法。

图 3-55　具有特色的企业二维码

9. 兼顾线下整合

商家在线下活动中引入微信，可以形成一个完善的社会化营销闭环，大致流程如下。

(1)　利用线下资源优势，策划活动形式，结合商家目标和用户需求，可以是试吃会、交流或演讲会、产品发布会，甚至是野游等，只要能引导商家和用户两者良性互动，各种形式都可以考虑，如图 3-56 所示，就是最简单的活动广告展览。

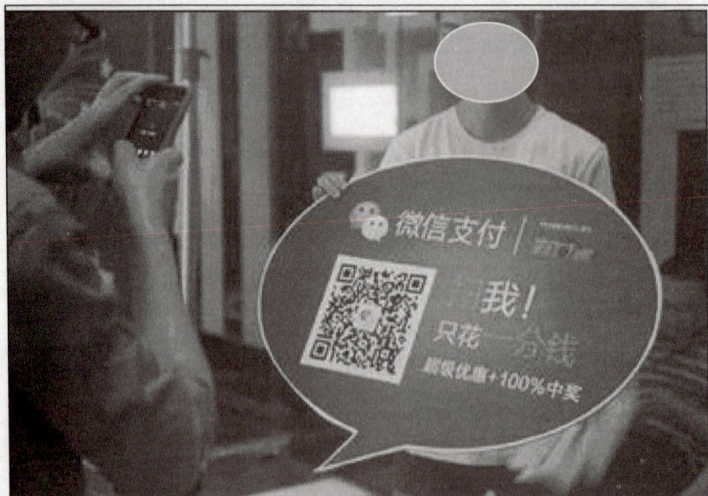

图 3-56　微信线下活动

(2)　利用社会化媒体发布消息，吸引粉丝参与活动，如在微博、豆瓣上发布消息。

（3）预先在微信中植入活动互动环节，简单的可以直接编辑，复杂的需要后台制作。

（4）线下活动时，引导用户扫"二维码"关注公众号，来触发"活动内容"，用微信引导活动进行。

（5）活动结束后，商家要好好维护那些新获取的客户，再次回归线上，让用户成为商家的忠实粉丝。

10. 关注线上整合

线上活动是指依托于网络，在网络上发起，并全部或绝大部分在网络上进行的活动。它在网络上发布活动信息，募集活动人员，完成活动流程。

一般来说，线上活动的策划案分为两大类——创意案和执行案，两者既有联系又有较大的区别。创意案是执行案的基础，创意案只需要展示出活动的基本思路、想法，而执行案则需要详尽地展示出活动的细节。

线上活动有两个方面的目的，一是增加销售量，二是提升品牌知名度。企业需要把握最主要的目的来设计整个活动的细节，才能达到活动的效果。如图 3-57 所示为康师傅集团在它的微信上展开的和粉丝互动活动。

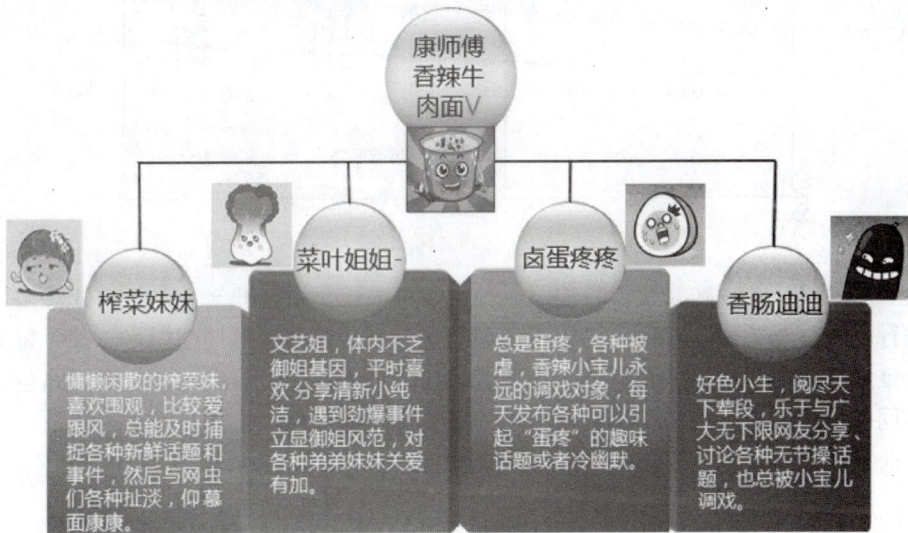

图 3-57　康师傅线上活动

3.4.2　策划受众互动

微信互动运营策略具有很大灵活性，可以最大限度地调动客户的积极性。但是微信互动活动的运营，同样需要注意一些问题，以提高整个活动的灵活性。从事微信互动活动策划的人员，需要积极地对各种问题进行及时的处理，灵活运营。

1. 栏目设置

企业微信内容栏目的设置是一个非常重要的问题，栏目的规划可以结合品牌特点以及品牌想传递的信息来分类。不仅仅是企业，任何想玩转微信公众号的个人都要考虑"栏目"的问题，其实就是考虑目标人群的需要，用户希望看到什么样的问题，商家就要对症下药，顺应粉丝的阅读期待和选择，这样用户的体验才会更好。图 3-58所示的是"FM93 交通之声"的栏目设置。

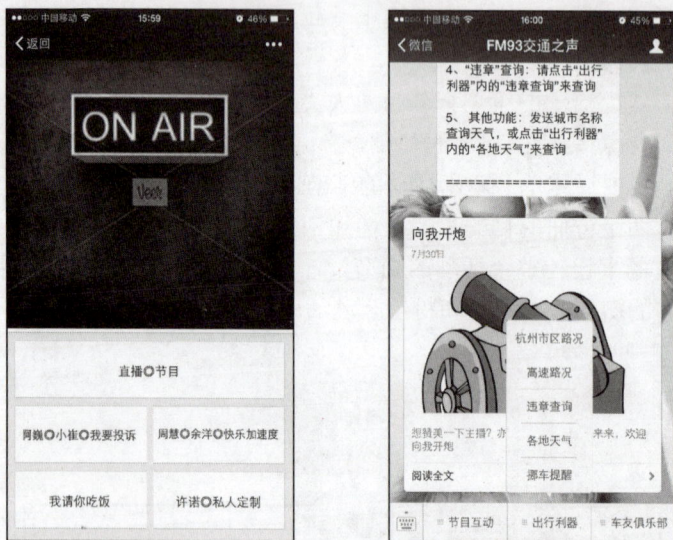

图 3-58 "FM93 交通之声"的微信栏目设置

一般来说，企业在设置栏目的时候都会以产品、资质、获奖、联系方式等多个方面进行，这里无须赘言。商家要重点考虑的是怎么让粉丝看到这些栏目，除了每天的群发推送告诉粉丝有这些栏目外，还要考虑粉丝如何能一下看到这些栏目，这也就是关键词的设置。这就要求商家根据粉丝的需要，做出回应，比如粉丝说"资质"，就可以向其展示有关企业资质的内容页面，总之是越细越好。

2. 栏目内容

每一个微博运营人员不得不思考这样的问题：企业微信发什么内容，什么时候发，要不要和粉丝互动，用什么语气等。从微信内容定位、内容筛选、内容编制，再到内容执行，企业需要从这四个方面做详细考虑。

在开设微博账号之前，除了首先要做好基本的企业如何形象定位以外，内容的规划也是重中之重。正如行军打仗中"兵马未动，粮草先行"的策略，微信的内容规划就好比其中的粮草，没有充足的粮草支撑整个军队，后面的战术布置纵使精彩绝伦也会变成纸上谈兵。所以，在规划微信的过程中，在内容选取范围的制定上应当细心、用心，后面的运营才能省心、放心。下面笔者将重点分析内容定位和内容筛选。

(1) 内容定位。定位是微信内容规划时最先要考虑的，可以帮助企业了解自身的情况，同时结合微信的属性做出适当的调整。

内容个性就是我们所要总结出来的内容定位，在后面的内容筛选中，则要结合内容个性进行有效选取。企业的不同品牌所体现的内容个性可以有所不同，不同个性的品牌之间互动会增加更多看点，但是整体风格还是需要依照企业的形象去设立。

·专家提醒

在这里需要特别注意的是，品牌关键词和内容个性关键词十分重要，内容筛选、内容编制和内容执行等环节都是建立在这个基础之上的。

(2) 内容筛选。在做好企业微信内容定位后，结合所设定位，接下来就要进行内容的筛选，以及制定范围和标准。通常，发布微信信息是为了吸引用户的注意，以增加用户的黏性和适当体现品牌的价值，不同的微信消息可以有不同的特性，就内容而言，可以从6个方面对其进行筛选，如图3-59所示。

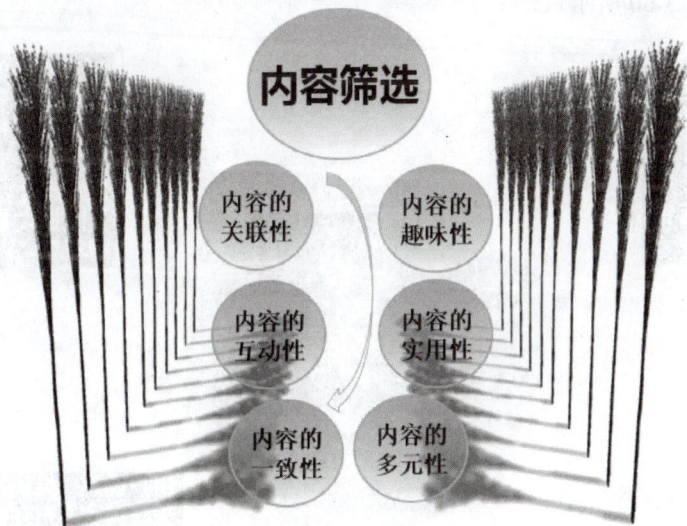

内容筛选

- 内容的关联性
- 内容的趣味性
- 内容的互动性
- 内容的实用性
- 内容的一致性
- 内容的多元性

图 3-59　内容筛选的 6 个方面

综上所述，内容的筛选对微信的互动起着重要的作用。内容体现价值，才能引来更多粉丝的关注和热爱，而且微信的质量不是从粉丝数的多少来体现的，和粉丝的互动情况才是关键。

除此以外，企业微信公众账号在筛选内容的过程中，应尽量避免一些有政治或者宗教倾向的内容、未经证实的内容和极具评判性且带个人感情色彩的内容。人性化的微信也需要顾及企业的品牌形象，对于一些"踩过界"的内容，即使能迅速增加品牌的曝光度也不要去碰，否则可能引起负面效果。

3. 活动策划

长期相似内容的推送，会引起用户的审美疲劳，从而降低活跃性；新奇有趣的活动可以保持用户的活跃度，增加互动。所以，除了日常的推送外，商家还需要策划一系列的微信活动。

(1) 活动频率。一般建议按照每周、每月来划分，这样比较符合用户的习惯，也方便用户安排时间。商家举办的活动不宜太频繁，否则用户可能失去新鲜感，对活动的优惠和奖项减低心理期望，从而降低参与度。

值得一提的是，商家在宣布活动结果时，可以顺便预告下周活动，这样一方面可以起到承上启下的作用；另一方面也可以安抚没有中奖的客户。

(2) 活动形式。商家策划的活动，要尽可能符合自身店铺的利益，所有商家的最终目的都是实现盈利，因此，活动的策划也要紧紧围绕这个主题，商家可以借鉴其他的形式，如图 3-60 所示。

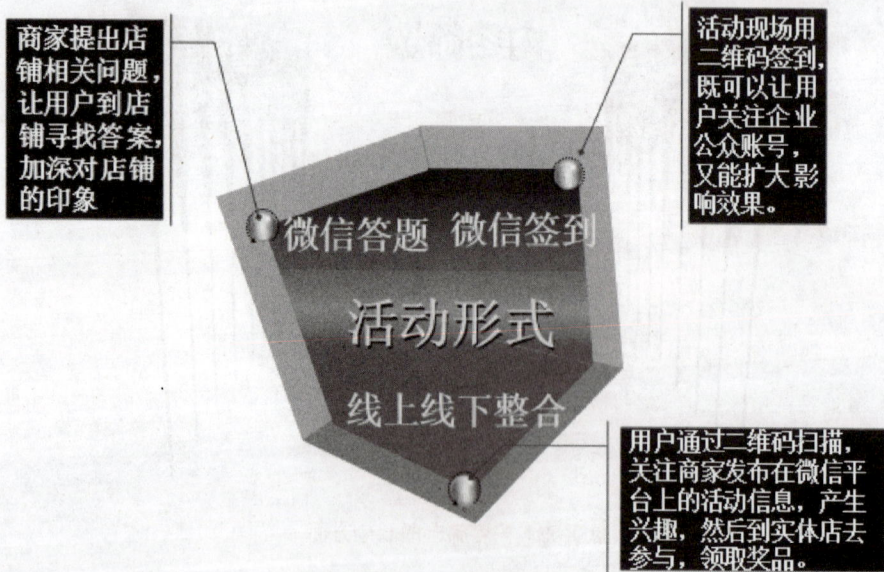

商家提出店铺相关问题，让用户到店铺寻找答案，加深对店铺的印象

活动现场用二维码签到，既可以让用户关注企业公众账号，又能扩大影响效果。

微信答题 微信签到

活动形式

线上线下整合

用户通过二维码扫描，关注商家发布在微信平台上的活动信息，产生兴趣，然后到实体店去参与，领取奖品。

图 3-60 活动形式

3.4.3 营销推广方法

从成功的微信营销案例中，我们可以看出，微信的媒体属性是很强的，用户参与活动、查看内容的习惯是有的。微信作为一种传播途径，对商家而言，实现的宣传效果远胜于传统媒介。但是，微信并不是万能的，企业在运营过程中会遇到各种各样的问题。

1. 找准目标群体

企业如果想要利用微信营销达到宣传或者营利的目的，就一定要设定目标人群及制定针对性的方案策略，然后根据目标人群的属性，采取不同的措施去实现目的。图 3-61 所示的是世界顶级珠宝品牌蒂芙尼(Tiffany)的公众微信平台，它给用户推送的消息全部都是围绕着品牌进行，用故事和产品来打造最完美的品牌和口碑。

图 3-61 蒂芙尼的微信及推送内容

在这里，笔者建议企业在利用微信进行营销时，要提前在用户身上下工夫，对客户的需求和购买心理进行分析之后，才能制定相应的营销策略。如图 3-62 所示的是某家游戏公司对用户群体进行的调查分析。

通常，聪敏的跟风者也许会获得成功，但是盲目的跟风只会浪费人力和财力。每个企业都应该考虑清楚，所在行业的目标用户是否适应微信营销，以及想要达到什么效果。图 3-63 所示为目标群体的定位方法。

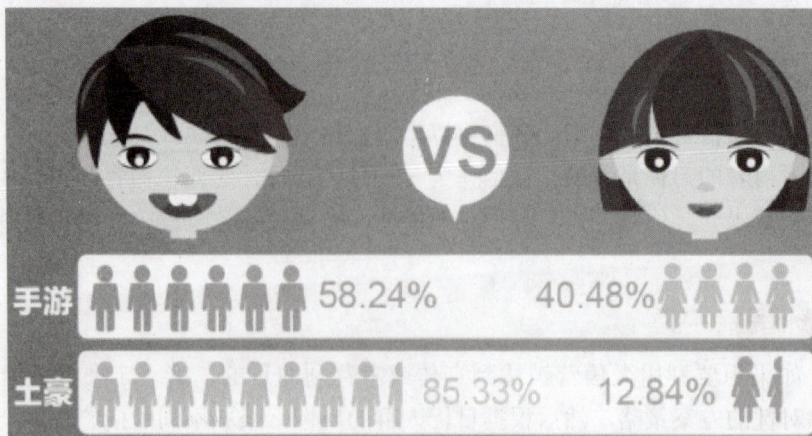

图 3-62　用户群体调查

图 3-63　目标群体的定位方法

2. 借鉴成功范例

　　微信营销的案例层出不穷，很多企业都是利用各种手段进行微信营销，从而获取利益，这些方法五花八门，让商界大开眼界，因此，企业做微信营销一定不要故步自封，要学会借鉴他人的经验和方法，从而来改善自己的营销模式。简单地说，就是拿来主义，通过借鉴和模仿，不断地把微信营销做好，只有不断地学习别人成功的经验，才能让自己企业的微信营销越做越好。图 3-64 所示的是成功的微信营销案例。

3. 善用各种资源

　　"工欲善其事，必先利其器"，企业在做微信营销的时候，务必要清楚微信的各种属性及其功能。

借助微信——SCRM，动态客户关系管理，轻松解决良品铺子会员管理难题，推进线下销售

交互功能　产品功能　游戏功能　LBS功能

随身交互　良品铺子　产生更多　O2O线上
个性服务　产品展示　交互方式　线下导流

图 3-64　成功的微信营销案例

　　类似查找附近的人、LBS、摇一摇、二维码、朋友圈等功能，只有把这些属性运用得烂熟于心，运用起来才会得心应手。比如，企业可以通过微信转发、漂流瓶、摇一摇等功能传递优惠及互动信息，可以建立与微信用户新的关系链，配合二维码、移动互联网广告来实现更多新客户的关系链接。

　　以二维码为例，它给微信账号传播提供了绝佳的衔接介质。通过平面、户外、网络、印刷品等媒体可以很方便地让二维码出现，再结合诱因(如微信会员卡)即可比较简单地获得粉丝。这种与现有媒体的捆绑方式，可以将现有媒体传播价值保留和延伸至移动互联网中，以沉淀新产生的潜在客户。

4. 接地气活动

　　企业在线上进行推广，除了要向客户提供各类信息、营销活动之外，还可以经常给客户一些奖励，比如优惠信息、打折、抽奖活动等。同时，商家还可以结合微信LBS 功能引导消费者产生线下行动，把潜在客户转化为意向客户。图 3-65 所示的是线上线下一体化的营销模式。

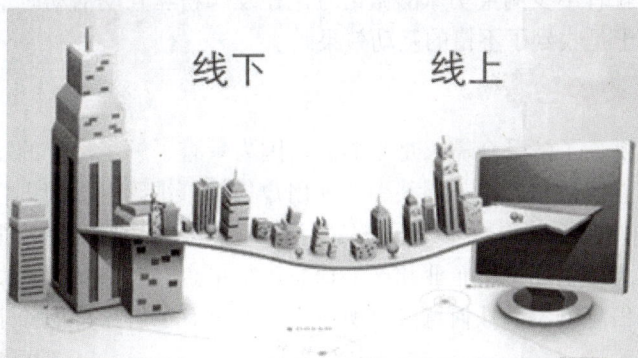

图 3-65　线上线下一体化

线上线下活动结合的意义在于吸引更多忠实的粉丝，让企业微信公众号产生更鲜活、更接地气的内容，这样的微信公众号才会显得更加真实、更有亲和力。同时，企业要经常对公司和产品的大数据进行整合分析，完成线上线下的互相转变，如图 3-66 所示。

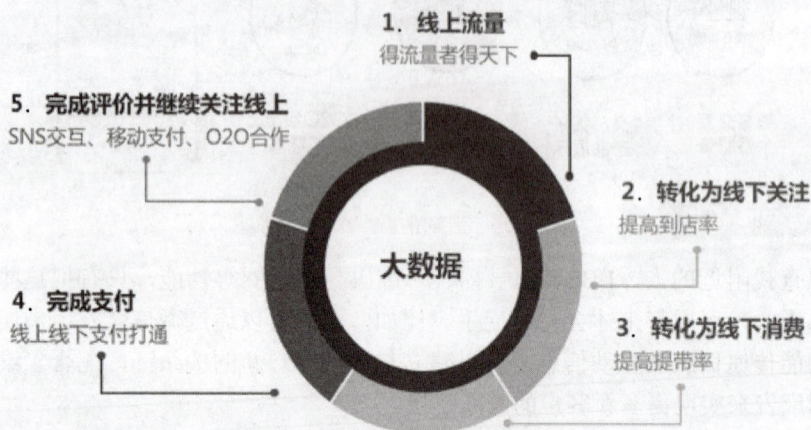

1. 线上流量
得流量者得天下

5. 完成评价并继续关注线上
SNS交互、移动支付、O2O合作

2. 转化为线下关注
提高到店率

大数据

4. 完成支付
线上线下支付打通

3. 转化为线下消费
提高提带率

图 3-66　线上线下大数据分析整合

5. 抓住营销亮点

每个企业都会不遗余力地推送自己的品牌信息，那么，用户就容易对内容产生审美疲劳，如果推送的信息没有趣味，很容易让用户觉得可有可无，从而放弃对企业微信公众账号的关注。

因此，商家在编辑每一条信息、组织每一次微信活动时，要出其不意，攻其不备，挖掘出受众的兴趣点所在，尤其是要注意在实用的基础上兼顾趣味性原则，让用户觉得新奇有趣。

比如，时下就有不少淘宝卖家的微信号，在发起粉丝互动活动时，做一些心理测试、星座测试，于是收到了不错的互动效果。

6. 了解受众需求

对于企业来讲，了解受众需求是必需的，因为只有了解了用户的需求，为之提供相应的服务，才能留住用户。美国某企业就用户扫描二维码的原因进行过一次调查统计，有 40%的用户想要获得更多关于产品、活动的信息，由此可见，很多用户关注企业微信公众号是为了更加了解企业和产品信息，如果企业发布的信息并非用户希望看到的，那么这些信息就没有任何意义。所以，企业只有了解用户的需求，才能抓准他们的内心。

众所周知，微信是一个社交型的微媒体平台，企业在推送信息时，根据用户的需求和属性分类(如地域、爱好、穿衣尺码、身高、肤质、婚否等)来进行，往往比那些广撒网式的信息推送要有效得多。

7. 提高营销效率

微信是一个社交型的弱媒体平台，这就要求商家根据用户的属性分类来推送对应的信息。在粉丝的维护上，要根据粉丝的属性(如地域、爱好、穿衣尺码、身高、肤质、婚否等)来进行分类，根据用户的特性来推送对应的信息。

8. 创新营销模式

任何一家企业都要勇于创新，突破固有的营销模式，将企业产品推销出去。好产品并不意味着好的销售率，企业的产品质量可能的确好、品质也佳，但不一定就会人见人爱；实际上，在这个营销当道的时代，用户的选择有千百万种，所以用户很难忠于某个固定品牌或某一家企业。

企业要做的就是努力让自己与众不同，亮出自己的特色：产品究竟能给消费者和用户带来什么好处，具备什么样的特性，是否能比其他产品更好地满足客户需求。

这时，企业就要全面利用各种手段来进行结合营销，比如，不同的产品就要制定不同的价格、选择不同的渠道、采取不同的促销方式；利用微博、论坛、QQ 群等多种手段整合进行微信营销；对微信平台进行二次开发，提供更为丰富的应用等。

9. 巧用 LBS 定位

LBS 是指基于位置的服务，它通过电信移动运营商的无线电通信网络(如 GSM 网、CDMA 网)或外部定位方式(如 GPS)获取移动终端用户的位置信息，在 GIS(Geographic Information System，地理信息系统)平台的支持下，为用户提供相应服务的一种增值业务。

微信会员卡作为微信商业化的第一个重要产品，可以基于用户的地理信息、时间、日常消费习惯等，查找出附近的商家，向微信会员推荐周围商家的活动信息，帮助用户省时省力，提供相应的服务。再加上微信移动支付的设立，用户可以通过微信会员卡，进行相关的产品交易。

而企业的盈利方式是：向被推送的商家收取一定的广告费和分成。图 3-67 所示的是美团团购的微信，美团团购作为一家城市生活消费指南网站，主要致力于为中国消费者提供休闲、餐饮、娱乐等方面的生活服务信息，并为广大潜在的消费者提供客观、准确的消费信息指南。

图 3-67　美团团购的 LBS 服务

第 4 章

方便快捷——微店全新营销

方便快捷
——微店全
新营销

微店营销基础
店铺取名、图标、
微信号、店铺公告、
微店店招

微店推广技巧
友情链接、分成推广
口袋直通车、商品
促销

微店营销策略
内容、互动
情感、价值

微店推广方式
微信、腾讯QQ、
微博、百度贴吧

微店营销技巧
点击率、
统计数据、
提升排名

4.1 微店营销基础

开微店和开实际的商铺一样，只有漂亮的店铺才能吸引顾客，做出漂亮的店铺首先需要对店铺进行装修，微店店主可以在后台统一进行微店的店铺装修以及管理，来使自己的店铺更加吸引顾客的眼球。

4.1.1 店铺取名

店主在给店铺取名字时，除了要易于传播和记忆，还要具有一定的新颖性，在此基础上，要注意避免与其他店铺的名字雷同，只有这样才能够很好地区别于其他店铺，进而吸引顾客的注意力。

1. 店铺取名原则

微店店铺取名虽然没有既定的标准，但是如果想要给店铺带来吸引力，还是要遵循四大原则，如图 4-1 所示。

图 4-1 店铺取名原则

2. 店铺取名技巧

店主们可以参考图 4-2 所示的取名小技巧，为自己的微店取个好名字。

- **从顾客角度取名。**顾客就是上帝，满足了客户的需求，店铺才有销量。因此，从顾客的角度去起名已经成为众多商家和企业首选的起名思路。
- **从店主角度取名。**店主可以把自己的名字、笔名、昵称等和出售的商品结合起来给店铺取名。日常生活中我们也经常见到此类名称，往往会给人一种亲切自然的感觉。

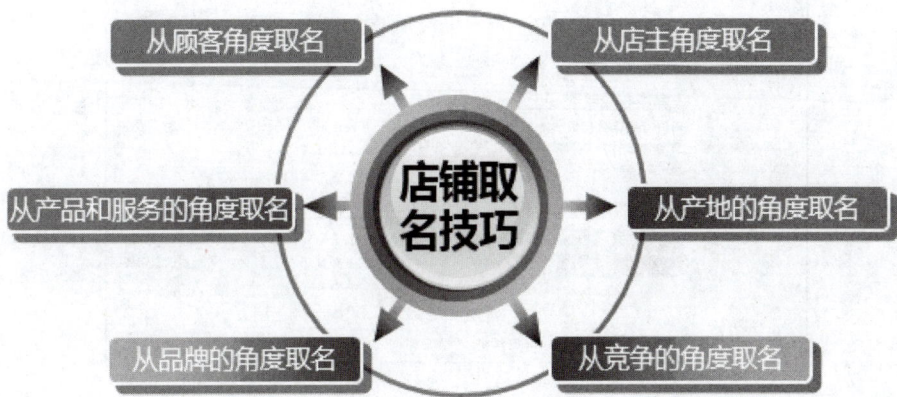

图 4-2 店铺取名技巧

- **从产品和服务的角度取名。**常用的方法是突出自己产品的特性。
- **从产地的角度取名。**有些商品属于某地的特产，这种情况下就可以标出商品的产地作为店铺名称，使顾客对商品质量放心。
- **从品牌的角度取名。**有些店铺直接以经营的品牌来命名，会让人感觉品牌正规，给人信赖感，适合于较高层次的商品。
- **从竞争的角度取名。**店铺的名字是市场竞争的无声武器。如果名字取得好，就能增加自己的竞争优势。使用这种取名方式，最重要的是要认清竞争对手的取名特点，然后针对这一特点，取一个比它更好的名字，从而击败对手。

4.1.2 店铺图标

店铺图标在装修中同样占据重要的位置，店主需要选择最能体现店铺商品特色的图片，作为微店的店铺图标。

店主可以使用在线店标设计软件，制作自己的店铺图标，具体流程如下所述。

(1) 制作。打开浏览器，在百度中搜索"微店店铺图标在线制作"，点击相应制作软件，如图 4-3 所示。

(2) 生成。制作软件中有很多店标模板，店主可以筛选适合店铺风格的版式，然后点击相应的模板制作，输入相关文字，点击"确定提交"按钮，即可生成店铺图标，如图 4-4 所示。

(3) 保存。制作完成店铺图标以后，点击生成的店标，可以将图片保存到自己的电脑或手机上。

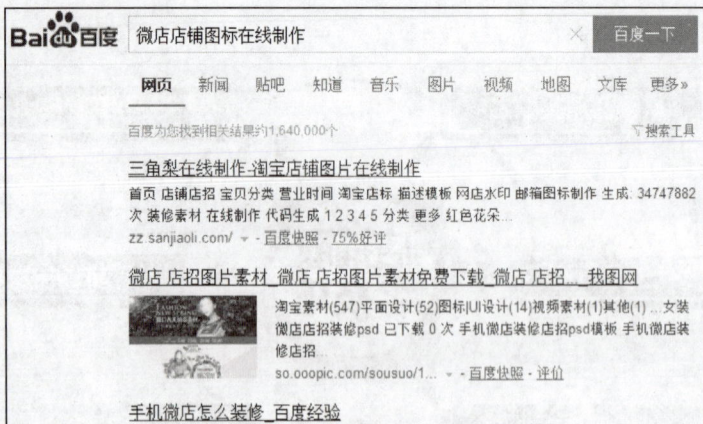

图4-3　选择在线制作软件

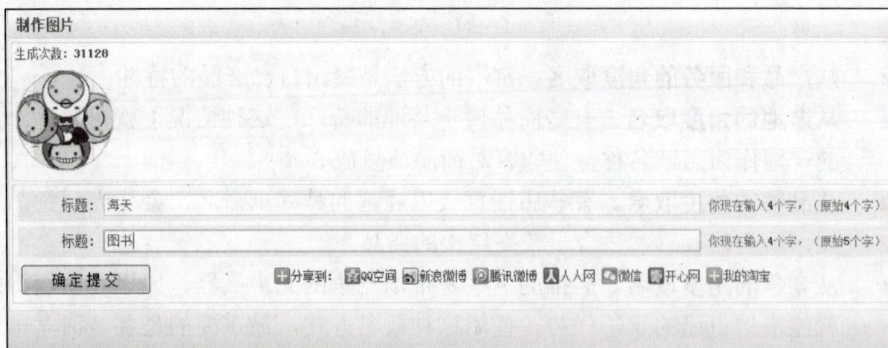

图4-4　生成店铺图标

4.1.3　微信号

对于一个优秀的微店来说，微信是必不可少的宣传和沟通工具，买家就是通过卖家在微店店铺里设置的微信号来沟通的。因此，店主要尽可能设置微店微信号，方便与客户联系，同时拓宽推广渠道。

1．选择微信平台

目前，微信用户已经突破 6 亿，因此微信营销变得火热，许多企业和商家认识到了微信营销的优势，开始利用微信进行推广营销。

(1)　潜在客户数量多。由于微信软件本身是免费的，使用任何功能都不会收取费用，仅仅产生低廉的上网流量费，用户却同时可以通过微信与好友进行文字、语音、图片等多种丰富的沟通方式，为广大用户所喜爱。2013 年微信用户数突破 4 亿人，从 0 到突破 4 亿用户只用了两年多时间。可以预见，在不久的将来，微信用户群体会越来越壮大，越来越壮观，如此庞大数量的潜在客户，哪个企业或营销的推广人员不为之心动呢？

(2) 营销成本低廉。 传统的营销推广成本高，而微信软件使用免费，仅产生上网流量费用，还可以使用 WiFi，通过微信开展的微信营销成本自然也是非常低的。

(3) 营销定位精准。 微信公众账号可以通过后台的用户分组和地域控制，实现精准的消息推送，也就是说可以把不同的粉丝放在不同的分类下面，在信息发送的时候，可以针对用户的特点实现精准的消息推送。

(4) 营销方式多元化。 与单一的传统营销方式相比较，微信更加多元化，它不仅仅支持文字，更支持语音以及混合文本编辑，普通的公众账号，可以群发文字、图片、语音三个类别的内容。而认证的账号，能推送更漂亮的图文信息。尤其是语音和视频，可以拉近和用户的距离，使营销活动变得更生动、更有趣，更利于营销活动的开展。

(5) 营销方式人性化。 微信营销是亲民而不扰民，用户可以许可式选择和接受，可以把接收信息的权力交给用户，让用户自己选择感兴趣的内容，比如回复某个关键词就可以看到相关的内容，使得营销的过程更加人性化。

(6) 营销信息到达率高。 由于每一条信息都是以推送通知的形式发送，你所发布的每一条信息都会送达订阅用户的手中，到达率 100%，传播到达率高于微博。

2. 设置微信号

店主可以设置微信号，具体流程如下。

(1) 登录微店 App，进入"我的微店"，点击"微店"按钮，进入"微店管理"界面，点击店铺头像，进入"微店信息"界面，如图 4-5 所示。

图 4-5　编辑店铺详情

　　(2) 点击"微信号"选项，进入其界面，输入店主常用微信号，点击右上角的"完成"按钮，返回"微店信息"界面，即可完成微信号的设置，微信号显示在店铺下方，如图 4-6 所示。

图 4-6　设置店铺微信号

4.1.4　店铺公告

　　在微店运营中，店铺公告是店主可以自由发挥的"战场"，因此需要利用好，因为它关系到买家对店铺的第一印象，通过公告营造氛围，能够赢得买家信任，进而产生购买行为。

　　微店的店铺公告主要以文字为主，店主需要以亲切简洁的语言，将店铺特色表达出来，如果店主不知道写什么，可以从常见的公告内容中选择，如图 4-7 所示。

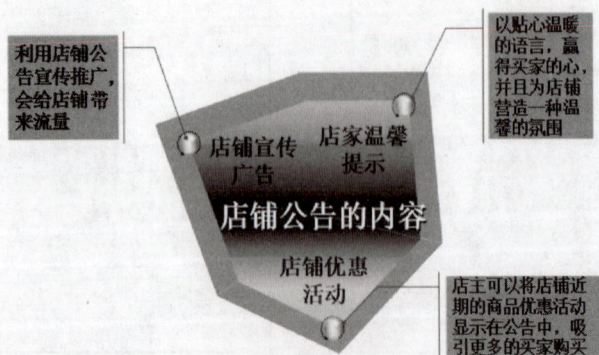

利用店铺公告宣传推广，会给店铺带来流量

以贴心温暖的语言，赢得买家的心，并且为店铺营造一种温馨的氛围

店铺宣传广告

店家温馨提示

店铺公告的内容

店铺优惠活动

店主可以将店铺近期的商品优惠活动显示在公告中，吸引更多的买家购买

图 4-7　店铺公告的内容

4.1.5　微店店招

店招就是店铺的招牌，从品牌推广的角度来看，在繁华的地段一个好的店招不光是店铺坐落地的标志，还能起到户外广告的作用。对于微店来说，店招的主要作用是传达店铺信息，并且起到美化店铺的作用。

从营销的角度来说，微店店招就是微店的脸，所以为了更好地帮助营销，店主必须精心设计自己的店招。

店招的设计原则主要有两点：一是店招要直观明确地告诉客户自己店铺是卖什么的，表现形式最好是实物照片；二是店招要直观明确地告诉客户自己店铺的卖点(特点、优势、差异化)。

从店招的两个设计原则上，我们总结了四个要点，店招必须要体现出这 4 个要点。

(1) 店铺名字。 告诉客户店铺是卖什么的，品牌店铺可以标榜自己的品牌。

(2) 实物照片。 直观形象地告诉客户自己店铺是卖什么的。

(3) 产品特点。 直接阐述店铺的产品特点，第一时间打动客户，吸引客户。

(4) 店铺(产品)优势和差异化。 告诉我的店铺和产品的优势以及和其他店铺的不同，形成差异化竞争。

4.2　微店营销策略

微店品牌营销要以内容为主，当内容有实用性、贴近性、趣味性，并满足粉丝分享的满足感、炫耀感时，品牌营销可以说成功了一大半。具有上述特征的内容，粉丝会主动分享，辐射到用户强关系链上的好友，促发更多基于真实关系的传播。

4.2.1　内容营销

内容营销模式主要是通过优质的内容，吸引到精准的客户和潜在客户，从而实现营销的目的。例如，"穿衣助手"App 通过为消费者提供实实在在的搭配技巧，吸引有服饰搭配需求的用户，并向其推荐合适的商品，这不失为一种商家、消费者双赢的内容营销模式。在"穿衣助手"App 主界面中，用户可以自由地翻阅最新的时尚资讯，在首页就为用户带来了大量的内容价值，如图 4-8 所示。

进入相应的搭配界面后即可查看相应搭配，点击图片，还可以在手机屏幕中预览图片，如图 4-9 所示。

在"详情"界面中点击右上角的分享按钮，在弹出的对话框中，用户可以将该搭配方案分享到 QQ 空间、微信、朋友圈、QQ 好友以及微博等，如图 4-10 所示。在搭配服饰的下方，用户可以查看所有搭配清单和购买评价，如图 4-11 所示。

图 4-8　"穿衣助手"App 主界面

图 4-9　查看服饰搭配详情

　　在清单中选择相应的服饰，即可立即下单，不用返回淘宝界面，方便用户进行购买，如图 4-12 所示。

图 4-10　分享服饰搭配方案

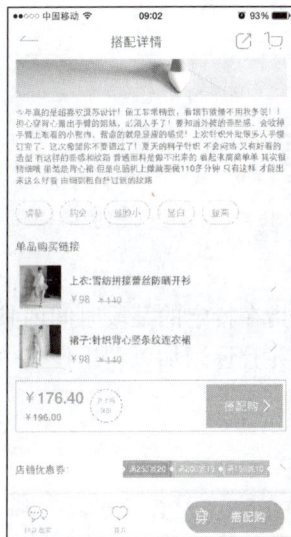

图 4-11　查看服饰搭配清单

图 4-12　购买页面

"穿衣助手" App 结合了方案性内容营销和时效性内容营销两种模式。

(1) 方案性内容营销。即具有一定逻辑符合营销策略的方案内容，方案的制定需要考虑很多因素，其中受众人群的定位、目标的把握、主题的确定、营销平台、预期效果等都必须在方案中有所体现，然而这些因素必须通过市场调查，通过数据对比分析，并且需要依靠丰富的经验。

• 专 家 提 醒

　　笔者认为，方案性内容营销的价值非常大，对于用户来说，内容中含金量非常高，用户能够从中学习经验，充实自我，提升自身行业的综合竞争力。不过，其缺点是方案性内容写作和策划上都存在难点，需要丰富经验的营销者或行业经验才能够很好把握，互联网上方案性内容相比而言较少，因此获得的关注会更多。

　　(2) 时效性内容营销。 指在特定的某段时间内具有最高价值的内容，时效性内容越来越被营销者们所重视，并且逐渐加以利用使其效益最大化，营销者利用时效性创造有价值的内容展现给用户。

• 专 家 提 醒

　　发生的事物(如"穿衣助手"App 中的流行服饰)具备一定的时效性，在特定的时间段拥有一定的人气关注度，作为一名合格的营销者，必须合理把握以及利用该时间段，创造丰富的主题内容。笔者认为，时效性内容对于搜索引擎而言也十分重要，搜索结果页面中也充分利用了时效性。

4.2.2　互动营销

　　在进行微店营销的过程中，与用户的互动十分重要，无论是大品牌企业还是小品牌企业，商家都需要做好优质内容，通过微信或其他渠道为老用户或者新用户提供更多的有价值的服务，并且与他们互动。在微店营销中，增加用户黏性是非常重要的，也是非常有必要的，只有做到这一点才能最大限度地留住你的客户。

　　通常情况下，如果只是单纯地发布硬广告和软文，是很难对粉丝形成转化率的，所以商家要学会用这种朋友交流的工具以互动交流的方式来进行传播。商家可以进行一些有新意的活动，这样微店营销就更像是一个浪漫的交友活动，能极大地提升对消费者的吸引力。

　　例如，"地到家"一家直营水果的微店，它开设了"签到"有奖活动，开启了"吐槽"社区等互动方式，如图 4-13 所示。

　　这些活动方式以沟通交流的方式传播了它的品牌，让客户更进一步地了解了"地到家"。

• 专 家 提 醒

　　目前，微店广告主要采用短信、彩信或者是应用 Banner、推送等方式，很容易使用户产生反感。因此，微店商家如果要去做专门的广告，一定要让用户乐于接受，让用户充分参与广告的互动，培养用户从被动到主动接受的习惯。

图4-13 "地到家"互动营销方式

4.2.3 情感营销

情感营销就是把消费者个人情感差异和需求作为微店品牌营销战略的核心，通过借助情感包装、情感促销、情感广告、情感口碑、情感设计等策略来实现微店的经营目标。情感品牌是塑造品牌个性的过程，让品牌具有独特的情感，突出品牌的个性化，从消费者的五官出发来思考情感品牌，从而得出情感品牌的五官要素模型，如图4-14所示。总之，情感营销对巩固微店顾客群体具有积极作用。

要实现情感营销，只有通过微店卖家与买家之间的情感沟通，才能有效实现。无疑，现在有了社会化媒介，不但增加了品牌与消费者之间互动的可能性，也大大降低了互动的成本。各种情感营销正在悄悄"潜入"我们的生活，增加品牌知名度、维系消费者的用户黏性是情感营销最主要的效果，而在微店下的情感营销甚至可以直接促成消费行为。

当微店营销满足顾客情感因素时，就会引起顾客肯定性的内心体验——满意、愉悦、激情等积极的情感，使得顾客情感冲突得以消除并达到和谐状态，进而直接影响到顾客后期购买行为。

提到情感品牌，不得不提星巴克。星巴克向来是情感营销、文化营销老手，而且敢于尝试新媒体，社交媒体。在中国，星巴克先后推出微博、微信、手机 App，打的都是感情牌，是其企业文化与移动端的新营销模式的深度融合。

众多营销研究者得到一个共识：情感是托起星巴克的基石。星巴克从始至终的情感运作轻而易举地打开了消费者的心灵之门，让消费者完全毫无意识地沉浸在"星巴

克情感"之中。

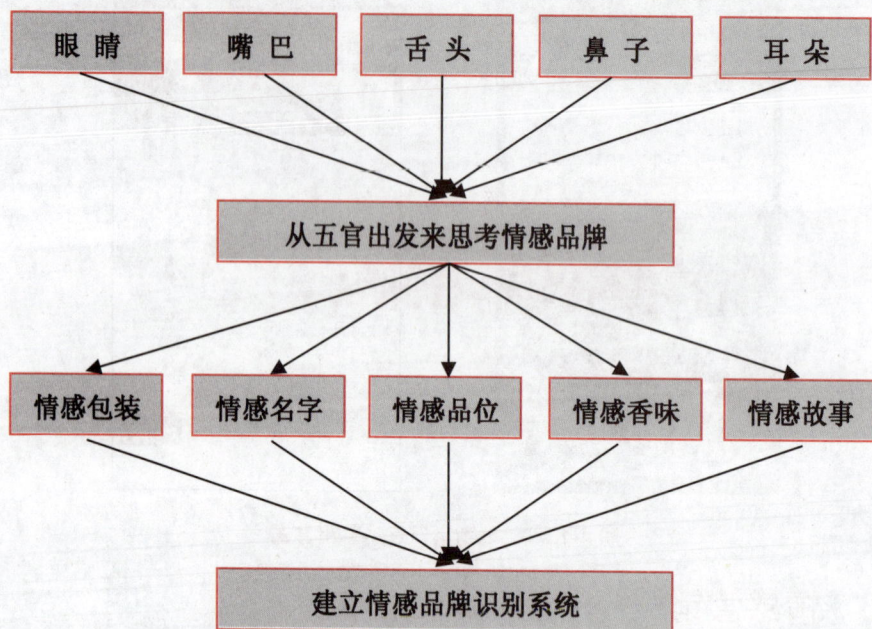

图 4-14　情感品牌的五官要素模型

　　例如，星巴克创意性地推出了"星巴克闹钟"活动，因为独具创意，这一活动一经推出便受到了广大星巴克粉丝和手机用户的青睐，在微博上被大力推荐和分享。用户只需下载或更新该软件，每天早上 7 点至 9 点，在闹钟响起后 1 小时内到达星巴克门店，就有机会在购买咖啡饮品的同时，享受半价购买早餐新品的优惠，如图 4-15所示。这一创意，巧妙之处在于紧密与生活结合，趣味化、生活化的应用可以帮助消费者培养良好生活习惯，鼓励消费者坚持早起。

　　星巴克中国公司还宣布将其门店"伙伴"(员工)命名为"星级咖啡师"。很快，官方微信上就陆续出现了"星级咖啡师"的照片，以及他们和星巴克的故事。生动的图片和介绍，吸引着粉丝的关注，评价外形、询问工作方式，还不时有人表达"也想去星巴克工作"。另外，新技术把咖啡店内外的顾客紧密联系起来。除在门店提供星巴克体验外，星巴克还通过微博、微信等移动平台，与顾客建立联系，从而在"第四空间"中获得星巴克体验。

　　笔者认为，虽然星巴克是线下实体店，但微店卖家完全可以借鉴其情感营销的方法，增强微店粉丝的黏性。微店可以在品牌战略的指导下，通过一系列情感化的品牌运作来影响和触动消费者心灵深处的琴弦，从而使品牌在消费者心目中形成独一无二的情感个性。

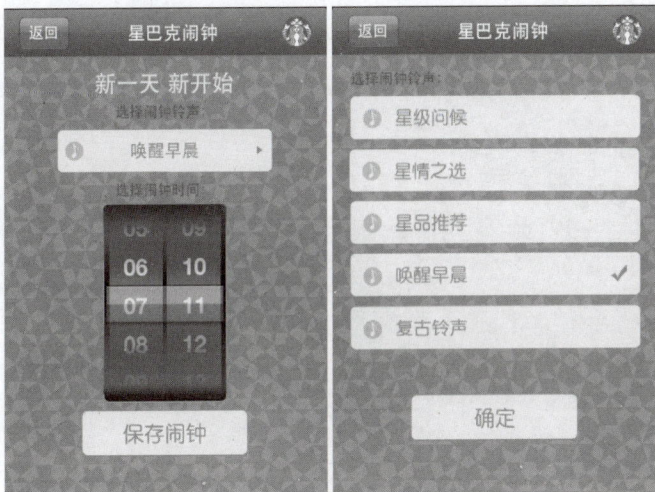

图 4-15　"星巴克闹钟"App 界面

4.2.4　价值营销

价值营销是相对于价格营销提出的，"价值营销"不同于"价格营销"，它通过向顾客提供最有价值的产品与服务，创造出新的竞争优势而取胜。

消费者在决定购买商品之前，通常会先在心中衡量购买成本与商品价值，当购买成本一侧加重时，则很难达成交易；而倾向于商品价值时，交易则可以顺利达成。因此，只有商品价值与购买成本在消费者心中达到一种平衡或拥有更高的商品价值认定，消费者才可能会购买。

此时，微店商家就可以绘制一张消费心理天平图，天平的一侧列出消费者购买商品可以获得的各种价值，另一侧则是消费者购买商品所要付出的各种成本。只要增加天平上商品价值一侧的筹码，同时减少各项顾客的购买成本，商品就会很容易销售出去，如图 4-16 所示。

1. 商品价值

在微店中，一件商品的价值不完全是由其物理属性决定的，更多的是由消费者的心理因素决定的，不管这个商品实际价值是多少，关键要看消费者心中对这个商品的价值认知是多少，这就造成了一件商品在不同名气的店铺里有不同的价格。

当一件商品的物理属性价值无法提升时，微店卖家可以增加顾客对商品的心理价值筹码，使交易天平向商品价值一方倾斜，从而提高成交率。提高商品心理价值的方法很多，不同的行业需要根据行业特点与自身情况进行探索，下面介绍 6 种基本可以在微店中使用的方法。

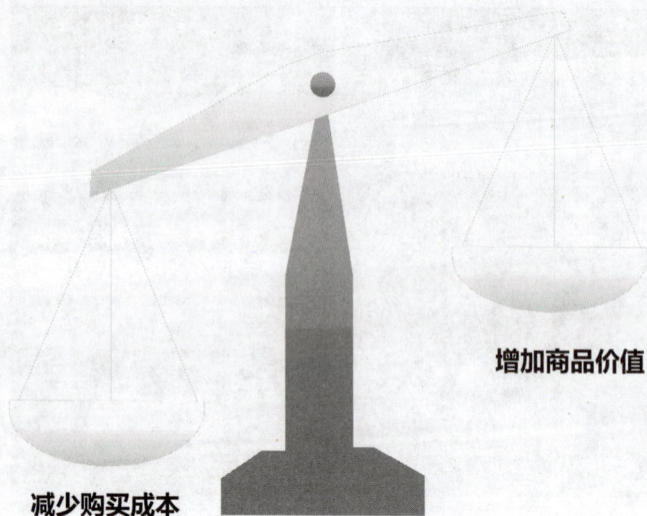

增加商品价值

减少购买成本

图 4-16　消费心理天平图

(1) 塑造产品与品牌文化。 品牌文化是指通过赋予品牌深刻而丰富的文化内涵，建立鲜明的品牌定位，并充分利用各种强有效的内外部传播途径形成消费者对品牌在精神上的高度认同，创造品牌信仰，最终形成强烈的品牌忠诚。品牌文化可以为商品创造出心理价值超过物理价值几倍，甚至几十倍的奇迹。例如，星巴克、哈雷、香奈儿等品牌都是在用品牌与文化等感性价值因素赚着超过其他品牌几倍的溢价。

(2) 提升商品品位。 提升商品品位的方式有很多，如提高商品品质、强化商品外观、打造个性化商品等。

(3) 为商品注入情感。 当一件商品具有感性的因素，就可以打破价格的桎梏，让情感因素来为商品加分，比如，为商品取一个带有情感内涵的名字、背后有一个感人的故事等。例如，星巴克对其商品的命名就非常有感情色彩，如图 4-17 所示。

(4) 巧设终端。 一件商品摆放在不同场所，其价值便会不同，比如，同样一件衣服，在普通淘宝店卖 50 元，摆在天猫店里卖 200 元，在官方旗舰店则可以卖到 500元。在几个不同的地方销售同一件衣服，为什么价格差距会高达十倍？因为前者是以牺牲利润来体现商品的相对价值，而后者则是通过环境提高了商品的心理价值。因此，恰当的终端布置可以有效提高商品价值，微店商家应该根据自己的商品特点来设计终端。

(5) 将价值说出去。 根据微店产品的特点，对销售人员或客服人员进行销售技巧的培训非常重要，因为广告、渠道等做得再好，也需要他们把商品的价值传达给消费者，所以重视对销售人员的培训也是增加商品价值的重要手段。

图 4-17　充满感情色彩的商品名称与介绍

(6)　巧妙打折。现在的微店市场中，产品一旦滞销，大多数微店商家就认为是产品已经缺乏竞争力，急忙加大广告投入、提高促销力度、升级或淘汰产品等，最常用的方法就是降价打折。降价的确可以促进销售，但也具有两大致命缺点：丧失产品利润；可能会对品牌的形象造成损伤。此时，为了不损伤商品价值与利润，微店卖家可以采取一种"丢车保帅"的做法：保证主体商品不降价，但是附赠一些小赠品，这样一来，既保住了品牌的形象，又赚足了利润。

2. 商铺成本

根据微店行业的不同，消费者购买成本的构成也不同，大致可分为 4 种：时间成本、体力成本、选择成本及风险成本。微店商家可以通过以下几种方法来降低或消除这些成本，从而促进消费者的购买意愿。

(1)　时间成本。俗话说"时间就是金钱"，减少顾客的时间成本非常必要。微店商家可以优化微店的营销或购物流程，尽量减去那些多余的步骤，可以为顾客创造出更多的价值。

(2)　体力成本。根据行业的不同，减少顾客体力成本的方式也有很多，比如送货上门、在网络上开设虚拟店铺、一站式购物等。

(3)　选择成本。选择成本是指当消费者花费了一定的人力、物力，搜寻到相关的信息，建立起备选集之后，做出择优决策过程阶段所发生的成本。在微店购物过程中，当消费者要选择购买某个商品时，总是会在头脑中本能地和多个替代性商品进行比较，此时一个微小的思维波动就能改变消费者的消费决定，我们如果能使其思想产生一点点的正面倾向，交易即可达成。例如，微店商家可以采用免费试用、无条件退货、全国联保、假一赔三、品质承诺、发货时间承诺、破损补寄、指定快递、到货承诺等。消费者一旦购买了某件商品，如果没有其他问题，用习惯后，没有几个人愿意费时、费力地来退货。

(4) 风险成本。 由于微店是通过网络开设的虚拟店铺，在顾客看来，其风险成本显得非常大，他们购物时前思后想，小心翼翼，唯恐做出失误的购买决策。因此，微店商家可以推出超长的产品保修期或各种售后服务，降低消费者的风险心理。另外，还可以为产品找到消费者信任的品牌背书，比如×××机构权威认定、×××专家推荐、获得的荣誉(见图 4-18)、其他消费者的反馈信息(见图 4-19)等。总之，根据自己行业的特点，把消费者购买时的各种顾虑与风险消除，将可以有效提高销量。

图 4-18　展示产品获得的荣誉

图 4-19　展示其他消费者的反馈信息

4.3　微店营销技巧

如今，微信等微店平台汇聚了全国各地的商界精英，在高手如云的网上卖场，为了争取有限的客户，必然要注意一些微店的经营方法和策略，才能获得属于自己的市场份额。那么，怎样来适应这个竞争激烈的行业？怎样保证店铺能在微店的大军中占据一席之地？作为职业或兼职卖家应该怎样努力来保证店铺的发展和商品的畅销？下面我们就来详细介绍微店营销技巧。

4.3.1　增加点击率

就是买家在微店列表页看到一堆商品的时候，如何让买家一眼就看到你的商品并且点击你的商品。卖家要想提升微店商品的点击率，可以从两个方面来优化：选品和图片。

1．选择合适的商品

以在微店中比较常见的服饰女装为例：首先，选择的商品最好能够适合年轻女性，年龄在 18～28 岁，因为这个年龄阶段的女性是微店最大的买家群体；在衣服的风格上，应该选择当下年轻女性喜欢的日韩系风格，如图 4-20 所示。而如图 4-21 所示的这类年龄偏大的大妈款服饰，年轻用户通常是不喜欢的。选取款式不要是那种常常看到的偏老气的款式，也不要是那种一直摆着老气姿势的模特穿的衣服。

图 4-20　合适的商品风格

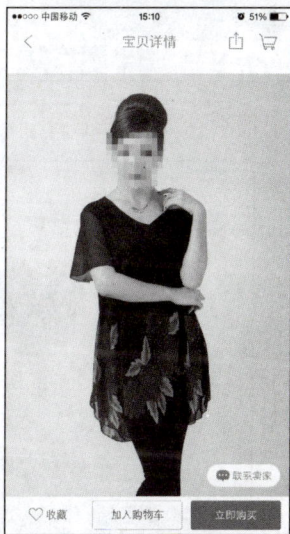

图 4-21　不合适的商品风格

2．优化商品图片

在商品列表中如何让买家第一眼就看到你的商品，由于手机上的屏幕大小有限，最重要的就是商品的图片。千万不要用淘宝上面的图片优化的经验来做手机端，因为是完全不同的两个场景。设计微店的商品时，要注意以下细节。

(1) 要求图片明亮、清晰，背景简单不杂乱，如图 4-22 所示。

(2) 细节图突出，商品在图片中的占比大，如图 4-23 所示。

(3) 不抠图、少拼图、不加大水印，如图 4-24 所示。

(4) 不用棚拍和白背景图片。

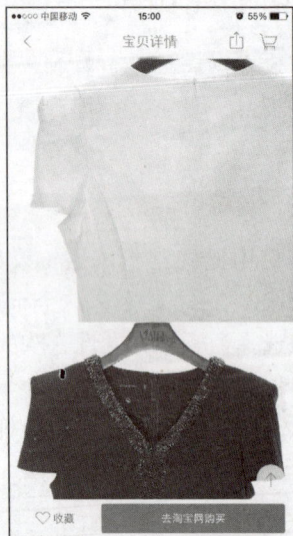

图 4-22　简单的背景　　　　　　　图 4-23　细节图突出

图 4-24　少拼图

(5) 尽量选亚洲模特，欧美模特距离感太重。

(6) 明星同款可以有，但是不要过分突出明星，重点是要突出商品本身。

其他类目图片要求概览。

(1) 内衣：款式上，内衣要求是少女系内衣，是 20 来岁女生会穿的，甜美的或者加一些小性感的衣服。

(2) 鞋包类：鞋包类的款式也是符合 20 岁年轻小女孩的款，不能老气；不管是模特儿穿着还是没有模特儿穿着的图，都要求图片清晰明亮，商品在图片中的占比大，背景不杂乱。

(3) 母婴：以 2～5 周岁的儿童用品为主；图片可挂拍，可适当拼图，但是背景一定要温馨可爱。

(7) 少用挂拍和平铺图片，用户没有代入感，如图 4-25 所示。因为挂拍和平铺的图片，很难让用户知道这个衣服的长宽高是多少，自然就不会有高的点击率。

图 4-25 少用挂拍和平铺图片

4.3.2 统计数据

在口袋直通车中，微店卖家可以根据展现量、点击率、去购买率来分析优化微店商品，然后以各类目的点击率和去购买率的平均水平来作为衡量其高低的标准，如图 4-26 所示。由于展现量参差不齐，最高和最低相差太大无法用平均值作为衡量标准，且在点击率和去购买率一定的情况下，展现量是越高越好，所以这里没有列出衡量展现量高低的标准。

类目	点击率	去购买率
女装	1.16%	8.41%
女鞋	0.93%	7.61%
男装	1.03%	7.59%
母婴	1.13%	9.03%
美妆	1.27%	7.52%
箱包	0.85%	7.20%
内衣	1.23%	9.92%
家居	1.05%	7.97%
3c	1.20%	6.48%
饰品	0.98%	6.06%
食品	1.83%	6.82%
运动	0.82%	6.94%

图 4-26　口袋直通车提供的微店点击率和去购买率数据

• 专 家 提 醒

据不完全统计，微店买家的搜索方式有两种。

(1) 通过首页搜索框，输入所要找的宝贝信息直接进行关键词搜索，如图 4-27 所示。

(2) 通过首页的类目，找到对应的宝贝进行类目搜索，如图 4-28 所示。而其中有 50%的微店买家是通过关键词搜索进行查找并购买宝贝的，而另外 50%的买家是通过类目搜索进入店铺购买宝贝的。

如果卖家只采取一种出价形式就意味着将丢失一半的潜在买家。

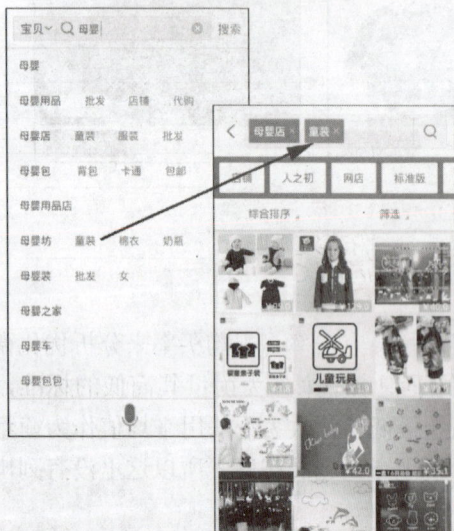

图 4-27　通过关键词搜索

图 4-28　通过类目搜索

4.3.3　提升排名

当微店卖家通过口袋直通车推广商品时，直通车点击单价和商品质量得分是影响商品搜索排名的两个关键。其中，商品的质量得分包括：商品的销量、评分；商品在口袋购物的收藏数；点击率和去购买点击率；店铺信誉。

• 专家提醒

通常情况下，搜不出自己的商品，可能有以下几个原因。

- 搜索关键词不准确，标题没有完全包含所搜的关键词。例如，你卖的商品是"防晒霜"，商品标题为"瓷肌 CC 霜裸妆神器遮瑕防晒美白保湿隔离补水控油超气垫 BB 霜 DD 霜"，就会发现这个标题的商品在"防晒霜"这个关键字下是搜不到的，所以一定要检查自己的商品标题是否完全命中关键词。
- 商品排序时，由于商品质量得分不高，被排除在外。
- 商品下架了。
- 商品去重时，被其他热销商品覆盖掉了，导致你的商品没有展现。

关键词选取技巧：口袋直通车虽然没有什么关键字出价，但是标题里如果包含热搜关键字，会大大增加商品的展现量。你随意输入一个关键字，系统就会自动推荐出来关键字，也就是热搜关键字，如图 4-29 所示。

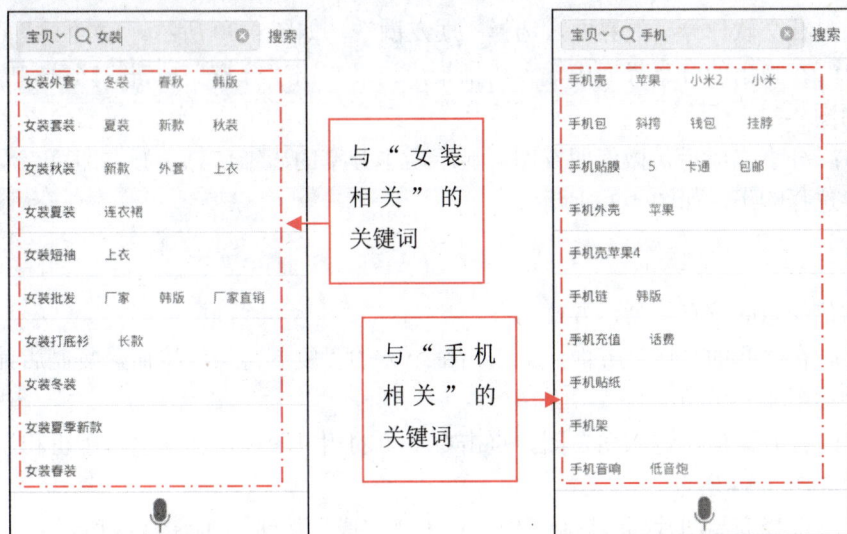

图 4-29　系统自动推荐出来的关键字

4.4 微店营销推广方式

相对于实体店和网店，微店的经营范围比较有限，但是由于微店依托于移动互联网，因此可以有很多推广渠道和方式供我们选择。

4.4.1 微信推广

作为微店模式诞生的"沃土"，微信可以说是微店推广的主战场，微信 App 凭借着较强的即时性和互动性，成功地占据了微店推广营销的重要部分。下面笔者向大家介绍如何利用微信的各个功能进行微店推广。

1. 分享至朋友圈

目前，微信受到越来越多用户的喜欢，使用微信的朋友也越来越多，在微信里有一个功能，就是微信朋友圈，用户可以在这里发布图片和文字，同时也可以看到好友发布的消息和图片。

这一功能为微店的推广增加了新的渠道，店主可以将店铺的链接以及相关信息发布在微信朋友圈，吸引微信好友购买，并利用口碑进行宣传，可以说微信朋友圈是微信推广中不可欠缺的一部分。

(1) 打开微店 App，进入"我的微店"界面，点击店铺下方的"分享"按钮，显示"通过社交软件分享"界面，选择"朋友圈"，如图 4-30 所示。

(2) 在弹出的分享界面中输入店铺推广语，点击"分享"按钮，即可完成店铺推广，如图 4-31 所示。

(3) 分享完成后，微信朋友圈会显示店主分享的店铺信息，好友即可查看详细信息，并选择购买，如图 4-32 所示。

2. 微信动态的发布

微信动态的发布，具体方式如下。

(1) 在"我的微店"界面，点击店铺下方的"复制链接"按钮，复制店铺名称和链接，如图 4-33 所示。

(2) 打开微信，进入朋友圈，点击右上角的相机图标，选择"从手机相册选择"选项，如图 4-34 所示。

(3) 选择商品图片(上限为 9 张)，点击"完成"按钮，如图 4-35 所示。

(4) 在文字输入框中长按，将复制的店铺链接粘贴进来，点击"发送"按钮，如图 4-36 所示。

（5）链接分享成功后，微信好友便可以在朋友圈中直接点击链接进入店铺，查看商品信息，并选择购买合适的商品，如图 4-37 所示。

图 4-30　分享至朋友圈

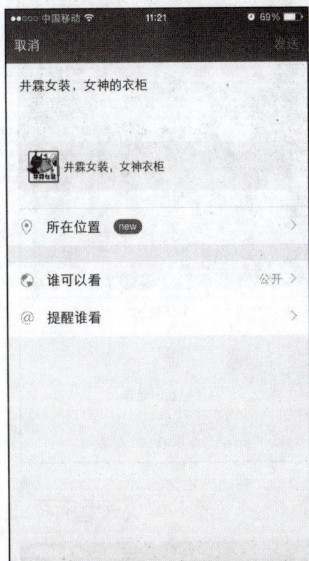

图 4-31　输入推广内容

图 4-32　显示分享信息

图 4-33　复制店铺链接

图 4-34　登录微信发布动态

图 4-35　选择商品图片

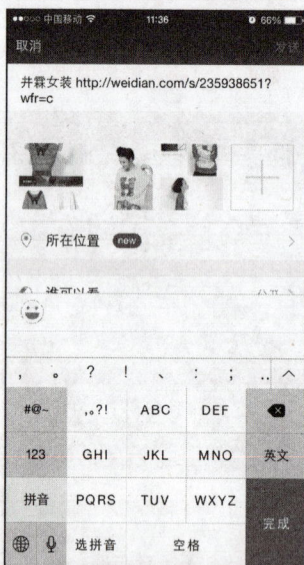

图 4-36　复制链接，发布动态

图 4-37　查看分享的动态

3. 推荐店铺通过群聊

　　店主还可以建立一个群聊组，然后将好友们拉进来，通过聊天将自己的店铺推荐出去。当然，我们不能一味地推荐商品，还需要在平时多多聊天，沟通感情，维持好友关系，避免因为频繁做广告而被拉黑。具体方式包括以下两种。

(1) 登录微信，点击右上角的＋按钮，选择相应的联系人，点击"确定"按钮，即可开始群聊，如图4-38所示。

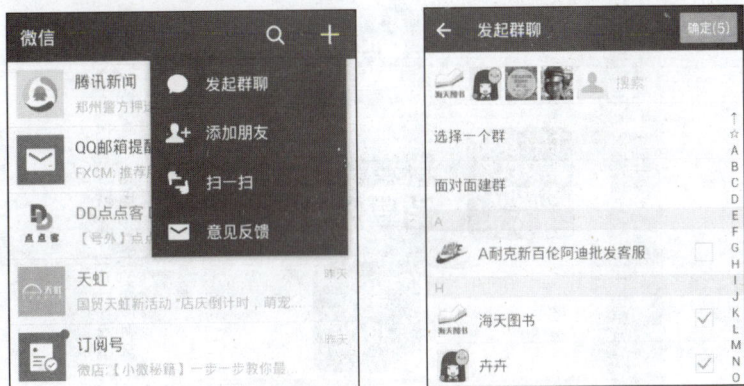

图4-38 选择联系人发起群聊

(2) 选择"面对面建群"选项，进入建群界面，只要和身边的朋友输入同样的四个数字，即可进入一个群聊，如图4-39所示。

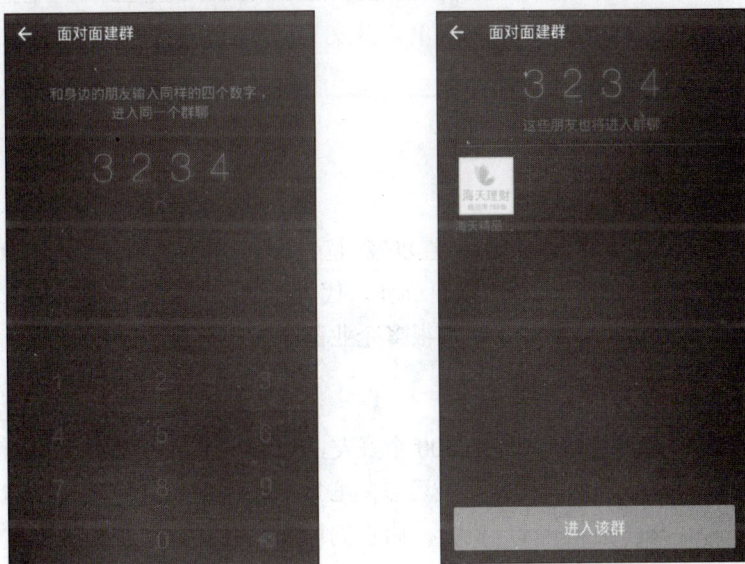

图4-39 微信面对面建群

4．微信消息的群发

微信群发助手是一款微信营销软件，软件定位准确，地毯式营销的方式，可以帮助微店卖家进行精准营销，其优势如图4-40所示。

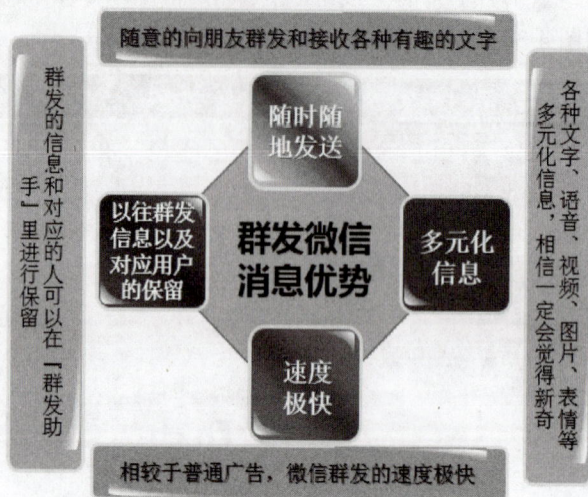

随意的向朋友群发和接收各种有趣的文字

群发的信息和对应的人可以在「群发助手」里进行保留

各种文字、语音、视频、图片、表情等多元化信息，相信一定会觉得新奇

随时随地发送

以往群发信息以及对应用户的保留

群发微信消息优势

多元化信息

速度极快

相较于普通广告，微信群发的速度极快

图 4-40　群发微信消息优势

· 专家提醒

　　微信的扫一扫、摇一摇、附近的人等热门功能也可以作为微店推广的方式，但是由于其推广效果并不显著，店主们只需简单了解，我们不再一一介绍。

4.4.2　腾讯 QQ 推广

　　目前，腾讯公司占据着中国超过 80% 的互联网市场，尤其是腾讯 QQ 的使用人数，已经突破 7 亿。如此庞大的用户群体，代表着潜力十足的客户群体。店主们应该如何利用 QQ 工具进行推广呢？这是很多企业商家都在琢磨的问题。

1. 与朋友聊天推广

　　一个普通等级的 QQ 号码能加 500 个好友，VIP4 及以上可以加 1000 个好友。QQ 聊天是最直接的推广方式，我们完全可以随心所欲，不用太拘束。可以这样说，有多少个好友，就至少有多少个推广机会，店主们可以参考以下流程进行推广。

　　(1) 进入"我的微店"界面，点击店铺下方的"分享"按钮，选择分享至"QQ 好友"，选择 QQ 好友，点击"发送"按钮，如图 4-41 所示。

　　(2) QQ 好友会收到消息，然后点击店铺地址，即可查看店铺首页以及商品详情，如图 4-42 所示。

图 4-41　发送给 QQ 好友

图 4-42　查看分享消息

2. 分享到 QQ 空间推广

QQ 空间类似于博客的功能，在 QQ 空间上可以写日记、传图片、听音乐、写心情，通过多种方式展现自己。这是一个私人的空间，我们可以在自己的日志中做宣传推广，也可以利用随时随地说说，吸引好友来看。

店主在微店分享界面中选择"分享至 QQ 空间"，输入"说说"内容后，点击发送即可完成分享，如图 4-43 所示。

图 4-43　发布 QQ 说说动态

·专家提醒

　　店主每天发布的说说最好在 2～5 条，确认提供有价值的信息、新闻或资讯，编辑内容应注重价值，好的"说说"内容能够吸引读者，并进行转发分享，自动传播为你带来更多的访客，带来更多的客户。

3. 个性签名推广

　　QQ 签名一直是很多 QQ 使用人群的追逐对象，许多人通过 QQ 个性签名来表达自己的个性，释放喜怒哀乐等各种各样的情绪。

　　除此之外，QQ 签名通常还被用于商业用途或公司网站的引导，如在 QQ 个性签名上写"我的微店，井霖女装 http://weidian.com/s/235938651?wfr=c，欢迎大家光临"，可以被很多人看到，如图 4-44 所示。

图 4-44　QQ 签名推广

4.4.3　微博推广

微博同样是微店进行推广的热门渠道，是指通过微博平台为商家、个人等创造价值而执行的一种方式，也是指商家或个人通过微博平台发现并满足用户的各类需求的商业行为方式。

1. 微博推广的特点

(1)　立体化。微博可以借助多种多媒体技术手段，从文字、图片、视频等展现形式对产品进行描述，从而使潜在的消费者更形象直接地接受信息。

(2)　高速度。微博最显著的特征就是传播迅速。一条热度高的微博在各种互联网平台上发出后短时间内转发就可以抵达微博世界的每一个角落。

(3)　便捷性。微博营销优于传统推广，无须严格审批，从而节约了大量的时间和成本。

(4)　广泛性。通过粉丝形式进行病毒式传播，同时名人效应能使事件传播呈几何级放大。

(5)　效率高。针对企业产品的 FAQ 提高效率，并且能快速帮助客服建立互相了解的一个通道。

2. 微博推广的操作步骤

店主可以在"我的微店"界面中点击要分享的商品，选择"分享至新浪微博"，即可将店铺信息分享至微博，登录微博客查看详情，如图 4-45 所示。

图 4-45　分享至新浪微博

4.4.4　百度贴吧推广

目前，百度贴吧已经成为国内访问人数最多的互动论坛之一，根据百度方面的数据，用户已在百度上创建了 300 多万个贴吧，每天有上千万的用户在贴吧发帖，累计帖子总数已高达近 40 亿。微店店主们完全可以利用这个拥有庞大用户群体的平台，采用百度贴吧的应用技巧，开拓出新的推广渠道。图 4-46 所示为贴吧的推广技巧。

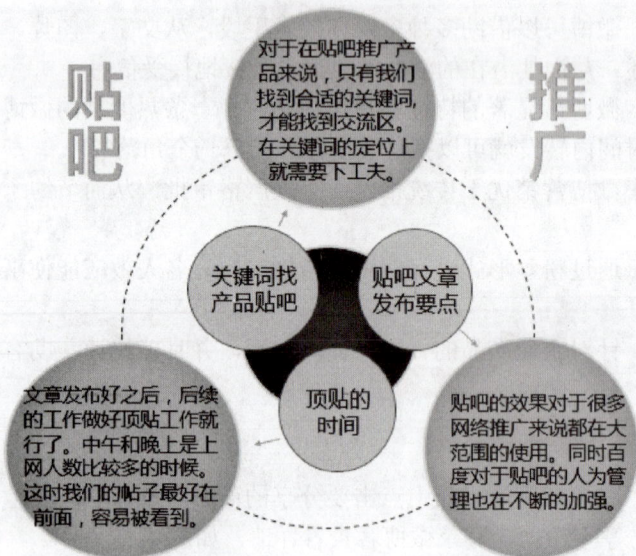

图 4-46　贴吧推广

4.5　微店营销推广技巧

所谓营销推广，就是想办法让更多的人知道或了解自己的微店，从而吸引人们进入微店，提高微店的页面流量，这是微店宝贝热卖的秘诀，也是微店运营的关键。卖家可以参考以下推广渠道和营销方式，将自己的店铺广而告之。

4.5.1　互换店铺链接共同推广

微店联盟推广中的友情店铺，是指两个微店之间互换店铺链接，互相推广以获得流量。通过友情链接来增加微店的访问量是一个好方法，不管是文字还是图片，只要链接得合理，就会带来不小的收益。

在微店 App 中，提供了"友情店铺"功能，这其实也是一种友情链接的推广方式，具体的操作方法如下。

(1) 登录微店 App，点击"营销工具"按钮进入界面，点击"友情店铺"按钮，如图 4-47 所示。

图 4-54　友情店铺界面

(2) 执行操作后，进入"友情店铺"界面，在搜索框中输入好友的微店名称，或者直接点击推荐的店铺右侧的+号按钮，等待好友验证即可，如图 4-48 所示。

图 4-48　添加友情店铺

(3) 用户可以点击"动态"按钮，在"友情店铺动态"界面中选择"接受"或"拒绝"店铺的申请，对于接受申请的店铺，店主可以点击"管理"按钮，在"管理友情店铺"界面中查看，如图 4-49 所示。

图 4-49　接受并查看友情店铺申请

• 专家提醒

　　友情链接，也称为网站交换链接、互惠链接、互换链接、联盟链接等，是具有一定资源互补优势的网站之间的简单合作形式，即分别在自己的网站上放置对方网站的 LOGO 图片或文字的网站名称，并设置对方网站的超链接(点击后，切换或弹出另一个新的页面)，使得用户可以从合作网站中发现自己的网站，达到互相推广的目的。友情链接不在于你链接了多少微店，最重要的是你链接的微店的质量如何？要特别注意的是，一定要找一些访问量大的网站来做友情链接，最好要求对方在明显的位置设置，还要找与本微店内容相关的链接，这样会更有利于微店的推广。

4.5.2　"零成本开店"梦想的推广

　　微店"分成推广"是指别人通过分享你的店铺到朋友圈促成购买获得佣金的方法，"分成推广"只对微信有效，只有从微信进入你的店铺才能看到你设置的"分成推广"。当然，你也可以参与其他店铺的"分成推广"，实现"零成本开店"的梦想。

移动互联网是互动广告的有效媒体，"分成推广"能够使得网络营销发挥更佳的成效。收入分成造就了一种多对多的沟通方式，而非单对多的广播模式。此外，在分成推广下，只有当达到某种营销目标时才会发生广告费用，即只有发生了销售量、软件下载次数、有效访问数、商品订单量等这些可以量化的营销成果，微店商家才据此支付代理费，而不会再花很多"冤枉钱"。

下面介绍设置分成推广的具体操作方法。

（1）打开微店 App，进入"营销工具"界面，点击"分成推广"按钮，显示相关条款，点击"同意"按钮，如图 4-50 所示。

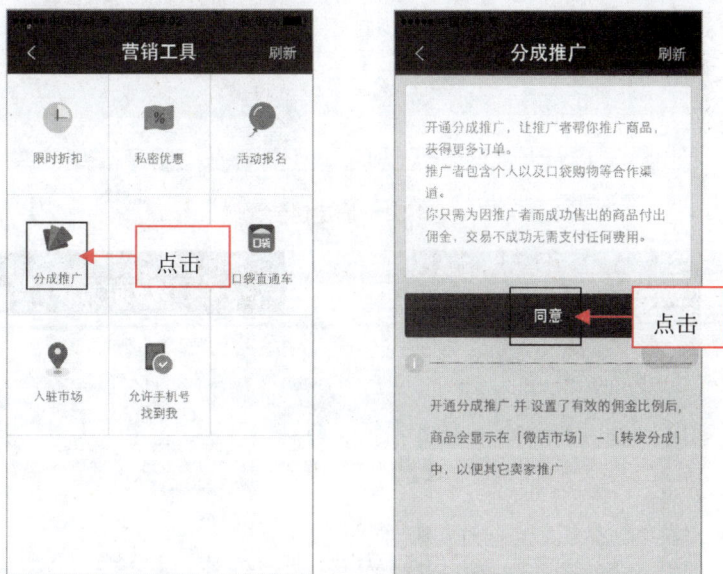

图 4-50　同意分成推广

（2）执行操作后，进入"设定佣金比例"界面，点击"选择佣金比例"按钮，跳转至"选择佣金比例"界面，设定好佣金比例后，点击"确定"，如图 4-51 所示。

（3）执行操作后，在弹出信息提示框中，点击"是"按钮，即可将所有商品设定相同的佣金比例，如图 4-52 所示。

（4）执行操作后，在"分成推广"界面中点击"查看报表"按钮，即可查看分成推广报表，包括"累计支付佣金"和"推广成交金额"，如图 4-53 所示；如果想取消分成推广，直接在"分成推广"界面中点击"取消分成推广"按钮即可，如图 4-54 所示。

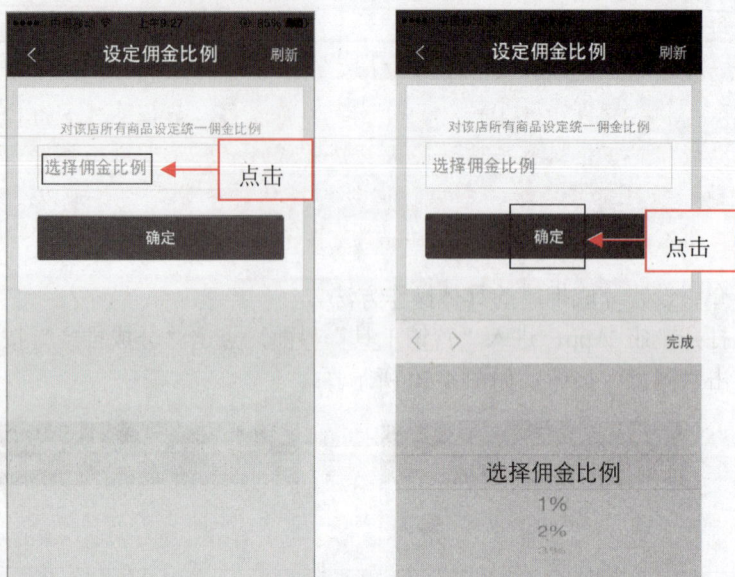

图 4-51　设定佣金比例

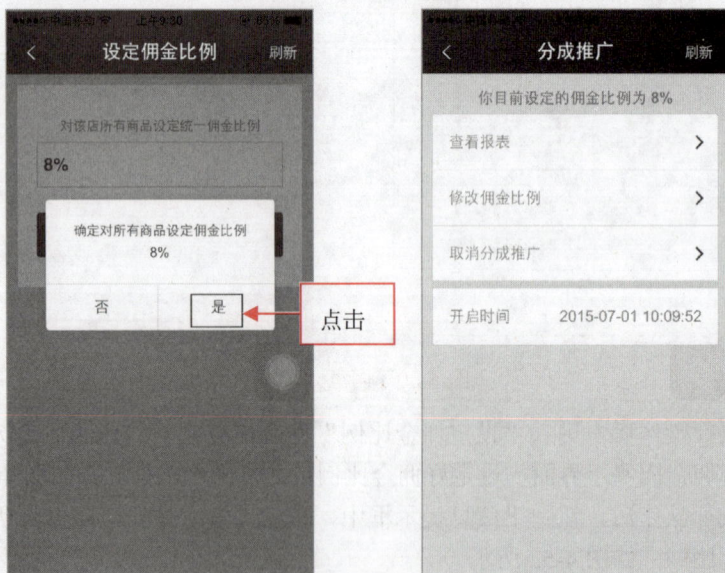

图 4-52　确定佣金比例

图 4-53 查看报表

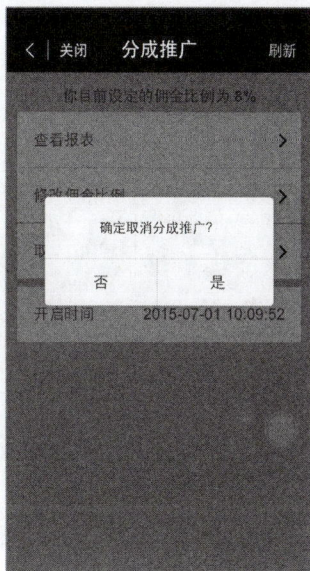

图 4-54 取消分成推广

4.5.3 全新的个性化直通车推广

口袋直通车是口袋购物为广大商家推出的一种全新的个性化营销平台，是为广大商家量身定制的、按点击效果付费的营销工具，能够实现宝贝的精准推广。卖家可以参考以下流程开通口袋直通车。

(1) 打开微店 App，点击"营销工具"按钮，进入"营销工具"界面，点击"口袋直通车"按钮，如图 4-55 所示。

(2) 在"口袋直通车"界面中显示"口袋直通车"的基本介绍和开通条件，点击"开通口袋直通车"按钮，如图 4-56 所示。

(3) 执行操作后，进入相应的界面，系统会提示用户"在电脑上访问口袋购物商家营销平台"，如图 4-57 所示。

(4) 在电脑上访问口袋购物商家中心主页(http://sell.koudai.com/)，单击"我要加入"按钮，如图 4-58 所示。

(5) 执行操作后，进入"口袋购物"页面，在右边的"登录"栏中输入手机号和密码，单击"登录"按钮，如图 4-59 所示。

(6) 执行操作后，进入"口袋营销平台"页面，单击中间的"口袋直通车"按钮，如图 4-60 所示。

(7) 执行操作后，进入相应的页面，显示开通的条件和注意事项，单击"确认，我要开通口袋直通车"按钮，即可完成，如图 4-61 所示。

图 4-55　点击"口袋直通车"按钮　　　图 4-56　点击"开通口袋直通车"按钮

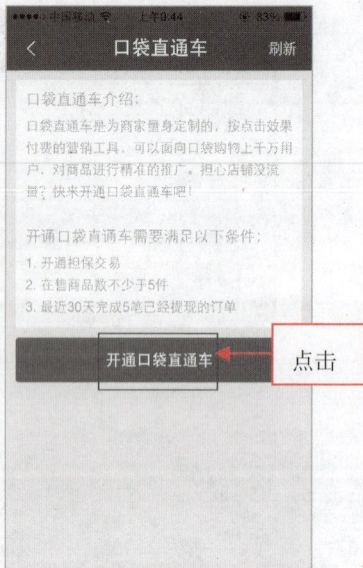

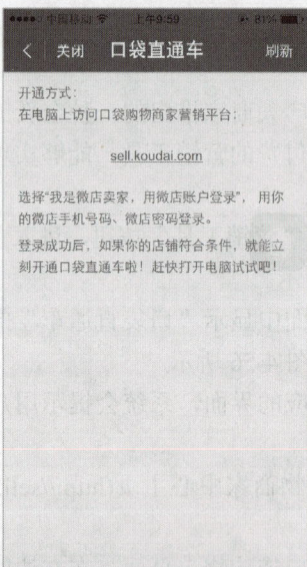

图 4-57　开通口袋直通车

　　加入直通车以后，卖家就可以报名各种促销活动。口袋直通车推广以多元化形式进行推广，会在口袋购物的各个类目频道、猜你喜欢、搜索频道等渠道中展示。如果想要了解直通车商品所在的具体位置，可以在口袋购物 App 上搜索商品的关键词，查看排名。在类目频道、猜你喜欢等频道都是根据用户的浏览习惯推出的商品，展示样式"千人千面"。

图 4-58　单击加入口袋直通车

图 4-59　登录口袋购物

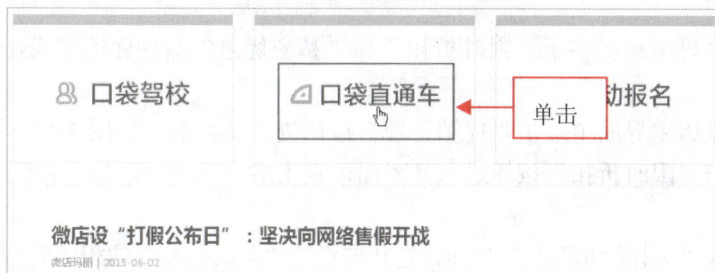

图 4-60　单击"口袋直通车"按钮

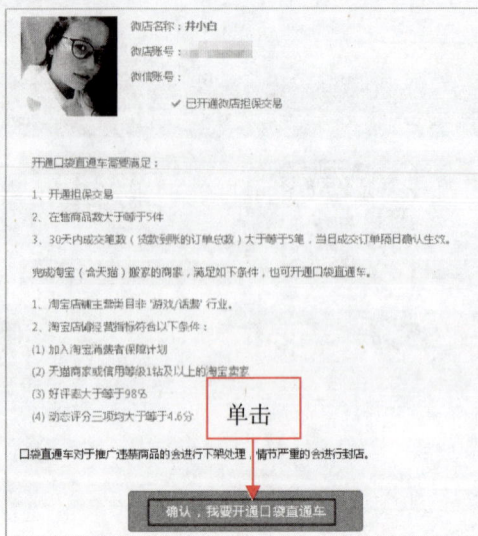

图 4-61　确认开通口袋直通车

4.5.4　利用用户消费欲望促销推广

淘宝店铺需要噱头来吸引消费者，在手机上的微店也需要进行促销活动来吸引消费者。促销是"促进销售"的简称，是指卖家利用各种方法和手段，吸引消费者注意、激发购买欲望并产生购买的过程。

促销的本质是沟通信息，是针对行为的活动，鼓励消费者尝试购买产品或服务，通过经常性购买或使用，使其对品牌或产品的态度逐渐改变，变得喜欢、习惯于该品牌，促销的本质目的也就达到了！

• 专家提醒

促销和推广的本质都是与消费者有效沟通信息，不过促销是为了达成购买，推广是为了提高品牌形象，真正成功的促销就是成功的推广，品牌和销量都能兼顾，不能为了提供销量而自毁品牌形象。

微店为手机用户提供了"限时折扣"和"私密优惠"两种促销方式，具体操作方法如下。

(1) 在微店主界面中点击"促销管理"按钮进入其界面，如图 4-62 所示。

(2) 点击"限时折扣"按钮进入其界面，点击右上角的"添加"按钮，如图 4-63 所示。

(3) 进入"选择折扣商品"界面，选择要设置"限时折扣"的相应商品，如图 4-64 所示。

限时折扣一方面可增强微店的人气，活跃气氛，调动消费者的购买欲望，同时可促使一些临近保质期或者快过季的商品在到期前全部销售完，当然，必须要留给消费者一段使用的期限。

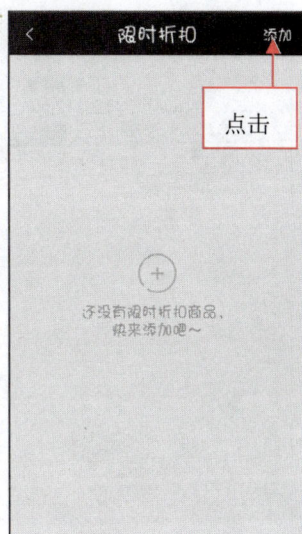

图 4-62 "促销管理"界面

图 4-63 点击"添加"按钮

（4）设置"折后价格""开始时间""结束时间"以及"是否限购"，点击"完成"按钮即可，如图 4-65 所示。

限时折扣是在特定的营业时间内提供优惠商品销售的措施，以达到吸引消费者的目的。进行限时折扣时，要将折扣商品以二维码、短信、微信、朋友圈等形式告知好友。限时折扣的商品折扣率一般在三折以上时才能对消费者形成足够的吸引力。

图 4-64 选择商品

图 4-65 设置限时折扣

（5）执行操作后，即可成功添加"限时折扣"促销活动，如图 4-66 所示。

（6）在"促销管理"界面中点击"私密优惠"按钮进入其界面，点击右上角的"添加"按钮，如图 4-67 所示。

限时折扣可分定时和非定时两种。

①**定时限时折扣**：是指微店在固定时间内实行限时折扣价。例如，有些超市在每晚关门前的一小时内，将当天未售完的面包、蔬菜等商品按原价折扣销售。

②**非定时限时折扣**：是指随机抽取一个时段，对个别或部分商品进行折扣销售。

图 4-66　成功添加"限时折扣"

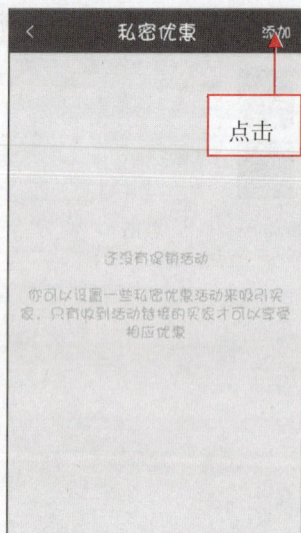

图 4-67　点击"添加"按钮

(7)　进入"添加私密优惠"界面，设置"折扣"，如图 4-68 所示。

(8)　点击"完成"按钮，进入"把优惠发给买家"界面，如图 4-69 所示。

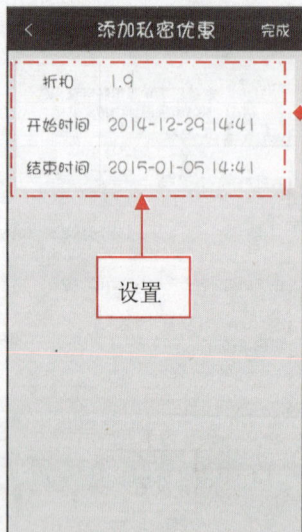

私密优惠促销是指让特定的消费者可以用低于正常水平的价格获得某种特定的物品或利益的促销活动。例如，微店主要采用"减价优惠"的促销策略，是指微店于特定的消费市场，在特定的期间，以特别低廉的价格，向特定的消费者出售特定数量的商品。

图 4-68　添加私密优惠

图 4-69　"把优惠发给买家"界面

(9)　点击"预览优惠"按钮即可预约优惠详情，如图 4-70 所示。

(10) 卖家还可以将优惠分享出去，例如，在"把优惠发给买家"界面中点击"微信"按钮，选择相应的微信好友，点击"分享"按钮，如图 4-71 所示。

"私密优惠"促销由于给消费者以较明显的价格优惠，可以有效地提高商品的市场竞争力，争取消费者，创造出良好的市场销售态势。同时，刺激消费者的消费欲望，鼓励消费者大批量购买商品，创造出"薄利多销"的市场获利机制。

显示

图 4-70　预约优惠详情

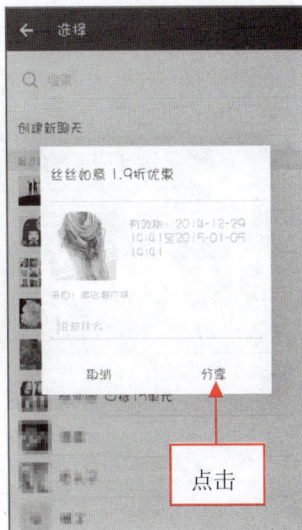

点击

图 4-71　点击"分享"按钮

(11) 执行操作后，即可将促销活动发送至相应微信联系人，如图 4-72 所示。

(12) 微信好友点击该链接进入你的微店后，购物时即可享受相应的促销活动价格，如图 4-73 所示。

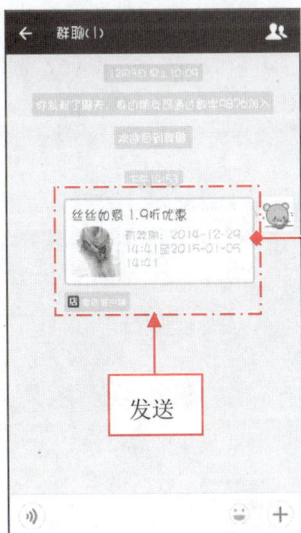

"私密优惠"促销活动的主题内容、基本形态和折扣幅度确定下来以后，还应该根据主题内容和商品文化，策划一些游戏性、娱乐性的现场或微信促销活动，以活跃气氛，强化促销活动的感染力。

发送

图 4-72　发送促销活动

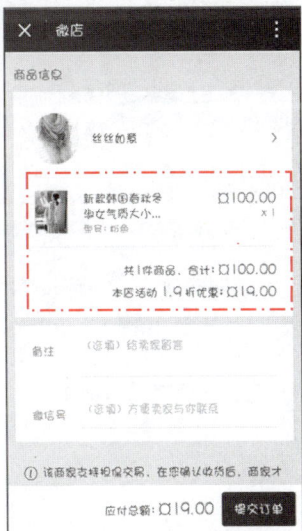

图 4-73　享受促销活动价格

第 5 章

全新体验——O2O 线上线下营销

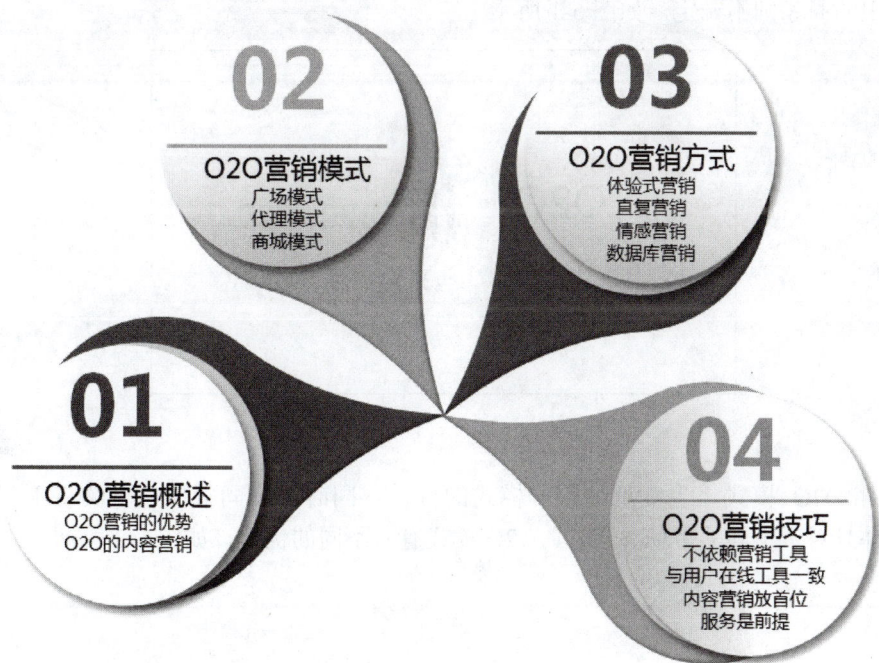

02

O2O营销模式
广场模式
代理模式
商城模式

03

O2O营销方式
体验式营销
直复营销
情感营销
数据库营销

01

O2O营销概述
O2O营销的优势
O2O的内容营销

04

O2O营销技巧
不依赖营销工具
与用户在线工具一致
内容营销放首位
服务是前提

5.1　O2O 营销概述

O2O 即 Online To Offline，是指将线下的商务机会与互联网结合，让互联网成为线下交易的前台。从广义上来讲，O2O 的概念非常广泛，只要产业链中既可涉及线上，又可涉及线下，都可以称之为 O2O。

对于企业来说，无论是已经转型 O2O，还是将要转型 O2O，掌握 O2O 营销技巧都是其发展道路上最为重要的环节。很多企业在想到转战 O2O 之后，便把心思放在了找人帮忙上，在笔者看来，与其将企业的生死大权交给他人，不如自己率先出击，掌握 O2O 营销技巧，打造全新的线上线下经营品牌。

5.1.1　O2O 营销的优势

其实 O2O 模式，早在团购网站兴起时就已经出现，只不过消费者更熟知团购的概念，团购商品都是临时性的促销，而在 O2O 网站上，只要网站与商家持续合作，那么商家的商品就会一直"促销"下去，O2O 的商家都是具有线下实体店的，而团购模式中的商家则不一定，如图 5-1 所示。

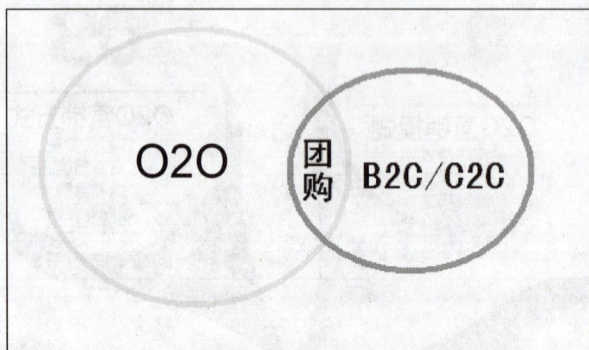

图 5-1　团购是最早的 O2O

而 O2O 模式，也继承了团购模式的特征，同时在不同行业领域又有不同的特点，并且对于不同的市场参与者，O2O 模式有着不同的优势，如图 5-2 所示。

·专家提醒

未来的 O2O 将是一种多层次、多维度的复合生态体系，不断向多元化和纵深化发展，会演变出平台型、外包型、直营型、合作型、区域型、垂直型等多种形态。它们之间虽然不会完全消除竞争，但更多的是互补与合作，一种共生共赢的关系。

获取丰富、全面的内容信息

所谓"货比三家"，O2O采用线上线下互动的模式，利用商家行业分类、关键字查询等方式，帮助消费者浏览众多商家的信息，获得符合自身需求的服务。

便捷的向商家在线咨询

在市场经济活动中，各类人员对有关信息的了解是有差异的；掌握信息比较充分的人员，往往处于比较有利的地位，而信息贫乏的人员，则处于比较不利的地位，这种现象被称为"信息不对称"。

获得比线下直接消费便宜的价格

一般来说，淘宝店的商品价格会比实体店便宜20%左右，并且同一件商品，有着不同的"特价""活动价""优惠会员价"等，在价格方面更有优势。

O2O模式对用户的优势

能够获得更多的宣传、展示机会吸引更多新客户到店消费。

在大数据时代，通过O2O营销模式，商家可查询推广效果，同时通过与客户的在线沟通，更好地了解用户需求。

O2O对商家的优势

对拉动新品、新店的消费更加快捷。

通过在线有效预订等方式，合理安排经营、节约成本。

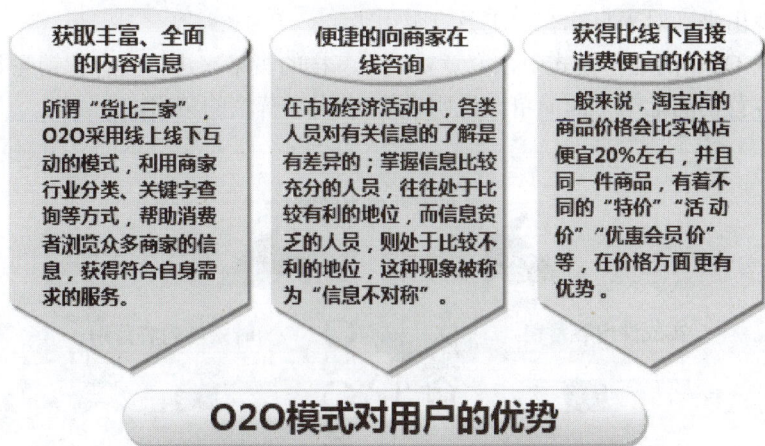

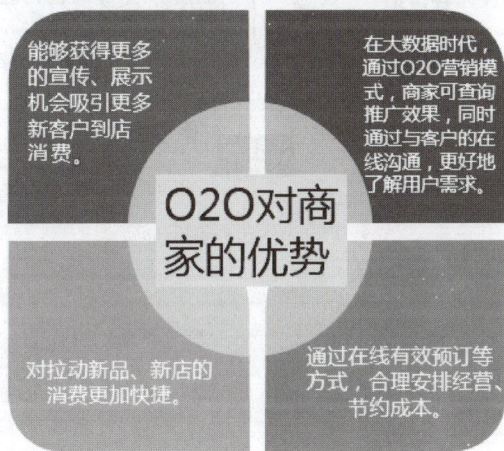

图 5-2　O2O 模式的优势

5.1.2　O2O 的内容营销

内容营销指的是以图片、文字、动画等介质传达有关企业的相关内容来给客户信心，促进销售。他们所依附的载体，可以是企业的 LOGO、画册、网站、广告，甚至是 T 恤、纸杯、手提袋等，根据不同的载体，传递的介质各有不同，但是内容的核心必须是一致的。

对于 O2O 营销模式来说，做内容营销远比做广告营销要更有效果，因为，相对于广告营销，内容营销并不追求短期或立即性的、不理性的、直接的行为改变，而是理性的、倾向长期的那些内容教育，最终收获更加忠诚、黏度更高的用户群体。

此外，比起其他载体在网络中，内容营销可以在动画、文字、视频、声音等各种介质中呈现出来，对于目标客户更具有吸引力。

那么在 O2O 的经营模式中，究竟要采取怎样的策略来进行内容营销呢？如图 5-3 所示的内容营销的七个方面简单地说明了 O2O 内容营销的策略。

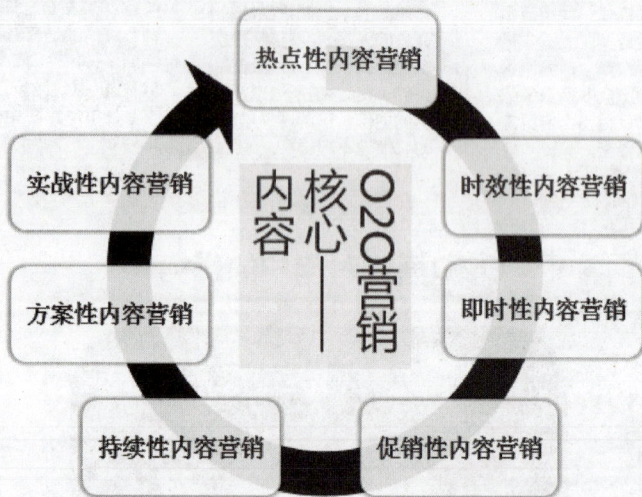

图 5-3　O2O 内容营销的策略

5.2　O2O 的三种营销模式

O2O 营销模式又称离线商务模式，是指线上营销和线上购买带动线下经营和线下消费。下面笔者将详细介绍 O2O 的三大营销模式。

5.2.1　广场模式

所谓广场模式，就是为消费者提供发现、导购、搜索、评论等信息服务，向商家收广告费，有事找线下商家，如大众点评网、赶集网等，如图 5-4 所示。

图 5-4　大众点评网与赶集网

5.2.2　代理模式

所谓代理模式，是指通过优惠券、预订等手段，把互联网上的人引导到线下去消费，收佣金分成，有事找线下商家，如美团网、酒店达人等，如图 5-5 所示。

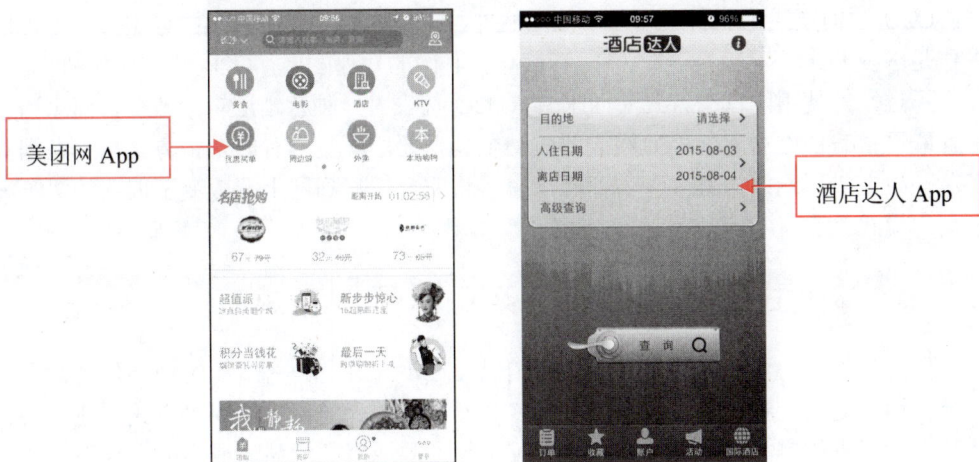

图 5-5　美团网与酒店达人

5.2.3　商城模式

所谓商城模式，是指整合行业资源做渠道，用户可以直接购买，企业收佣金分成，有事找线上商城，如易到专车、到家美食会等，如图 5-6 所示。

图 5-6 易到专车与到家美食会

5.3 O2O 的四种营销方式

O2O 营销模式绝非新生事物，除团购外，携程网的酒店、机票预订服务，都可以看作是国内 O2O 模式的雏形。而随着移动互联网的快速发展，O2O 势头更加凶猛。

不过，就使用的营销方式层面来讲，O2O 代表着一种营销逻辑的改变，商家语言和互联网语言的结合对 O2O 模式的成功至关重要。一些已有的营销方式也正在因其变革，也在借用网络语言改变着商家语言，将前台转移到网上，改变了旧式的"等客上门"模式。

5.3.1 体验式营销：让用户亲身体验与感知

作为一种新的营销方式，体验式营销已经逐步渗透到销售市场的任一角落。所谓体验营销，是指企业通过采用让目标顾客观摩、聆听、尝试、试用等方式，使其亲身体验企业提供的产品或服务，让顾客实际感知产品或服务的品质或性能，从而促使顾客认知、喜好并购买的一种营销方式，如图 5-7 所示。

体验式营销方式以满足消费者的体验需求为目标、以服务产品为平台、以有形产品为载体，生产、经营高质量产品，拉近企业和消费者之间的距离。表 5-1 所示为体验式营销的主要策略。

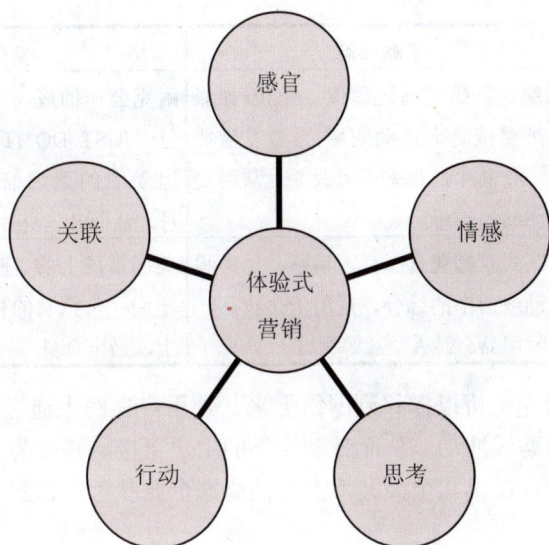

图 5-7　体验式营销

表 5-1　体验式营销的主要策略

营销策略	策略详解	实例应用
感官式营销策略	通过视觉、听觉、触觉与嗅觉建立感官上的体验。它的主要目的是创造知觉体验。感官式营销可以区分公司和产品的识别方法，引发消费者购买动机和增加产品的附加值等	以宝洁公司的汰渍洗衣粉为例，其广告突出"山野清新"的感觉：新型山泉汰渍带给你野外的清爽幽香。公司为创造这种清新的感觉做了大量工作，后来取得了很好的效果
情感式营销策略	情感式营销是在营销过程中，要触动消费者的内心情感，创造情感体验，其范围可以是一个温和、柔情的正面心情，如欢乐、自豪，甚至是强烈的激动情绪	在"水晶之恋"果冻广告中，一位清纯、可爱、脸上写满幸福的女孩，依靠在男朋友的肩膀上，品尝着他送的"水晶之恋"果冻，就连旁观者也会感觉到这种"甜蜜的爱情"
思考式营销策略	思考式营销是启发人们的智力，创造性地让消费者获得认识和解决问题的体验。它运用惊奇、计谋和诱惑，引发消费者产生统一或各异的想法。在高科技产品宣传中，思考式营销被广泛使用	1998 年苹果电脑的 IMAC 计算机上市仅六个星期，就销售了 27.8 万台，借助的便是一个思考式营销方案。该方案将"与众不同的思考"的标语，结合许多不同领域的"创意天才"，大面积进行平面广告宣传

续表

营销策略	策略详解	实例应用
行动式营销策略	行动式营销是通过偶像、角色(如影视歌星或著名运动明星)来激发消费者,使其生活形态予以改变,从而实现产品的销售	耐克公司的成功主要原因之一是有出色"JUST DO IT"广告,经常地描述运动中的著名篮球运动员迈克尔乔丹,从而升华身体运动的体验
关联式营销策略	关联式营销包含感官、情感、思考和行动或营销的综合,适用于化妆品、日常用品、私人交通等领域	美国市场上的"哈雷"牌摩托车,车主们经常把它的标志纹在自己的胳膊上,乃至全身

现在,这种体验完全可以挪移到网络上来,使用户在网上通过某种形式实现虚拟体验,刺激消费者的购买冲动,从而带动线下的用户直接购买行为。

关于体验式营销,提出几个关键特点可供商家企业参考,如图5-8所示。

图5-8　体验式营销的特点

• 专家提醒

企业着力塑造的顾客体验应该是经过精心设计和规划的,即企业要提供的顾客体验对顾客必须有价值并且与众不同。也就是说,体验必须具有稳定性和可预测性。此外,在设计顾客体验时,企业还须关注每个细节,尽量避免疏漏。

5.3.2　直复营销:精准直达的营销方式

直复营销,源于英文词汇 Direct Marketing,即"直接回应的营销",美国直复营销协会如此定义：运用一种或多种广告媒介在任意地点产生可衡量的反应或交易，如图 5-9 所示。

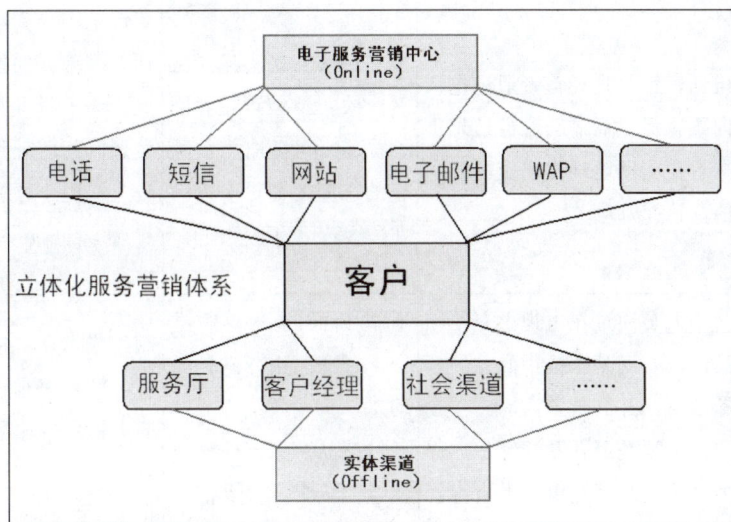

图 5-9 直复营销体系

直复营销的关键点是受众的精准性。而在移动互联网时代，以 LBS 为基础，"任意地点"不再任意，而是变为有针对性的地点。商家完全可以实现在特定地点向消费者发出"购买邀约"。在 O2O 时代，直复营销的体验也正在发生改变。

直复营销分为直接邮购营销、目录营销、电话营销、电视营销、网络营销等，如表 5-2 所示。

表 5-2 直复营销的类型

营销类型	营销策略	优 点	缺 点
直接邮购营销	营销人员把信函、样品或者广告直接寄给目标顾客的营销活动。目标顾客的名单可以租用、购买或者与无竞争关系的其他企业相互交换	随着互联网的迅猛发展，电子邮件的应用也越来越广泛，更加节省费用，速度也更快	容易发生同一份邮寄品两次以上寄给同一顾客的情况，会引起他们的反感
目录营销	目录营销是指经营者编制商品目录，并通过一定的途径分发到顾客手中，由此接受订货并发货的销售行为	内容含量大，信息丰富完整；图文并茂，易于吸引顾客；便于顾客作为资料长期保存，反复使用	设计与制作的成本费用高昂；只能具有平面效果，视觉刺激较为平淡

续表

营销类型	营销策略	优 点	缺 点
电话营销	电话营销是指经营者通过电话向顾客提供商品与服务信息，顾客再借助电话提出交易要求的营销行为	能与顾客直接沟通，可及时收集反馈意见并回答提问；可随时掌握顾客的态度，使更多的潜在顾客转化为现实顾客	营销范围受到限制，在电话普及率低的地区难以开展；因干扰顾客的工作和休息时间所导致的负效应较大；由于顾客既看不到实物，也读不到说明文字，易产生不信任感等
电视营销	营销人员通过在电视上介绍产品，或赞助某个推销商品的专题节目，开展营销活动。在我国，电视是最普及的媒体，许多企业都选择在电视上进行营销活动	通过画面与声音的结合，使商品由静态转为动态，直观效果强烈；通过商品演示，使顾客注意力集中；接受信息的人数相对较多	制作成本高，播放费用昂贵；顾客很难将它与一般的电视广告相区分；播放时间和次数都比较有限，稍纵即逝
网络营销	营销人员通过互联网、移动互联网、通信和数字交互式媒体等手段开展营销活动	发展最为迅猛，生命力非常强，活动空间非常广泛	起步比较晚，网络技术更新比较快，导致设备成本的增加
整合互动营销	整合各类网络营销方式，包括电视广告、广播广告、广告横幅、网络影片、公关新闻稿等	互动营销技术可以适应不同的环境，来使互动式营销影响消费者	营销过程比较复杂

5.3.3 情感营销：实现与用户的情感沟通

情感营销就是把消费者个人情感差异和需求作为企业品牌营销战略的情感营销核心，通过借助情感包装、情感促销、情感广告、情感口碑、情感设计等策略来实现企业的经营目标。

情感营销，只有通过广告主与消费者之间的情感沟通，才能有效实现。由于，现在有了社会化媒介，不但增加了品牌与消费者之间互动的可能性，也大大降低了互动的成本。各种情感营销正在悄悄"潜入"我们的生活，增加品牌知名度、维系消费者的用户黏性是情感营销最主要的效果，而在 O2O 环境下的情感营销甚至可以直接促成线下的消费行为。

　　企业可以在品牌战略的指导下，利用 O2O 的社会化营销相互渗透和交锋，通过一系列情感化的品牌运作来影响和触动消费者心灵深处，从而使品牌在消费者心目中形成独一无二的情感个性。

　　想要掌握情感营销的关键，需要从以下关键点着手，如图 5-10 所示。

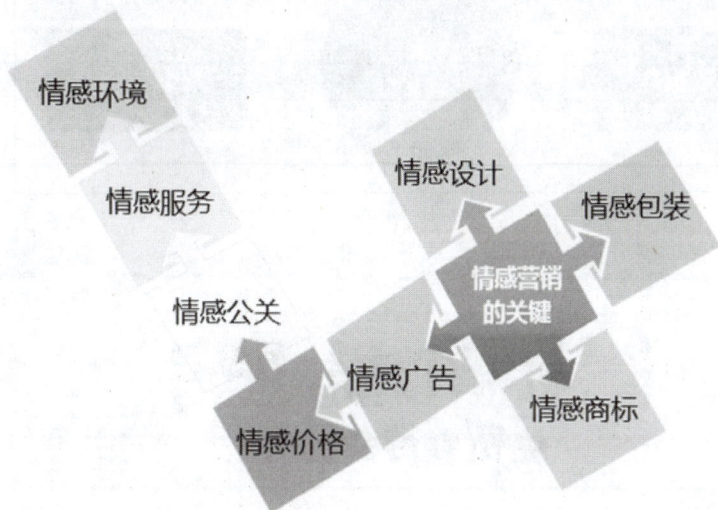

图 5-10　情感营销的关键

5.3.4　数据库营销：深度挖掘与维护客户

　　数据库营销就是企业通过收集和积累会员(用户或消费者)信息，经过分析筛选后，有针对性地使用电子邮件、短信、电话等方式进行客户深度挖掘和关系维护的营销方式，如图 5-11 所示。

　　下面的案例是深圳海岸城的微信会员卡，通过微信，不但用户可以获得电子会员卡，同时商家也更方便掌握会员的地理位置信息、会员到店消费数据等，可以使会员的数据库管理更全面、更便捷，如图 5-12 所示。微信用户只要使用微信扫描海岸城专属二维码，即可免费获得海岸城手机会员卡，凭此享受到众多优惠特权。此后，用户不必携带实体会员卡，也能第一时间得知商家信息并享受特权。如大饱口福、许留山、面包新语、味千拉面、仙踪林等 20 多家商铺都已成为海岸城首批微信会员卡的支持商家。

图 5-11 数据库营销

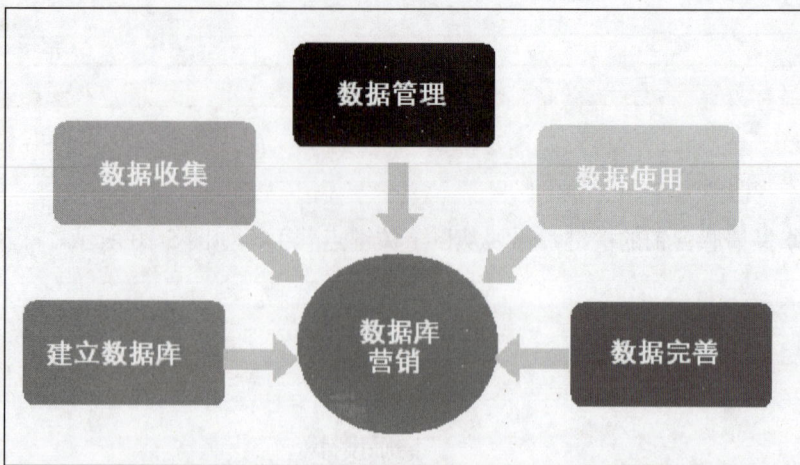

图 5-12 扫描海岸城获取会员卡

5.4　O2O 的营销技巧

　　无论是对于传统行业，还是新兴电商行业，O2O 都是一个新趋势。O2O 模式的案例很多，商家企业想要掌握 O2O 营销的策略，可以从众多的成功案例中总结经验，提炼出 O2O 营销的技巧。

5.4.1　不过分依赖营销工具

　　2014 年年初，微信平台再出重拳，个人微信中有一万个好友以上的账号将不能继续添加新的好友、不能拉群等操作。如此举措一出，依靠微信朋友圈的营销者可谓一片哀号。虽说君子善假于物也，但是笔者认为：在如今注重策略性的市场中，营销工具只会让商家"跑偏"，营销最终还是要靠自己。

　　以微信朋友圈营销为例，微信官方声明个人微信最初的目的是联系好友，而要做企业级应用需要申请公众号。可是现在的朋友圈，各种 A 货 B 货尾货山寨货、各种你不知道的多少条秘密、各种职场教导心灵鸡汤、各种佛经祈文符咒灵童、各种分享链接求赞求转发，如图 5-13 所示。

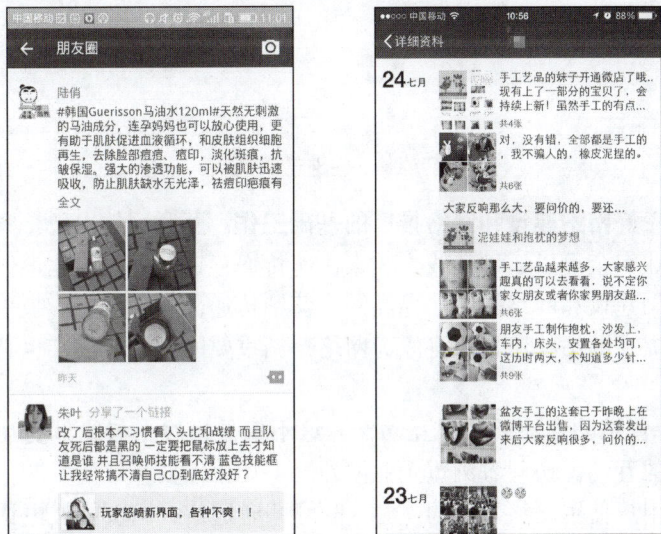

图 5-13　朋友圈营销

　　如此繁多的信息推送，一方面使微信失去了其原本的"通信"功能，另一方面也限制了商家的营销思路，毕竟微信平台不是微博平台，也不是互联网平台。

　　透过微信再看如今的互联网时代，网络营销已经成为企业营销工作中的核心环节，而作为企业网络营销的大本营和核心平台，企业网站更将成为企业进行网络营销的重中之重。在这种情况下，笔者认为营销是企业网站的命脉，必须掌握在企业自己的手里，企业唯有先做好自己，才能更好地存在下去。那么，商家企业应该怎么进行营销呢？

　　(1) 要明白 O2O 营销的目标并为之而努力。 O2O 营销的目标是获取更多的潜在客户、满足客户需求、留住客户、获取客户信息等，一言以蔽之，利用网络进行的营销就是为了争取更多的客户。因此，商家企业的所有营销工作就要围绕这一目的而努力，如图 5-14 所示。

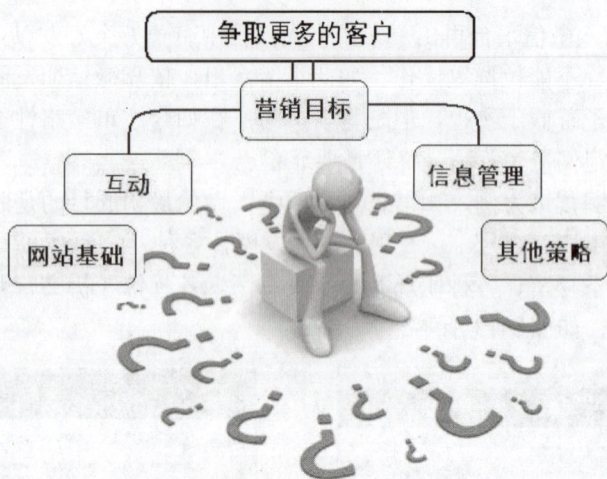

图 5-14　企业营销策略

(2) **必须做好网站建设和网络推广的基础工作。**互联网的出现，突破了时间和地域的限制，企业完全可以通过在线方式来快速传递营销信息。因此，做好企业定位和规划，做好网站建设和网络推广，提高网络营销传递范围和效率，吸引更多的客户线上访问网站，提高网站的流量，将成为网络营销重要的前期工作，也必将吸引更多的线下客户。

(3) **O2O 营销的真谛就是"互动"，这不仅是指线上与线下的互动，同时还包括商家与客户的互动。**访问者浏览企业网站时，如果需要了解更多的信息，便捷免费且更贴近目前用户使用网络习惯的 QQ、旺旺即时通信、网页回拨电话、微信扫描、微博互动等交互设计，将极大地促进访客的咨询积极性，拉近访客与企业的距离，将网站浏览者转变成为真正的客户，这也是企业网络营销的主要手段。

(4) **只有做好客户信息管理，才能更好地做好营销。**大数据时代，商家的一切工作都可以用数据说话，而客户管理则是企业实现持续销售和盈利的一项极为重要的工作。我们要不断地梳理和整合客户信息，做好客户联系管理、线索管理、活动管理和机会挖掘，等等，这些都能有效地提高营销收益。

156

•专家提醒

　　企业只有自己做好网络营销，才能在这个竞争日益激烈的网络市场中赢得一席之地，也才有可能获得更多发展、走向成功的机会。

5.4.2　与用户的在线工具保持一致

前文我们提到，O2O 营销的真谛是"互动"，而互动离不开人，所以无论是传统的短信营销、电话营销，还是新兴的微信微博营销、O2O 营销，都十分关注潜在用户的数量，因为在如今"以人为主"的个性化时代，用户量意味着销售量。那么，商家应该如何获得稳定的客户数量呢？要保证稳定的客户量，重点在于是否与用户使用同样的在线工具，如图 5-15 所示。

图 5-15　主流在线工具

如果商品主要群体是年轻人，那么主要的工具首选微信而非微博，因为根据研究，年龄的差异在微信、微博的用户群体上表现得非常明显。总体而言，微博用户偏成熟，微信的年轻用户比例更高。36 岁以上，尤其是 40 岁以上的微博用户比例大大高于微信用户，35 岁以下的微信用户比例均大于微博用户，尤其是 18 岁以下、19～24 岁的微信用户比例更是远高于微博用户。

如果目标群体是女性，那么可以从"周围的人"入手，因为与男性相比，女性社交更注重与周围朋友的联系和沟通，这在使用社会化媒体中表现得相当突出。35%的微信女性用户和 30%的微博女性用户在使用之前，是从周围的人那里了解到微信和微博。而男性用户对应的比例分别为 30%和 23%左右。此外，35.7%的微信女性用户第一次使用微信的原因是"周围的人在用"，高于男性用户 29.5%的比例。

• 专家提醒

从关注的内容来看，女性社会化媒体用户比较趋于生活化。用户喜爱浏览的微博和微信内容中，娱乐类、旅游类、生活类、教育类更受女性喜爱。新闻、财经、体育、科技、汽车、游戏类内容则是男性用户占主导。

　　并且对于不同的营销工具，男性与女性有不同的功能需求，以时下流行的在线工具微博与微信为例，根据用户的地理位置、兴趣、发布/转发内容推荐商家信息和广告，在微博和微信用户中可接受的比例分列前 3 位，而智能化推荐信息和广告更为女性用户接受。

　　根据工具的使用者不同，我们可以将在线工具分为以下三大类。

　　(1) 厂家(商家)使用的网络营销工具。厂家或商家使用的网络营销工具有商务奇兵、邮件群发软件、网站、网眼、Cookie 等。

　　(2) 顾客使用的网络营销工具。在网络营销时代，由于消费者市场地位的变化，沟通欲望增强，也希望主动搜索市场和产品信息，如价格比较软件等。一般来说，专门供顾客使用的软件比较少。

　　(3) 厂家和顾客都可以使用的网络营销工具。这类软件很多，如微信、QQ、E-mail、论坛、聊天室、博客等。

5.4.3　将内容营销放在主要地位

　　现今，人们的信息来源愈来愈多样化，内容营销的渠道也五花八门，内容营销既可以存在于论坛的回帖中，也可以存在于博客中博主与产品的合影照中，或是视频网站中的教学实况中，甚至存在于 SNS 社区的一次投票或是微型博客的一段链接分享中。内容营销主要包括冠名、植入、定制三个模式，如图 5-16 所示。

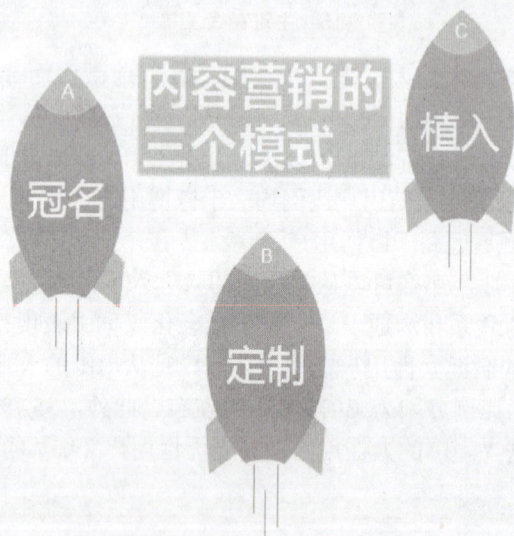

图 5-16　内容营销的三个模式

　　(1) 冠名。"正宗好凉茶，正宗好声音；加多宝现已推出金罐，开启凉茶黄金时代，中国好声音，由金罐加多宝独家冠名播出，怕上火，喝金罐加多宝。充电五分钟，通话两小时，本节目由 OPPO R7 拍照手机特别支持，要旅游，找途牛，下载途牛 App，赢千元旅游券。中国好声音，途牛好旅游，中国好声音学院服装由苏宁易购独家提供。上苏宁易购，让世界为你转身！"主持人华少的这段广告词可谓红遍了大江南北，而这就是一种典型的冠名营销，如图 5-17 所示。

(2) 植入。 传统的植入，现在已经成为影视剧创收的标配，众多快消产品、汽车品牌、金融消费品牌，都频繁出现在综艺节目、热播剧和商业电影中，比如某年春晚，赵本山小品上出现的"国窖 1573"，还有冯小刚导演的《非诚勿扰》中，葛优与舒淇在饭后结账时给服务员递出一张银行卡，特写镜头里呈现出卡面上"招商银行"四个字，就是一种典型而生硬的植入。

图 5-17　内容营销冠名形式

内容营销并不追求如此简单地硬性植入，而是不仅要产品植入，更要融入剧情，变成不可割裂的一部分，例如，《无敌破坏王》中的可口可乐和曼妥思薄荷糖，《变形金刚》中的代表雪佛兰汽车的大黄蜂等，如图 5-18 所示。

(3) 定制。 传统的定制，往往是针对广告主的营销需求进行内容的量体裁衣。新产品发布、高层访谈、活动报道，均属于传统的定制形态。而在内容营销中的定制更注重价值内容的提供，广告主会针对自身的资源进行内容的整合，进而联合媒体进行传播。

例如，三星手机早年的《四夜奇谭》电影，联合利华的《微博达人》等众多自制剧，均是通过广告主整合明星资源、融入产品信息，联合制作公司生产影视作品，进而通过播放版权置换推广权益的方式，与媒体联手进行传播。

广告植入

图 5-18　内容营销植入形式

• 专家提醒

　　内容营销最核心的三要素分别是融入媒体环境、用户自主选择、提供价值内容，这也是其远胜于传统广告的地方。

5.4.4　O2O 营销的前提是服务

　　在 O2O 营销过程中，服务并不能独立存在于营销环节之外，反而是与其息息相关的。以国内领先的企业会员营销平台服务商"卖买提"为例，它的服务对象多是传统连锁企业，"卖买提"帮助他们构建"会员在线交易生态体系"——主要完成线上线下的数据共享和交易联动，通过打通会员系统，协调总部的各项营销策略，引导线上客户到线下实体店进行体验和消费，形成电子商务 O2O 营销新模式，如图 5-19 所示。

　　在"卖买提"的营销模式中，线上服务是消费者在线上来筛选服务、下载电子优惠券或者在线支付购买线下的商品和服务，再到线下去享受服务。而线下服务的价值则主要体现在两个方面：一是可以让客户比预期购买得更多，二是可以把新客户转化为会员，便于二次营销、主动营销、精准营销，如图 5-20 所示。

　　服务作为一种营销组合要素，真正引起人们重视的是 21 世纪 80 年代后期，这时期，由于科学技术的进步和社会生产力的显著提高，产业升级和生产的专业化发展日益加速，一方面使产品的服务含量，即产品的服务密集度日益增大。另一方面，随着劳动生产率的提高，市场转向买方市场，消费者随着收入水平的提高，他们的消费需求也逐渐发生变化，需求层次也相应提高，并向多样化方向拓展。

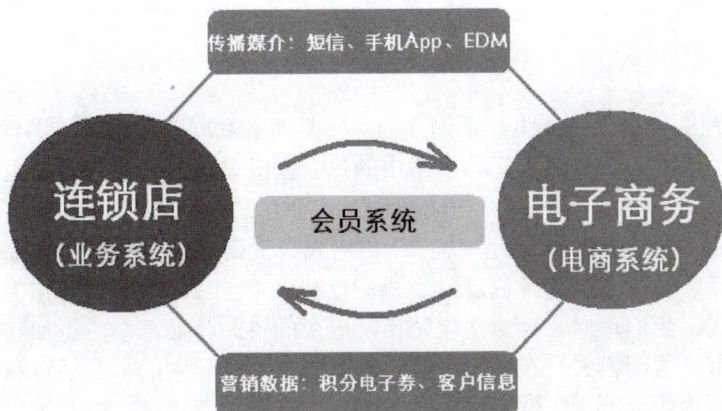

传播媒介：短信、手机App、EDM

连锁店（业务系统）　会员系统　电子商务（电商系统）

营销数据：积分电子券、客户信息

卖买提—会员在线交易生态体系

图 5-19　"卖买提"会员在线交易生态体系

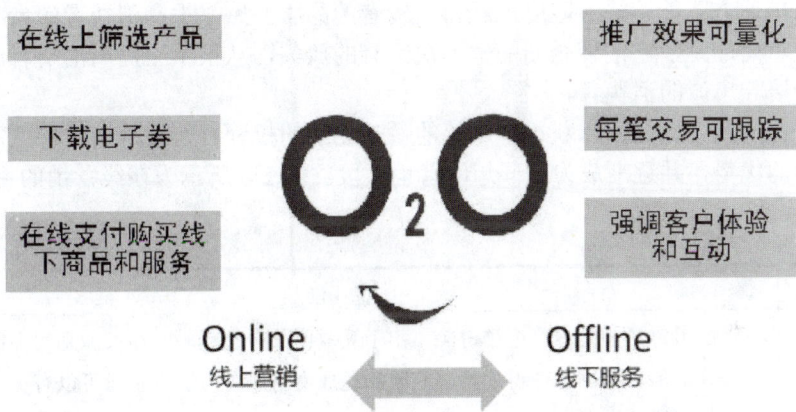

在线上筛选产品

下载电子券

在线支付购买线下商品和服务

推广效果可量化

每笔交易可跟踪

强调客户体验和互动

Online 线上营销　Offline 线下服务

图 5-20　"卖买提"O2O 服务营销

其实简单地看服务营销，它更像是一种口碑营销，因为在服务营销的过程中，"顾客关注"是重要环节之一，服务质量的高低，将决定后续环节的成功与否，影响服务整体方案的效果。尤其是在餐饮行业，服务的质量尤其重要。因为餐饮业本来就是一个传统行业，在如今电商日渐泛滥的时代，产品和服务则成为他们互相竞争的最主要的方面。

•专家提醒

　　相对于其他营销模式，服务营销是一种通过关注顾客，进而提供服务，最终实现有利的交换的营销手段。服务营销是企业在充分认识满足消费者需求的前提下，为充分满足消费者需要在营销过程中所采取的一系列活动。

161

5.4.5 O2O营销的关键是互动

O2O营销的关键就是线上线下的互动，并且随着互联网的发展，"一对多"的传播形态，已经改变为"多对多"。网络中的每个人既是信息的接受者，也是信息的发布者和传播者，甚至是影响者。在线营销的实质已经从"简单"走向"复杂"、从"点击"变成"体验"，传统的单方面"传递式"营销已经不再适应社会潮流。

美国某互联网行业专家曾说过："我们已经厌烦了20世纪那种作为信息的被动接收者的模式，我们正向一种新文化转换，更多的资源将被分享，更加互动。"作为一种常见的市场营销模式，在线营销具有极强的互动性，它的多元触点和独特的社区文化，能满足消费者追求个性表现的需求。在实施在线营销时，企业可以通过多种途径如电子邮件、即时通信、门户、博客、论坛等，在营销的全过程中对消费者进行直接而多维的信息传递和搜集。

而消费者则有机会自然、轻松而有趣味地主动选择参与企业的营销传播。这种双向互动的沟通方式能够最大限度地赢得消费者的品牌好感，提高消费者的参与性和积极性。更重要的是，它能使企业的营销决策有的放矢，从根本上提高消费者的满意度和有利于培养忠诚的消费者。

通过在线营销，各商家获得了平等的参与竞争的权利，在线营销的特点，使得它具有明显的优势，并逐渐成为最理想的营销手段。表5-3所示为在线营销的特点。

表5-3 在线营销的特点

特　点	详　解
跨时空	营销的最终目的是占有市场份额，由于互联网具有超越时间约束和空间限制进行信息交换的能力，因此使得脱离时空限制达成交易成为可能，企业可以有更多时间和更大的空间进行营销，可每周7天，每天24小时随时随地地提供全球性营销服务
多媒体	互联网被设计成可以传输多种媒体的信息，如文字、声音、图像等信息，使得为达成交易进行的信息交换能以多种形式存在和交换，可以充分发挥营销人员的创造性和能动性
交互式	互联网通过展示商品图像，商品信息资料库提供有关的查询，来实现供需互动与双向沟通
个性化	互联网上的促销是一对一的、理性的、消费者主导的、非强迫性的、循序渐进式的，而且是一种低成本与人性化的促销，避免推销员强势推销的干扰，并通过信息提供与交互式交谈，与消费者建立长期良好的关系
成长性	互联网使用者数量快速成长并遍及全球，使用者多属年轻、中产阶级、高教育水准，由于这部分群体购买力强而且具有很强的市场影响力，因此是一项极具开发潜力的市场渠道

续表

特　点	详　解
整合性	互联网上的营销可由商品信息至收款、售后服务一气呵成，因此也是一种全程的营销渠道
超前性	互联网是一种功能最强大的营销工具，它同时兼具渠道、促销、电子交易、互动顾客服务以及市场信息分析与提供的多种功能
高效性	计算机可储存大量的信息，代消费者查询，可传送的信息数量与精确度，远超过其他媒体，并能应市场需求，及时更新产品或调整价格，因此能及时有效地了解并满足顾客的需求
经济性	通过互联网进行信息交换，代替以前的实物交换，一方面可以减少印刷与邮递成本，可以无店面销售，免交租金；节约水电与人工成本，另一方面可以减少由于迂回多次交换带来的损耗
技术性	在线营销是建立在高技术作为支撑的互联网的基础上的，企业实施在线营销必须有一定的技术投入和技术支持，改变传统的组织形态，提升信息管理部门的功能，引进懂营销与计算机技术的复合型人才，未来才能具备市场的竞争优势

5.4.6　与客户建立良好的关系

已经进入买方市场的今天，产品的丰富造成了客户资源成了市场最稀缺的商品，各大企业在抢夺客户资源方面不惜余力。在这种情况下，客户的满意与否早已不局限于产品本身了，企业需要与客户保持良好的客户关系，实现客户对产品满意，乐意与企业成交，并愿意对服务进行分享，简单地说就是要让客户爱上你。

美国小企业顾问 Marla Tabaka 曾提出了五个关于吸引并留住客户的问题，值得现在的商家借鉴，如图 5-21 所示。

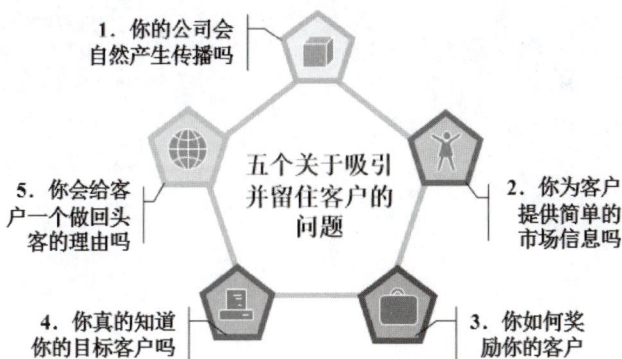

图 5-21　五个关于吸引并留住客户的问题

第6章

抓住市场——大数据精准营销

抓住市场——大数据精准营销

大数据营销概述

大数据营销的概念、机遇、价值

大数据营销思维

大数据移动营销的新变化、大数据移动营销的用户思维

大数据营销技巧

分析用户行为、实现精准营销、了解客户需求、分析对手、改善用户体验、客户分级、市场预测

大数据营销方法

吸引客户的推广方式、从客户突破、"私人定制"服务、健全售后体系

6.1 大数据营销概述

大数据是指一般的软件工具难以捕捉、管理和分析的大容量数据，一般以"太字节"(TB，Terabyte)为单位。大数据之"大"，并不仅仅在于"容量之大"，更大的意义在于：通过对海量数据的交换、整合和分析，发现新的知识，创造新的价值，带来"大知识""大科技""大价值"和"大发展"，逐渐走向创新社会化的新信息时代。

6.1.1 什么是大数据营销

大数据营销从字面上来理解就是用大量的数据合成的营销活动，但其具体的定义也是众说纷纭，在互联网数据中心的报告中，对大数据营销进行了一个简单的描述：大数据营销是一个看起来似乎来历不明的大的动态过程。但是实际上，大数据营销并不是一个新生事物，虽然它确实正在走向主流和引起广泛的注意。大数据营销并不是一个实体，而是一个横跨很多 IT 边界的动态活动。

互联网数据中心对大数据营销的定义比较笼统、模糊，大多人都看不懂。因此，要明白"大数据"的概念，还要从"大数据"的名词本身入手。首先要从"大"入手，那么"大数据"的"大"到底指的哪些方面呢？笔者认为，大数据同过去的海量数据有所区别，其基本特征可以从 4 个方面来总结。

- 数据体量大，大数据一般指在 10TB 规模以上的数据量。
- 数据类别大，数据来自多种数据源，数据种类和格式日渐丰富，已经冲破了以前所限定的结构化数据范畴，囊括了半结构化和非结构化数据。
- 价值密度低，大数据所创造的价值密度明显更低。
- 速度快，有数据显示，在全球范围内，数据量以每年 50%的速度增长，数据增长的速度已经远远超过 IT 设计发展的速度。

其次，从"数据"上分析，大数据是海量的、巨大的，它关乎数据量。简而言之，大数据就是一个体量特别大，数据类别特别大的数据集。也就是说"大数据"本身并不是一种新的技术，也不是一种新的产品，而是我们这个时代出现的一种现象。

综上所述，大数据营销是基于多平台的大量数据，依托大数据技术的基础上，应用于互联网广告行业的营销方式。

6.1.2 大数据营销的机遇

如今，众多企业纷纷进行大数据挖掘，将数据管理变成企业未来 IT 竞争中最为核心的力量，而新一代数据中心的建设自然成为 IT 建设的关键。可见，在行业互联网化的新 IT 时代，在大数据时代的需求下，数据中心的建设已经成为各行业 IT 建设最为关注的一点，大家都期待借此挖掘大数据的商业机遇。

1．大数据的营销价值

通常，企业里面到处都充斥着数据。各行各业的数据量均经历了几何级数量的增长，无论是医疗卫生还是金融，抑或是零售业和制造业。在此类海量数据库中，隐藏着无数商业秘密，也孕育着很多机遇以及潜在的成功。

大数据意味着大商机，这是一个大的、可以说是重中之重的事项。研究结果表明：有一个企业或者组织利用大数据技术，另一个企业却没有利用，未来它们的财务状况会出现明显的不同。

因此，在今天这样一个数字驱动的大环境下，企业必须能够制订出周密的计划并且实施可行的解决方案来管理大数据。

任何有大数据的平台都蕴含着极大的商业价值。比如，腾讯 QQ、微信、淘宝、天猫、新浪微博以及视频用户流量等都是如此。只是企业如何把大数据中的商业价值挖掘出来，并且得以合理的应用却是一个难题，这也是大数据应用的价值所在。

•专家提醒

> 笔者认为，大数据的核心价值理念也是商业价值，探求其中蕴含的商业价值对于任何大数据的应用、分析、整合都是非常必要的。当然，大数据应用和分析的最终目的还是给企业带来更好的收益，技术积累后的优势会在经营中体现出来，这样的结果才是我们需要的。

2．进入 4G 时代的大数据

如果说 3G 时代，中国追赶世界；那么，4G 时代来临后，中国正赶超世界。2013年 12 月 4 日，国家工信部正式向中国电信、中国移动和中国联通发放 4G 牌照，从此开启了中国 4G 网络的商用时代。

随着技术的演进，网速得到大幅提升，各种新应用、新服务随之而来。进入 4G 时代之后，移动互联网产业有了更大的想象空间，在打破了"网速"这个瓶颈之后，新型应用的爆发将指日可待。

4G 将使大数据在采集、传输和应用端发生重大变化。信息过载的压力可能增加，很多数据需要经过处理才能使用，这也催生了大数据产业链上的商机。4G 最大的数据传输速率超过 100Mbit/s，是移动电话数据传输速率的 1 万倍。业界认为，4G 将引发一场大数据革命。

•专家提醒

> 移动网络和大数据是全局零售革命最大的特征。过去的观点是，吸引到店铺来的才是顾客。如今，店铺已经不重要了。由于移动网络的存在，消费者随时可以通过手机或其他移动终端逛商店、下订单，完成购买。

笔者认为，在当今时代，物联网担当了数据采集的作用(触角)，云存储担当了数据归集和存储的角色(仓库)，大数据技术把收集来的大数据进行智能挖掘分析工作(大脑)，而互联网技术(包括 4G、光纤等新技术)则是信息传输交换的通道，是信息时代的"高速公路"。

3．大数据实现价值的新捷径

如今，电子商务、社交媒体、移动互联网、物联网的兴起极大地改变了人们生活与工作的方式，它们给世界带来巨大变化的同时，也让一个大数据时代真正地到来。大数据相对于传统数据的优势，主要体现在数据量庞大、数据类型丰富、数据来源广泛 3 个方面，大数据的这三大特征不仅仅悄然改变着企业 IT 基础架构，也促使用户对数据与商业价值之间关系的再思考。

全球知名咨询机构麦肯锡对于不同行业所产生的数据类型进行分析，认为几乎所有行业正在大量产生非结构化数据。大数据打破了企业传统数据的边界，改变了过去商业智能仅仅依靠企业内部业务数据的局面，其背后蕴含的商业价值不可低估。笔者认为，在大数据时代背景下，企业必须从思维的角度彻底颠覆过去的观点，大数据在未来企业中的角色绝对不是一个支撑者，而是在企业商业决策和商业价值的决策中扮演着重要的角色。

·专家提醒

就像互联网通过给计算机添加通信功能而改变了世界，大数据也将改变我们生活中最重要的方面，因为它为我们的生活创造了前所未有的可量化的维度。大数据已经成为新发明和新服务的源泉，而更多的改变正在蓄势待发。

4．大数据的营销机会

随着技术的发展，世界已进入大数据时代，而数据背后潜藏着巨大的商业机会。比如，一分钟内，Flicker 上会有 3125 张照片上传；Facebook 上会有新发布的 70 万条信息；YouTube 会有 200 万次观赏。

笔者认为，企业要想挖掘大数据的营销机会，一方面，不能将大数据固守在自己的领域里面，要与企业中其他的数据管理、信息分析结合起来；另一方面，在大数据的部署过程中会采用很多种的技术；最后，大数据需要共同协作和分享来降低成本和风险。

例如，可以运用大数据技术中的 App 获取和分析用户的消费习惯、兴趣爱好、关系网络以及整个移动互联网的趋势、潮流。另外，不但社会化媒体基础上的大数据挖掘和分析将会衍生很多应用，而且基于数据分析的营销咨询服务也正在兴起。

·专家提醒

> 不久的将来，数据可能成为最大的交易商品。但数据量大并不能算是大数据，大数据的特征是数据量大、数据种类多、非标准化数据的价值最大化。因此，大数据的价值是通过数据共享、交叉复用后获取最大的数据价值。因此，在笔者看来，未来大数据将会如基础设施一样，有数据提供方、管理者、监管者，数据的交叉复用将大数据变成一大产业。

5. 大数据在企业中的优势

如今，数据分析模式正在发生大的转变，这一点也会为企业带来了真正的机会。大数据平台让所有企业能够通过这种模式转变所提供的洞察力优势，来获得显著的竞争优势。

例如，"今日头条"App 并不是单纯地依靠用户自己选择的内容来获取用户感兴趣的新闻分类，而是在用户使用的过程中，一次次对用户行为进行分析甄别，如图 6-1 所示。用户每一次的阅读和选择，都会成为一个独立的数据库，用户点击的新闻内容会被分析。从来没有看过体育新闻的用户却点击过数条"贝克汉姆"的新闻内容，说明这个用户感兴趣的不是体育，而是"贝克汉姆"本人，因此，下次有"贝克汉姆"的消息时，用户便不会错过。而同样的道理，不管你是否对某一方面的内容感兴趣，"今日头条"App 都能感知到你的喜好，甚至比你更了解你是否会喜欢这样的一条内容，这就是"今日头条"用大数据获取的信息优势。

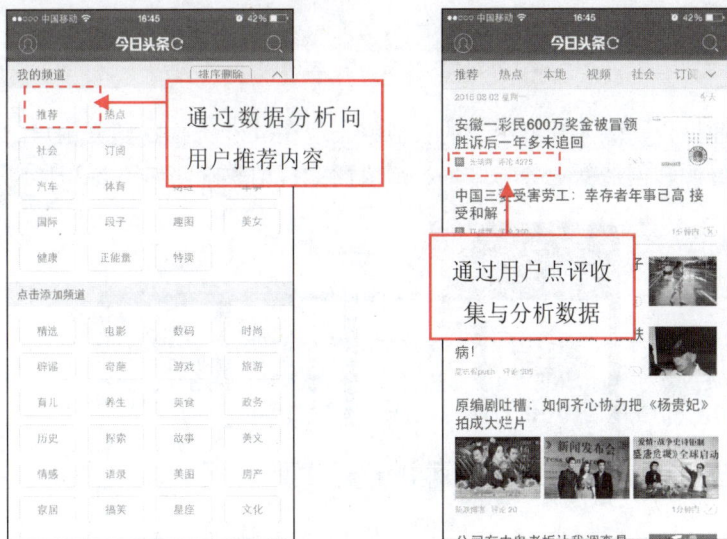

图 6-1　"今日头条"App 界面

6. 大数据的进一步潜力

大数据并不是新的概念，在移动互联网发展起来以后，数据增长速度加快，整个产业压力突出，传统数据库技术已无法满足运营商的需求，因此大数据成为近年来的热点。

大数据技术主要是对技术的综合运用和对数据的深度挖掘。尤其是对于运营商来说，大数据带来的机遇大于挑战。运营商有自己的网络，积累了大量非常有价值的数据，可以进行客户分析。利用网络收集数据，对运营商运营方式的改变是很好的机会。

例如，电信运营商不仅可以利用自身在运营网络平台的优势，更可以突破传统模式，发展大数据分析服务、移动营销等高端大数据业务。随着大数据的技术成熟和应用的推广，运营商将可以围绕数据标准化、精准营销、优化用户服务体验、提高业务效率等 4 个方面来强化大数据的应用，提高运营商在企业和个人用户中的影响力。

6.1.3 大数据的营销价值

数据源的丰富为我们打开了更多的机会之门，企业可以在海量的信息中找到如何更精确地进行产品推广方法；也可以分析千万个智能电表数据来预测能耗并进行节能举措；还可以从业务表现信息中发掘销售失败的原因以及增加利润的空间。

· 专 家 提 醒

> 基于大数据的 App 应用可以都助人们不再追求精妙的算法，而是以过去所有的数据为基础来准确推断和判断未来可能发生的结果。因此，企业如果能够通过技术的进步，不断释放大数据的潜在力量，将会成为未来数字时代中最大的赢家。

对于企业来说，深入理解用户的获益将表现在 4 个方面：建立用户的忠诚度、开发新的客户资源、创造新业务与服务、形成商业营销模式，如图 6-2 所示。

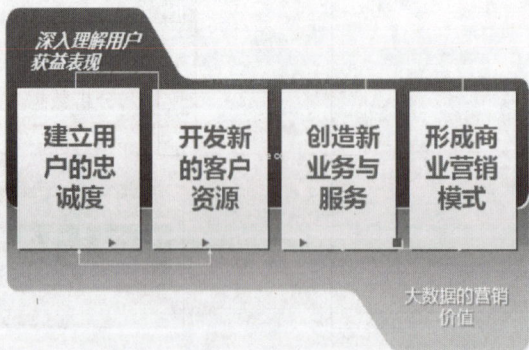

深入理解用户获益表现

| 建立用户的忠诚度 | 开发新的客户资源 | 创造新业务与服务 | 形成商业营销模式 |

大数据的营销价值

图 6-2　深入理解用户的获益表现

1. 建立用户的忠诚度

在分析大数据的价值之前，先来看这样一个案例。星巴克推出的"大数据咖啡杯"就是个例子。美国媒体报道，这家咖啡连锁巨头打算试验在一些咖啡杯中装上传感器，收集常客喝咖啡速度等数据，从而为喝咖啡较慢的顾客提供保温效果好的杯子，提高其满意度和忠诚度。

利用先进的统计方法，商家可以通过用户的购买历史记录分析来建立模型，预测未来的购买行为，进而设计促销活动和个性服务以避免用户流失到其他竞争对手那边。

在实际的市场策略中，新增用户的获取往往比对存量用户价值挖掘更能获得市场人员的青睐，然而，"2/8 定律"很好地告诉我们：一家公司，80%的利润实际上是来自于 20%的现存客户。通过分析现存客户的购买行为习惯，聪明的商家可以将他们的市场推广投入、供应链投入和促销投入回报最大化。

•专家提醒

App 的形式多种多样，可以针对不同群体设计不同的 App 广告形式，精准性更强，能使广告效益实现裂变式增长。而 App 的普及，更能把用户偏好与广告精准投放紧密地结合起来。

2. 开发新的客户资源

企业不仅可以用数据来挖掘存量用户的价值，还可以通过数据来更高效地获得新用户。"数据"对于寻找新用户来说无疑打开了一扇新的机会之门，而大数据技术正革命性地改变着数字世界中市场推广的游戏规则。

(1) 社交网络信息挖掘。通过社交网络信息的挖掘，可以让聪明企业取得共赢的结果。如银行和航空公司可以从用户的微博信息中，发现他们是否正在考虑换银行或订机票的需求。

(2) 实时竞拍数字广告。通过了解用户在手机上的搜索、浏览等行为，移动广告平台可以为广告主提供最有可能对其商品感兴趣的用户群，从而进行精准营销；更长期的趋势是，将广告投放给最有可能购买的用户群。这样的做法对于广告主来说，可以获得更高的转换率，而对于发布广告的网站来说，也提高了广告位的价值。

随着全球定位系统 GPS、个人 GPS 设备、手机定位功能的出现，时间和位置的信息一直在增加，如图 6-3 所示，用户使用智能手机查看地图时，也能查看到自己的位置。许多公司已经开始意识到掌握客户的时间与位置数据的威力，它们开始尝试从客户那里收集这类信息。

从收集个人、资产的时间和位置数据开始，企业可以快速地进入大数据领域。不过，时间和位置数据是对隐私最敏感的一类大数据，其中甚至还存在道德和伦理问题，但从好的方面想，它们被合理使用的可能性同样也会很高。

图 6-3　地图 App 的定位功能

例如，某消费者要在 17:30 分离开办公室，大约在 18:00 到达商业街并要找地方吃饭，他想了解你的商店或餐馆什么时间有什么食物。你需要在相应的时间和地点提供匹配他的需求的可口饭菜，而第二天早上才通过电子邮件告诉他相关的信息显然太晚了，你必须在他到达商业街时主动推送相关信息。

营销领域渐渐显露出来的一个趋势是，只对刚好处在某个时间段和某个地点的客户有针对性地推送通知信息。与根据大范围的时间和地点发送的通知相比，这种通知的效果更好，针对性更强。

另外，增强型社交网络(如婚介公司)也可以使用此类数据。无线运营公司可以根据语音和文本交流信息识别出用户间的关系，借助时间和位置数据可以识别出哪些人在同一时间出现在了同一个地方。如果能识别出哪些人大约在同一时间同一地点出现，就能识别出彼此不认识、但有共同爱好的群体。

· 专家提醒

在未来几年，由于智能手机的普及，时间和位置数据的应用会经历爆炸性的增长，面向消费者的选择流程和激励措施终将成熟，使用时间和位置数据的消息通知将会更有针对性、更加个性化。

3. 创造新业务与服务

数据不仅仅对于优化现有的业务有着巨大的经济价值，它同时也为新业务的发掘打开了机会之门。不论是优化现存的业务，还是发掘新兴业务模式，大数据和新的数据技术史无前例地为企业打开了机会之门：可以个性化地服务好每一个客户。

• 专家提醒

在 21 世纪，每一个业务都在产生大量的数据，每一处都可以看到数据为我们带来的巨大价值，每一个企业都应该从现在开始为服务好自己的每一个客户进行充分的准备。市场中胜出的佼佼者与垂头丧气的失败者之间的区别，就在于它是否能够从大数据中发掘机会。

4. 形成商业营销模式

根据数据资产的盈利方式和经营策略，一共形成了 6 种商业营销模式。

(1) 租售数据模式。就是售卖或者出租广泛收集、精心过滤、时效性强的数据。按照销售对象的不同，又分为两种类型：一是作为客户增值服务，譬如销售导航仪的公司，同时为客户提供即时交通信息服务；二是把客户数据有偿提供给第三方，典型的如证券交易所，把股票交易行情数据授权给一些做行情软件的公司。

(2) 租售信息模式。信息指的是经过加工处理，承载一定行业特征的数据集合。一般聚焦于某个行业，广泛收集相关数据，深度整合萃取信息，以庞大的数据中心加上专用传播渠道也可成为一方霸主。

(3) 数字媒体模式。这种模式最性感，因为全球广告市场空间是 5000 亿美元，具备培育千亿级公司的土壤和成长空间。这类公司的核心资源是获得实时、海量、有效的数据，立身之本是大数据分析技术，盈利来源多是精准营销和信息聚合服务。

(4) 数据使能模式。这类业务令人着迷之处在于，如果没有大量的数据，缺乏有效的数据分析技术，这些公司的业务难以开展。如阿里金融为代表的小额信贷公司，通过在线分析小微企业的交易数据、财务数据，可以计算出应提供多少贷款、多长时间可以收回等关键问题，把坏账风险降到最低。

(5) 数据空间运营模式。从历史上来看，传统的 IDC 就是这种模式，互联网巨头都在提供此类服务，但近期网盘势头强劲。从大数据角度来看，各家纷纷嗅到大数据的商机，开始抢占个人、企业的数据资源，海外的 Dropbox、国内的微盘都是此类公司的代表。这类公司的发展空间在于可以成长为数据聚合平台，盈利模式将趋于多元化。

(6) 大数据技术提供商。从数据量上来看，非结构化数据是结构化数据的 5 倍以上，任何种类的非结构化数据处理都可以重现现有结构化数据的辉煌。语音数据处理领域、视频数据处理领域、语义识别领域、图像数据处理领域都可能出现大型的高速成长的公司。

6.2　大数据的营销技巧

对企业而言，大数据营销意味着大商机，一个运用了大数据营销做网络营销的企业和运用普通网络营销方法的企业相比之下要更胜一筹。而对于刚接触大数据营销的企业来说，应该掌握怎样的技巧，才能融入大数据营销中呢？下面笔者为大家介绍这部分内容。

6.2.1　分析用户行为

企业想要谋取盈利，关键在于顾客，在普通的营销中以"顾客就是上帝"为核心，在大数据营销商业时代，分析用户行为也成为必要的手段。

1. 分析时间维度

从时间的维度来看，理学大师菲利普·科特勒有一个理论，用户的行为轨迹包括：产生需求、商业信息收集、方案比选、购买决策、购后行为 5 个阶段(见图 6-4)，其中购后行为包括使用习惯、使用体验、满意度、忠诚度等。

2. 分析空间维度

用户的空间维度就是用户购买行为的要素，例如我们要全面描述用户在购买阶段的行为，通常从 5W2H 来分析：Who(购买的人物)、When(购买的时间)、Where(购买的地点)、What(买什么)、Why(购买的原因)、How much(买多少)、how(如何购买)，如图 6-5 所示。

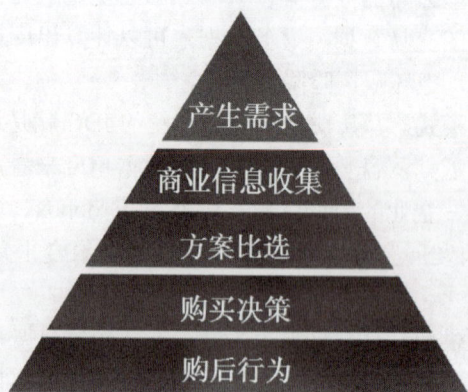

图 6-4　用户的行为轨迹

大数据营销通过空间维度和时间维度要素的结合，形成了用户行为分析的研究体系，这个体系细化了用户行为的研究内容，基于这些内容，相当于就有了用户调查问卷的一些基本的问题。

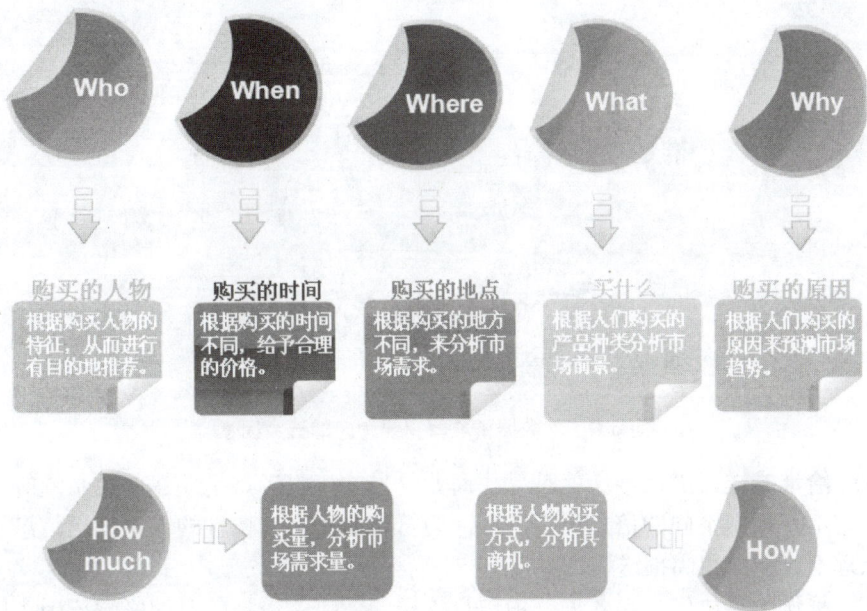

图 6-5　购买的行为要素

用户的行为特征是实现大数据营销商业价值的根本。因为通过用户的行为特征，基本上可以为某一类用户定性，这不仅仅是为了自身获取最大的商业利益，更重要的是要考虑到用户的实际情况，客户选择某一项消费，信任占很大一部分，信任的建立很困难，需要很长的时间，但信任的失去也许只是一瞬间，一个不小心的安全漏洞，就可能摧毁和用户之前长时间建立的信任关系。所以分析用户的行为特征不能只为自身考虑，用户的切身环境也要考虑到。

6.2.2　实现精准营销

在大数据时代，精准营销有着最大的商业用途。如果企业拥有大数据营销体系，将会使企业更加快速地掌握潜在用户，实现精准营销。例如，通过分析客户的信用卡的消费记录，就可以获知客户的消费水平、消费时间、消费地点等信息，从而为商家提供精准的短信广告。

精准营销信息推送要考虑的因素有很多，大致分为五大类：给谁推送、推送的效果如何、谁来推送、推送哪些信息、通过什么推送等都是需要解决的问题，如图 6-6 所示。

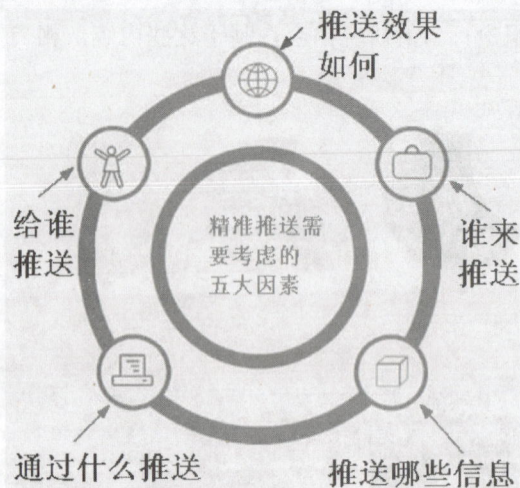

图 6-6　大数据精准营销要考虑的五大因素

(1) 给谁推送。给谁推送就是寻找商业信息的接收者，是要建立在系统的信息分类基础之上，根据不同的信息类别属性，向符合这个类别属性的人群推送信息，就像商家永远不可能向和尚推送梳子一样。

(2) 推送效果如何。大数据营销信息推送的效果，包括信息的影响范围、用户的口碑等。对信息精准、智能推送的效果衡量，就商家而言在于信息的影响力以及为商家带来的利益如何，就大众而言在于大众对此信息的口碑如何，就个人而言在于是否习惯这样的信息接收方式。

(3) 谁来推送。谁来推送就是利用合适的商业信息载体进行信息的传达。例如再大的新闻，倘若没有传统媒体、网络转载等信息载体的介入，是无法形成持久宽广的传播影响的。由此，信息载体的可靠性、真实性，将成为衡量信息质量与受欢迎程度的最重要指标。

(4) 通过什么推送。通过什么推送就是选择合适的信息格式与信息的表达方式，有效传达信息内容，例如常用的有印刷物、文字、图片、视频等。根据不同的终端要求，运用不同的方式将信息呈现。

(5) 推送哪些信息。推送的商业信息种类要根据所获取的信息源为依据，通过对获取的信息进行分类，从而精准地为某一类信息进行推送。

- 领域的分类，例如医疗、金融、零售等领域，根据不同的领域，推送符合这个领域的信息。
- 关键词推送，是通过搜索改变以往的推送方式，由传统信息数据源才能制定的分类，变成了每个人都可以来设定的关键词。
- 从需求程度上，可以分为一级、二级、三级分类等，通过需求的不同，推送的方式和力度也不同。

• 专 家 提 醒

　　大数据精准营销信息推送必须要注意一点就是什么时候推送。一个在荒岛中即将要饿死的人，你向他推送再优惠的黄金，他也会无动于衷；如果向他推送再昂贵的面包，他也会毫不犹豫地买。由此可见，企业为了发挥精准推送的最佳效果，掌握一个合适的时间，是非常重要的。

6.2.3　了解潜在客户的需求

　　在大数据营销中投用户所好是任何品牌市场竞争战的必备条件，企业的产品生产前必定要做一个市场调查，以此来判断该产品的市场需求，以及企业可以获得的利润等信息。

　　企业要在产品生产之前了解潜在用户的主要特征，以及他们对产品的期待，那么企业的产品生产便可投其所好。例如，现在的电影在公映之前都会在网上公布电影的预告片，电影公司通过预告片的市场反响，包括电影适合的观影者的年龄层，来确定下一步的宣传策略，如《小时代》在预告片投放后，即从微博上通过大数据营销分析得知其电影的主要观众群为 90 后女性，因此后续的营销活动则主要针对这些人群展开，如图 6-7 所示。

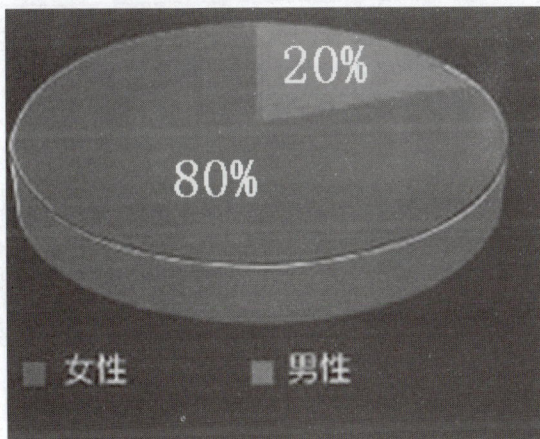

图 6-7　电影《小时代》用户数据

　　当处于市场领先者时，更要时刻了解市场、监控市场变化。因为当企业处于商业金字塔顶端的时候，自己就成了众多竞争对手的目标，而自身已经找不到合适的目标学习，进行提高，所以只有推陈出新，使自己永远都是竞争对手的目标，才能不给竞争对手任何机会，占领市场。

总之，企业想要做好大数据营销，必要的任务就是要引导产品及营销活动投其所好，使之所爱。

6.2.4　通过大数据分析竞争对手

在大数据营销竞争中，一定要做到"知己知彼，百战不殆"。企业在把产品公布之前，是不会让竞争对手知道产品的功能和制作方法等信息的，这些就像商业机密一样，其他企业想要获取是很困难的。

但在大数据的时代，即使对方不会告诉自己，企业也可以通过大数据营销的监测分析得知对手的经营状态，根据对手的经营状态，进行商业调整，占领整个市场，甚至是击败对手。

品牌的传播亦可通过大数据分析找准方向。现在很多企业都在利用大数据进行传播趋势分析、内容特征分析、口碑品类分析、产品属性分布等，还可以通过对竞争对手的检测与分析，借鉴方法，从而用作企业营销运作的参考。

6.2.5　大数据帮助企业筛选客户

一般企业所面对的客户群是非常庞大的，这些客户群中的每一个人虽然都是自己商品所对应的客户，但是论消费能力、购买能力等都有很大的区别。

例如，白酒有着广大的客户群，有的客户一周一瓶，有的可能是一天一瓶；有的人喝的是茅台，而又有的人喝的是劲酒。因此在这些消费水平参差不齐的客户面前，客户的筛选就是让企业找到对大数据营销最有利的那一部分客户。

从市场和企业自身的角度来看，企业可以利用以下四大因素来筛选客户，如图6-8所示。

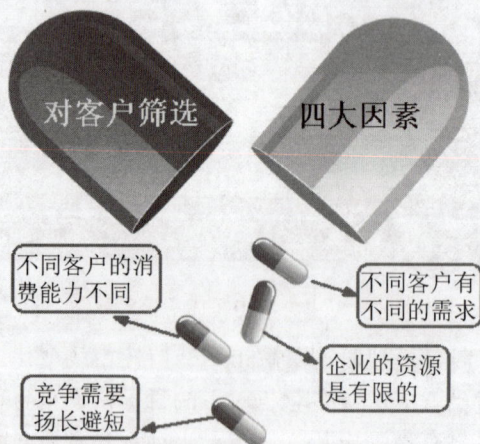

图 6-8　对客户筛选的四大因素

(1) 不同客户有不同的需求。 大数据营销在市场多元化环境下，企业中每个客户都有各自的需求，需求的个性化决定了每个客户会购买不同的商品。例如，有人在热天喜欢喝加多宝，所以加多宝的销量一直很好，但是只要有相当一部分客户喜欢喝可乐，那么这些客户就是可乐企业的忠实客户，也是生产可乐企业的市场。

(2) 企业的资源是有限的。 由于企业的资源有限，所以筛选客户就是很重要的环节，企业需要找出与自己资源匹配最高的客户资源，才能把大数据营销做成功。企业不可能完全做到，想做什么行业就做什么行业，如生产电动车的企业想要开始生产汽车，无论是从资金还是从技术上都是一大难题，而当企业在电动车领域已经占据了重要的市场份额，再去涉足汽车产业又有什么意思呢？

• 专家提醒

> 企业不可能负荷这么多的东西，这会把企业压垮的，既然已经有一门出类拔萃的领域，就应该专攻下去，或者挖掘与之相关的产品，那样才能有效地运用好企业的有限资源。

(3) 不同客户的消费能力不同。 在需求相同的情况下，消费能力通常决定客户的购买能力，有的客户每出一款苹果手机就会立即购买，而有些客户直到手机用坏了才会想到换手机。所以不同人的消费能力的高低，决定了企业要筛选出从中获利最多的大客户，这是每一个企业都不会放过的。

(4) 竞争需要扬长避短。 每个企业都有各自的长处，如果想通过自己不熟悉的产业去碰撞其他有着上百年发展的公司产业，那无疑是以卵击石，例如，某一公司是一百多年的高档汽车制造商，一个刚成立十几年的汽车制造商也想要生产高档车与其竞争，可能不太现实。那么为了生存的需要，就必须要筛选出其他企业还没有影响到或者影响不是很深的产业，这些产业中才有可能是自己最重要的目标客户。

6.2.6 通过大数据营销改善用户体验

企业想要改善用户体验，就必须先要真正了解用户及其产品使用情况，而这些情况都可以通过大数据获悉，在大数据营销中能帮助企业了解产品售后信息，并在产品出问题时，为用户做适时的提醒。

改善用户体验其实就是方便用户使用，如今有很多改善用户体验、方便用户创新的成功案例。

1. 螺旋葡萄酒软木塞

在现今的葡萄酒市场上，用螺旋盖封装的葡萄酒越来越多，如图 6-9 所示。

对于服务者以及顾客来说，螺旋瓶塞的酒瓶在餐桌上很容易开启。新西兰和澳大

利亚等国的葡萄酒行业已经进入螺旋塞时代，很多酒商把螺旋塞应用在了他们整个的
生产线上。

图 6-9　螺旋葡萄酒软木塞

2. 自拍杆

自拍杆是受大众青睐的自拍神器，它能够在 20 厘米到 120 厘米的长度间任意伸
缩，使用者只需将手机或者傻瓜相机固定在伸缩杆上，通过遥控器就能实现多角度自
拍，如图 6-10 所示。

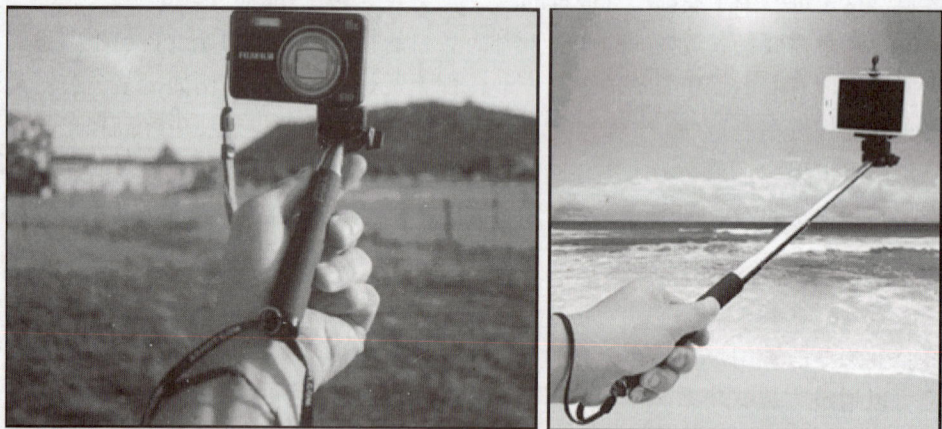

图 6-10　自拍杆

3. 符合人体工学设计的枕头

这种枕头依照人体解剖学颈椎 40 度的仰角设计，能有效支撑颈部，避免了传统
枕头不科学的曲度，减少了颈椎的不适，如图 6-11 所示。

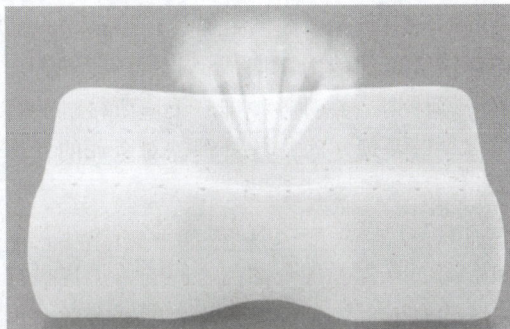

图 6-11　符合人体工学设计的枕头

6.2.7　客户分级管理是大数据营销的前提

企业运用大数据营销的过程中，客户分级管理在一定程度上能增强客户对企业的依赖性，尤其是对于新用户，为了获得更多的权限与优惠，可能就会光顾这一种商品，随着时间的推移，新用户就会形成一种新的消费习惯，适应这个企业商业模式。

所谓客户分级管理，就是根据客户对于企业的贡献率等各个指标进行多角度衡量与分级，最终按一定的比例进行加权。

许多企业都通过对粉丝的公开内容和互动记录分析，将粉丝转化为潜在用户，激活社会化资产的价值。大数据可以通过分析粉丝的互动内容，准确设定消费者画像。

客户分级管理的作用主要有三点，如图 6-12 所示。

图 6-12　客户分级管理的作用

(1)　提升企业客户的服务水平。提升企业客户的服务水平是众多企业实施企业客户管理系统的一个主要目标。系统地整合和记录企业各个部门所接触的客户资料，并进行统一管理。通过对这些客户信息的分析，深入了解客户的需要，发现企业的重要客户，企业才能运用大数据营销向客户提供更加具有针对性、更加专业化的服务。

(2)　增强企业市场营销管理的能力。增强企业市场营销管理的能力可以帮助企业制订合适的大数据营销市场计划，并对各种推广渠道所接触的客户进行记录、分类和辨识，加强企业对潜在客户以及现实客户的管理，对企业的各项营销活动效果进行评价和评估。

当前企业大数据营销的客户管理解决方案，很多游离在各个独立的部门之间，并没有实现各个部门之间资源的整合，各个部门之间的协调也显得欠缺，所以在很大程度上影响了客户管理系统的发展。为了使业务流程能够有效地重组，就必须实现从职能管理到面向业务流程管理的转变，使整体流程得以优化。

(3)　提高企业的销售收入。提高企业大数据营销中的销售收入是诸多实施客户管理系统的一个重要目标，销售自动化又是企业客户管理系统不可分割的一部分，销售自动化是通过相关通信设备、网络设施以及相应的管理软件，进行商业信息资源的分析，从而得到销售记录的实时信息并利用该信息为企业带来更高的价值。

6.2.8　大数据营销需要市场预测与决策分析支持

大数据营销的分析与预测对于企业家洞察新市场与把握经济走向都是极大的支持。企业要知道"先知"一样的神奇，提早发现，提早预防，这样在市场运作中，才能屹立不倒。

1. 啤酒与尿布

沃尔玛超市利用带宝宝的爸爸喜欢喝啤酒的特点，在放置宝宝的尿布的货柜旁放置啤酒的货柜，从而实现了在尿布销售量增多的同时啤酒的销售量也随之递增，如图 6-13 所示。

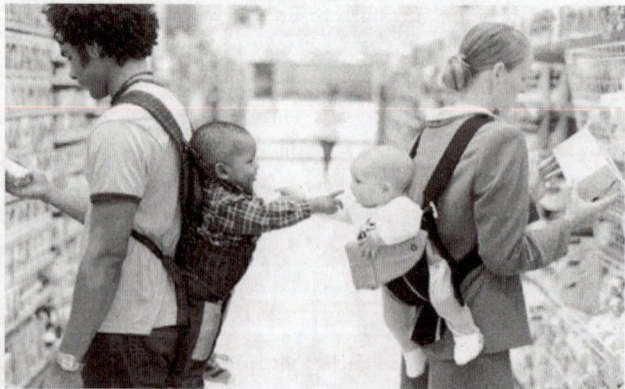

图 6-13　沃尔玛"啤酒与尿布"

2. 360 手机卫士解决电话骚扰

困扰了 iPhone 手机用户几年的骚扰电话问题，终于在 360 手机卫士上得到了解决，360 手机卫士通过对海量数据的运算和精准匹配，将一组大小仅为 10KB 的数据即 1000 个骚扰号码同步到用户手机上，打造个性化的骚扰号码数据库，向非越狱的 iPhone 手机用户提供骚扰电话识别功能，如图 6-14 所示。

图 6-14　360 手机卫士解决电话骚扰

大数据时代的数据规模大及类型多，对数据分析与数据挖掘提出了新要求，只有更全面、更及时的大数据，才能为市场预测、决策分析以及进一步的发展提供更好的支撑。

6.3　大数据移动营销思维

不管是黑猫还是白猫，能捉到老鼠就是好猫。网络营销也是如此，大数据也好，移动互联网也好，掌握其核心思维，除了创新，最重要的就是营销，只有带来好的营销效果的互联网思维才是好的移动思维。当拥有大数据思维和移动互联网思维后，该如何做才能产生想要的营销效果呢？这里就需要了解一下，大数据时代中在移动互联网营销的各个方面思维的变化。

6.3.1　大数据移动营销的新变化

过去 20 年，PC 互联网时代，那些锐意转型、积极投资创新活动、管理良好、认真倾听顾客意见的企业，仍然丧失了市场主导地位。因为他们没有建立互联网思维。

如今，以企业为中心的、满足所有消费者需求的移动互联网精准营销正在改变着营销环境，如图6-10所示。

1. 大数据时代的移动思维变化

大数据时代将是一场关于生活、工作与思维的大变革。作为数字营销者，思维的准备应该永远先于技能，需要用一双大数据的眼睛去看待世界。大数据下移动思维在给营销带来改变的同时，也促进着营销思维的改变，如图6-15所示。

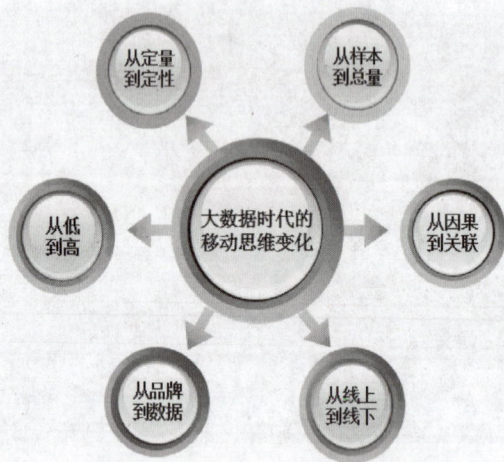

图 6-15　大数据时代的移动思维变化

(1) 从因果到关联。 大数据时代之前，营销分析更注重"为什么"，寻求营销行为和销售结果之间的因果关系；大数据时代之后，企业只需要知道"是什么"，了解营销与效果之间的关联。知道"是什么"足以创造点击率。

(2) 从线上到线下。 大数据时代之前，企业认为互联网类的线上企业更需要、也更便于大数据营销；大数据时代之后，大数据营销思路势必贯穿线下，那些线下积累了庞大数据资源的集团或者企业很可能借助大数据出现井喷式的增长，或者关键的转型。

(3) 从品牌到数据。 大数据时代之前，营销者普遍认为品牌是公司的核心资产，营销工作的价值在于提升品牌价值，使产品可以溢价出售；大数据时代之后，数据本身变成了更有价值的资产、重要的经济投入和新型商业模式的基石，营销的主要目的是为了准确的定义数据、收集数据，并发掘数据潜在的巨大价值。

(4) 从低到高。 大数据时代之前，数据竞争壁垒尚未形成，新兴企业在营销领域还有机会出奇制胜；大数据时代之后，某些依赖大数据的行业竞争壁垒形成。新建起的企业因为不具备数据优势，难以撼动已有企业的地位，也很难与竞争对手抗衡，因为领先公司已经拥有了海量的客户交互数据，能据此提供更优质的服务，使用户形成依赖。

(5) 从定量到定性。 大数据时代之前，做市场分析，企业相信存在部分不可量化的关键因素，例如，消费关联、品牌偏好、用户情绪等；大数据时代之后，一切皆可量化，数据能反映越来越多的微妙的指标，每个个体都能以数据化的形式被记录和分析。

(6) 从样本到总量。 大数据时代之前，营销调研的习惯方式是选取有限样本用户，用统计方法得出相关结论，样本的取样决定了调研结果是否合理是否准确；大数据时代之后，从数据统计到分析的样本，任何一个用户的数据都有价值。即便是模糊、残缺甚至错误的数据，也具备价值。海量的数据将真实反映全貌。

• 专 家 提 醒

大数据时代对商业模式的冲击，将直接改变营销的思考方法、策略制定和衡量标准。用移动数据思维传递给用户最适合的解决方案，以此创造价值。而大数据时代的来临，恰恰能帮助我们逼近营销目标的完美实现。

所以，营销的大数据思维，也是"向数据中求答案"。以往，数据是营销的工具和尺子；未来，数据是营销的起点和终点。

2. 移动思维给营销带来的变化

移动思维给营销带来的变化如图 6-16 所示。

图 6-16　移动思维给营销带来的变化

(1) 营销入口多样化。 传统互联网时代，大家都在谈论百度、阿里巴巴、腾讯三大巨头，他们一个占据着大众搜索入口、一个占据着交易搜索入口，另一个则是社交搜索入口。三者创造的巨大市场份额成了"入口"的大部分。随着手机客户终端应用的不断开发,"入口"变得不再那么简单唯一。连"搜索"如此重要的功能,都已经渐渐被各类应用所占用。比如,女生搜衣服会直接看美丽说,看热门新闻就看微博,要团购就看美团等。海量的应用出现,变得更专业,更具针对性,专业性搜索已经取代了百度的搜索入口。

(2) 创造个人的App。既然App渐渐成为移动入口,可以带来海量的用户,当然这将成为一种趋势。应用的多样与专业化,导致的弊端也就是人们越来越不喜欢下载App,一段时间没有打开的App很快就会被无情地卸载掉。应用趋势是越用越精,用户不再会轻易下一个新的App在手机里占据空间及流量。

• 专 家 提 醒

> 我们可以从两个方向来解决这个问题:一个是继续深挖用户绝对不会卸载的App,比如社交媒体(微信、微博、QQ)、视频、音乐等;另一个就是创造属于自己的轻 App 了,轻 App 是目前来说比较流行的趋势。它不需要用户点击下载占用内存,片刻就可以获得丰富的数据、视频、音乐、互动一个都不会少。

(3) 移动技术辅助营销。苹果手机的出现让人们信息传播更具效率、体验更好,所以它的成功也体现了未来营销一个很好的趋势——智能化。颠覆传统媒体的模式很多,善用科技的力量是让自己在移动端获胜的关键之一。

随着移动化的思维不断膨胀,移动技术也逐渐应用到我们生活中的各个角落。例如,AR技术、智能穿戴设备、感应装置,这些都能成就用户与商家在移动终端上的精彩互动。就连我们万万没有想到的手表如今也已经实现了智能化,例如,苹果公司于2014年9月公布的一款智能手表(Apple Watch),就是在移动思维的浪潮之下创新开发的新科技,如图6-17所示。

图 6-17 Apple Watch

从智能化来看整个移动终端的发展趋势，手机早已不只是通信工具，而是发展成为一个生活综合平台，融入了交流沟通、信息获取、商务交易、网络娱乐等各类互联网服务。各种移动终端已经成为生活的一部分。未来，了解手机就是了解这个世界，抢占移动入口将成为移动互联网营销中最重要的环节。

6.3.2　大数据移动营销的用户思维

移动思维最重要的，就是用户思维，即在价值链各个环节中都要"以用户为中心"去考虑问题。从整个价值链的各个环节，建立起"以用户为中心"的企业文化，只有深度理解用户才能生存。

移动用户思维要遵循三个法则。

(1)　得用户者得天下。 成功的互联网产品都抓住了"草根一族"的需求。

(2)　兜售参与感。 按需定制和在用户的参与中去优化产品。

(3)　体验至上。 用户体验从细节开始，让用户有所感知，并超出用户预期，带来惊喜。

移动互联网唯快不破的节奏，打乱了原有商业演变的逻辑，使得商业的参与方不得不面临着前所未有的变革，加速适应时代的变化，在大数据时代下，企业需要了解用户的思维。一提到用户思维，很多人立马联想到互联网或移动互联网思维。的确，在互联网思维中，针对用户方面强调的就是以用户为中心，通过免费、甚至补贴等方式有效地满足用户的各种需求。但是，大数据时代下的用户思维并不全部等同于互联网思维下的"用户为中心"。

那么，移动大数据时代下的用户思维究竟是怎样的思维呢？和移动互联网思维有什么区别呢？

上面讲了，大数据时代下的用户思维包含了互联网"以用户为中心"，但是其所强调的不是用户的获取方式，而是用户的挖掘方式，借助大数据的技术手段和分析工具，更深度地了解用户，进而形成用户的全面、详细、精准的认知，从而对用户进行精准营销或者获取。也就是说大数据时代下的用户思维让互联网思维下的以用户为中心更为精准。

随着移动互联网时代的来临，"以用户为中心"的显示已经不得不面对，传统零售商必须要做改变，于是在 IT 和互联网技术的发展推动下，大数据下的用户思维便成为符合传统零售商需求的一种"互联网"思维方式和实际体验。

大数据体系下的用户思维其实是以"用户行为"为核心和基础，通过线上、线下、交易、交互等各种结构化和非结构化的数据，让用户更加完整地展现在企业面前，例如该用户是谁？他在哪里？怎么联系到他？他需要什么产品？他通过哪些渠道购买？他得购买习惯是怎样的？等等。

大数据时代的来临，让用户行为有了基础，在完整的"用户行为"面前，这些用户就像在企业面前"裸泳"一样，用户需要什么，怎么获取，怎么营销一目了然，让互联网企业有链接线上和线下、进行商业运营的可能，传统零售商互联网运营管理的时代算真正来临了。

所以，基于"用户行为"的深度洞察，让大数据时代下的用户思维更符合零售商需求。

专家提醒

大数据时代的来临，让更多的碎片化数据有了使用的价值，也更让传统零售商具备了互联网时代下"以用户为中心"的思维方式。随着互联网和大数据的发展，未来的"以用户为中心"将会被演绎得更加完美。

6.4　大数据移动营销的方法

企业品牌的宣传对于一个企业来说是非常重要的，企业品牌传达给消费者的是企业的经营理念、企业文化、企业价值观念及对消费者的态度，这是企业自我宣传的一个最佳的手段，那么如何利用数据分析，针对移动互联网的目标客户实现产品信息的精准营销呢？其方法主要有 4 个步骤，如图 6-18 所示。

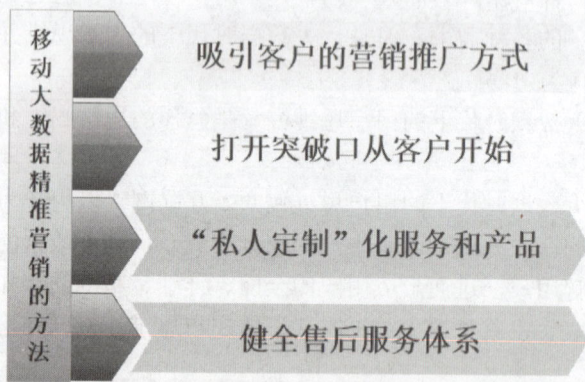

图 6-18　移动大数据精准营销的方法

6.4.1　吸引客户的营销推广方式

营销推广的方式最主要的就是吸引目标客户，要根据移动互联网用户的特点，精选两种推广方式，集中精力、人力和财力重点突击，当现有的方式达到预期效果并能保持后，就可以考虑适当加入其他方式。

6.4.2　打开突破口从客户开始

在传统的营销市场上，企业说的十句话好不如客户说的一句话好。当然在移动互联网时代同样如此，移动用户之间的联系更加频繁，甚至并不认识的用户之间的评论都能影响企业的营销效果，例如，电商的用户评价，为买家对产品质量的判断提供了重要的依据，如图6-19所示。所以，这个时候，企业要在所有的客户中找到突破口，分析出几个重要客户。

重要客户在这些客户群中起到了领头羊的作用，这些客户会告诉其他客户这里的产品或服务最好、价格最实惠、公司信誉好，甚至可以告诉客户，从哪里可以得到证明。

这就需要企业在客户数据分析上多下工夫，只有达到对每一位能够成为重要对象的客户进行精准营销，才能逐步壮大企业的重要客户群。

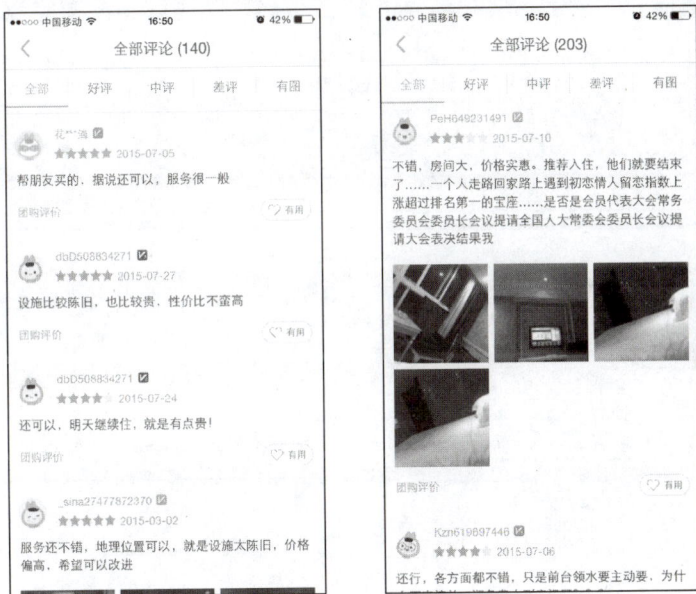

图 6-19　移动用户评价

6.4.3　"私人定制"化服务和产品

个性化的产品和服务在某种程度上就是私人定制，对于标准化程度不同、客户需求复杂，既要实现大规模生产，实现成本最优，又要适应日益差异化的客户需求，就必须有选择性地满足能够实现规模和差异化均衡的客户需求。

移动互联网使精准定位、精准沟通变得容易得多，而移动互联网企业要做的就是通过移动用户数据找到他们的差异化的需求，通过个性化设计、制造或提供产品、服务，才能最大限度地满足有效需求，获得理想的经济效益。

6.4.4　健全售后服务体系

　　精准营销的最后一环就是售后客户保留和增值服务。对于任何一个企业来说，完美的质量和服务只有在售后阶段才能实现。忠诚顾客带来的利润远远高于新顾客，这是不变的真理，只有通过精准的移动互联网顾客服务体系，才能留住老顾客，并吸引新客户的眼球，达到顾客的链式反应。

　　其实，让客户准备购买企业的产品或服务只是最初的目的，确保购买率、回头率和推荐率才是营销的根本。在移动精准营销中，只有比用户想的多一点，自己发现用户所需比用户发现自身所需来得更实际一些，及时和迅速地收集客户的想法变化和意见建议，才能做到真正的精益求精，形成公司的品牌效应，将营销的效果长期保持并不断提高。

第 7 章

社交平台——QQ 移动营销

QQ移动营销概述

什么是QQ移动营销

QQ移动营销的特点

QQ移动营销的技巧

QQ移动营销的优势、功能、QQ账号的设置技巧、添加QQ好友的技巧、QQ移动营销交流技巧、QQ空间的营销技巧

社交平台——QQ移动营销

7.1　QQ 移动营销概述

随着移动互联网的迅速发展和普及，人们的日常生活离网络越来越近，众多的消费者倾向于通过 QQ 获知自己所需要的信息，截止到 2014 年 4 月，腾讯的在线人数就已突破两亿。

那么 QQ 移动营销是什么？其营销的特点是什么呢？下面笔者就向大家介绍 QQ 移动营销。

7.1.1　什么是 QQ 移动营销

基于巨大的用户基数，QQ 移动营销越来越趋于多元、智能、立体化营销模式，QQ 移动营销已经被越来越多的客户接受与认可。

QQ 移动营销是指通过 QQ 的各个公开平台和移动设备，向目标客户和潜在客户推广和销售的一种移动营销方式。现在 QQ 移动营销的平台有 QQ 好友营销、QQ 群营销、QQ 邮件营销、QQ 空间营销、腾讯微博营销等。

7.1.2　QQ 移动营销的特点

笔者根据对 QQ 移动营销的了解，总结出了 QQ 移动营销的十大特点，如图 7-1 所示。

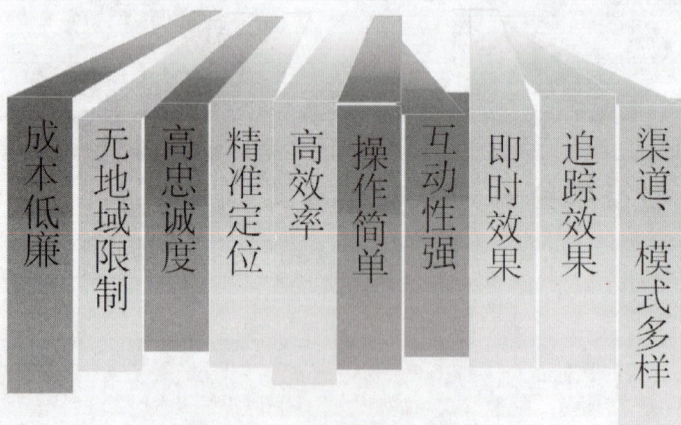

成本低廉　无地域限制　高忠诚度　精准定位　高效率　操作简单　互动性强　即时效果　追踪效果　渠道、模式多样

图 7-1　QQ 移动营销的特点

(1)　成本低廉。QQ 移动营销是在聊天的同时就起到了销售平台的作用，在销售的同时又起到了为客户服务的作用，QQ 移动营销的每一个环节不需要建立一个平

台，从而节省人力成本、固定资产投入、销售费用的投入等方面的费用。

(2) **无地域限制**。不论客户在那里，QQ 移动营销都可以在任何地方建设终端，虽然 QQ 移动营销在消费者所处的位置没有实际营销点，但是营销者可以通过 QQ 联系到客户，利用物流产生交易。

(3) **高忠诚度**。因为 QQ 移动营销和客户直接保持的良好的互动关系以及为客户提供一对一的营销服务，这种营销方式在很大程度上提高了客户的忠诚度，致使在企业面对突发事件时，QQ 就可以起到巨大媒体的作用。

(4) **精准定位**。QQ 移动营销是典型的按用户习性特点自然分群的，所以 QQ 移动营销可以精确定位，凭借自身的互动性强的特点，QQ 移动营销可以主动出击，企业可以随时了解到顾客的需求信息，进而建设顾客需求数据库，为公司的营销决策提供科学的依据，从而为顾客在自由选择自己所喜欢的产品时，在第一时间提供量身定做的精准服务。

(5) **高效率**。由于 QQ 移动营销具有精准性和持续性，促使它的转发率高，从而节省营销的时间与精力，提高工作效率，实现小投入大营销的最佳营销效果。

(6) **操作简单**。QQ 移动营销不需要扎实的专业化技能，只要会简单的操作就会成为 QQ 移动营销高手。

(7) **互动性强**。QQ 移动营销因为依赖于群，所以当信息发布后，可以紧接着与用户互动，收集用户对产品的建议，或者一步步引导用户了解产品，互动性强可用于新商品的市场调研活动。

(8) **即时效果**。QQ 总是有一批用户时时在线，营销广告发布出来后，用户可以立即看到，即时了解营销信息，这是搜索引擎营销、论坛营销基本上都达不到的效果。即时效果可用于推广短期的活动，比如在做线下活动之前可以通过 QQ 移动营销来短期爆炸式造势。

(9) **追踪效果**。QQ 移动营销可以附带网页链接，如果在链接中登录页中加入用户行为跟踪程序，就可以精确计算出用户互动的最终效果。

•专家提醒

　　追踪效果可应用于电子商务类网站的营销，也可以用于了解不同群体对同一样商品的反应度，比如通过给不同主题群发送不同的追踪代码，就可以了解每类用户对商品的热衷度的区别。

(193)

(10) **渠道、模式多样**。QQ 移动营销除了可与链接结合，利用网页进行二次营销，还可以通过 QQ 群内的邮件营销、QQ 空间内的论坛营销，并且营销的模式既可以是文字，也可以是图片。

7.2 QQ 移动营销的技巧

说起 QQ 移动营销，许多在 QQ 上摸爬滚打多年的人都会异口同声地说：就是将广告信息发送到各个 QQ 群、邮箱、好友。每次听到这样的定义，多少会让人有点抓狂，而旁观者就会说："你根本不懂营销。"

我们不能说他们不懂营销，只是这种营销模式在 QQ 上已经铺天盖地，例如，我们在 QQ 群中经常会收到什么招聘网络兼职的广告，QQ 邮箱中经常收到一些与自己毫不相关的产品广告，突然有一个陌生人称自己的商店在打折。虽然说这些勉强称得上是营销，但是在大数据时代，利用 QQ 做这样的营销实在是资源的浪费。那么到底什么是真正的 QQ 移动营销呢？

7.2.1 QQ 移动营销的优势

QQ(即腾讯 QQ)是腾讯公司开发的一款基于 Internet 的即时通信软件，支持在线聊天、视频电话、点对点断点续传文件、共享文件、网络硬盘、自定义面板、QQ 邮箱等多种功能，并可与移动通信终端等多种通信方式相连。

营销 QQ 是在 QQ 即时通信的平台基础上，专为企业用户量身定制的在线客服与营销平台，致力于搭建客户与企业之间沟通的桥梁，充分满足企业客服稳定、安全、快捷的工作需求，为企业实现客户服务和客户关系管理提供解决方案。

在当今的市场营销中，个性化消费已然成为一种趋势，特别是 80 后、90 后出生的人，这一趋势更加明显。而 QQ 移动营销与传统营销相比在一些方面有着明显的优势，如图 7-2 所示。

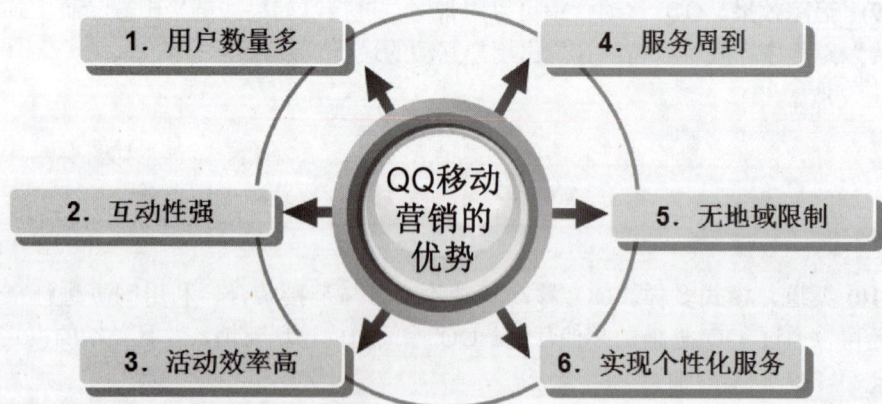

图 7-2 QQ 移动营销的优势

(1) 用户数量多。营销最主要的前提就是有用户数量，QQ 经过十几年的发展，不得不承认其已经占据了互联网社交软件中的霸主地位，目前 QQ 用户数量已经接近 8 亿，就单纯地看着这个数据，都足以让企业眼红。那么企业又有什么理由不去利用好这一资源呢？

(2) 互动性强。QQ 移动营销的互动性很强，最重要的原因是 QQ 是即时通信工具，在营销时可以主动出击，企业可以随时了解到顾客的需求信息，进而建设顾客需求数据库，为公司的营销决策提供科学的依据。

(3) 活动效率高。QQ 移动营销的效率表现在营销活动的各个方面，例如，企业要搞促销活动，QQ 移动营销可以在促销活动的第一时间将活动信息通知给目标客户。

(4) 服务周到。利用 QQ 移动营销，顾客在售前、售中、售后的服务均可足不出户，为顾客提供 24 小时的服务。

· 专家提醒

例如，某消费者通过传统渠道购买了产品，该产品买回家后，发现自己并不会使用，为此消费者只得打客服电话，这时企业才会派销售工程师上门服务。而如果是 QQ 移动营销，那么消费者可以直接通过 QQ 视频、语音等实现随时和企业互动。

(5) 无地域限制。不论客户在那里，QQ 移动营销都可以胜任，而传统营销不会在什么地方都建设终端，特别是中小企业更不可能。

· 专家提醒

例如，在某一个小城市，一个企业在该城市并没有销售网点，因此该企业在这个城市无法开展营销活动。而利用 QQ 移动营销，虽然在这个城市没有营销网点，但是可以通过 QQ 移动营销联系到客户，利用物流同样可以产生交易。

(6) 实现个性化服务。传统营销在第一时间并不能满足顾客量身定做的要求，而 QQ 移动营销则可以通过网络让顾客自由搭配，自由选择所喜欢的产品。

7.2.2 QQ 移动营销的功能

要问谁对 QQ 的功能了解最多，可能那些整天沉浸在 QQ 上聊天的用户最先蹦出来。但是要问 QQ 上那些功能对营销有帮主，可能就有许多人回答不上来，如图 7-3 所示为 QQ 移动营销的功能图。

如图 7-4 所示为 QQ 移动营销主要功能的界面图。

(1) QQ 直聊。营销的核心就是信息的推送，而 QQ 直聊是利用 QQ 实现信息推送最核心的功能。在这里可以找到自己的好友，双击打开聊天窗口，即可向该好友发送营销信息，如图 7-5 所示。

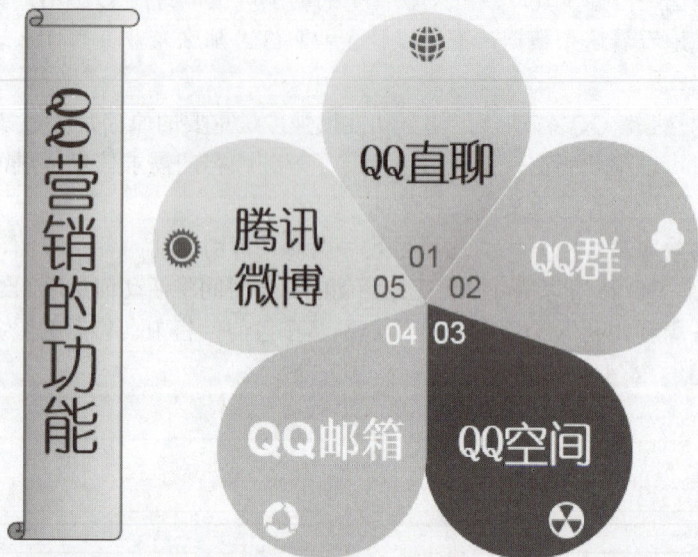

图 7-3　QQ 移动营销的功能

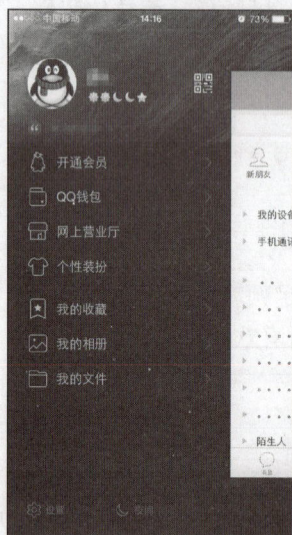

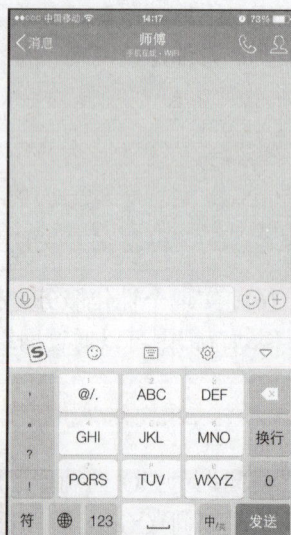

图 7-4　QQ 移动营销的主要功能　　　　图 7-5　QQ 移动营销的聊天界面

在好友的聊天界面中，可以结合需要，选择文字、语音、视频 3 种信息发送方式。例如，知识单纯的信息推送，而且与该好友不是很熟悉的话，就可以选择发送文字；如果与该好友比较熟悉，而且想要达到一种良好的互动关系，就可以选择语音或视频。

(2) QQ 群。 QQ 群可以堪称 QQ 最伟大的应用，其伟大之处不是在于用户数量的多少，而是在于这里是最活跃的信息交流平台，营销信息在这里可以被"炒"得非常火热。更重要的是，QQ 群里的好友都是与该群主题相关的，例如，名为"半月谈国考备考群"的群，里面的好友基本上都是国考备考人员，所谈论的问题也基本上都是和考试相关的。这样在做产品营销的时候，精准度就高了许多，如图 7-6 所示。

图 7-6　半月谈国考备考群

(3) QQ 空间。 QQ 空间有着娱乐性、用户黏性相当高的功能，例如，好友动态、特色链接等，所以这里是一个有着大量营销价值的地方，如图 7-7 所示。企业可以把这里当作一个小社区，当你在这个"社区"里发送一些产品信息时，那么这里所有的人只要打开自己的 QQ 空间就能看得见。

(4) QQ 邮箱。 这是 QQ 移动营销中具有特色的一个功能，只要用户的 QQ 处于在线状态，当企业向该邮箱发送邮件后，只要没有进垃圾箱，哪怕是漂流瓶，都会在对方屏幕的右下角弹出收信提示，所以邮件的打开率非常高，如图 7-8 所示。

(5) 腾讯微博。 腾讯微博的用户数量正在飞速发展，虽然许多用户更加倾向于新浪微博，但是 QQ 毕竟有着大量的用户群，如图 7-9 所示为腾讯微博界面。如果某一天，由于某种原因，让腾讯微博"火"起来的话，那将是势不可当的，所以看得远的企业不会放弃这一项具有很大发展潜力的功能。

•专家提醒

当然，QQ 除了以上的 5 项功能以外，还有许多功能对 QQ 移动营销提供帮助；例如，QQ 钱包、QQ 音乐、QQ 游戏等。但是术业有专攻，我们利用某一项工具做营销的时候，只要能根据产品需求，多花精力在某一项功能上，做到精准营销，那么营销的结果就是成功的。

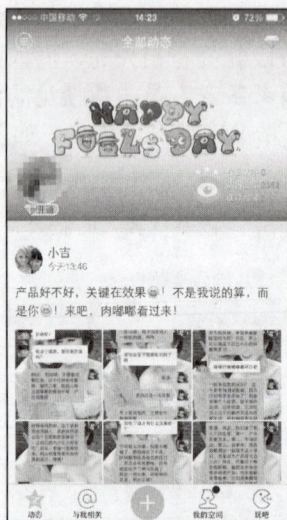 

图 7-7　QQ 空间

图 7-8　QQ 邮箱

图 7-9　腾讯微博

7.2.3　QQ 账号的设置技巧

QQ 移动营销就像普通店铺一样具有以下要求。

- 要让用户能够快速发现你。
- 你的门面要能足够吸引客户
- 你所呈现的产品信息要能让客户快速了解。

所以，在做 QQ 移动营销之前，对自己的账号要进行有目的性的设置，因为个性化的设置是把客户"拉进来"的前提。QQ 账号设置主要包括以下几个方面，如图 7-10 所示。

1. 昵称设置

关于 QQ 昵称，一般人会选择含蓄一点的，例如微笑天使、繁星等，还有的人喜欢用一些特殊符号和文字，例如"火星文"、繁体字、韩文等，当然这些昵称给人带来许多遐想的空间，甚至带有一些艺术气息，但是如果做 QQ 移动营销的话，这样的昵称是万万要不得的。

QQ 移动营销所用的昵称一定要简洁明了，让别人一看就知道你是谁、你要干什么。通常情况下，昵称可以是自己的姓名、产品的名称、公司名称、业务名称以及与产品相关的内容等。

另外，QQ 昵称不要轻易换，因为 QQ 号很难被记住，在用户没有对备注进行修改的时候，用户只能通过昵称快速找到企业的 QQ，更何况大多数情况下，用户是不愿意费精力去修改备注的。

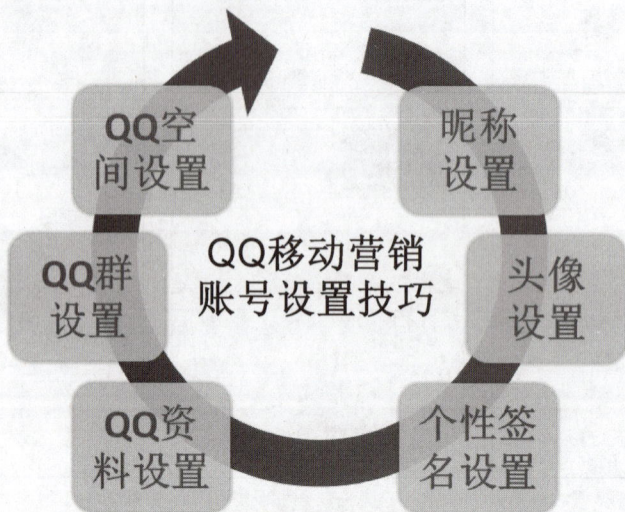

图 7-10　QQ 移动营销账号设置

2. 头像设置

头像是 QQ 账号的脸面，是别人看到 QQ 产生的第一印象，所以头像的设置非常关键。

在设置头像时要切记，QQ 头像要与 QQ 昵称相对应。通常，QQ 头像的选择会有以下 3 种情况。

(1)　如果QQ昵称是自己的姓名，那么QQ头像最好是自己的真实照片；

(2)　如果QQ昵称是自己的产品，那么头像就可以选择自己产品的真实照片；

(3)　如图QQ昵称是自己的公司，那么头像就可以选择自己公司的LOGO。

• 专家提醒

当然 QQ 头像的选择还有许多依据，不管设置什么样的头像，千万不能用艺术照，或者幼稚、低俗的照片。

3. 个性签名设置

个性签名是除了昵称和头像之外，能给别人留下印象的重要因素。企业利用 QQ 进行营销，个性签名就是用户更进一步了解产品的重要功能，企业可以在个性签名中放一些广告语，例如，企业的理念、产品的简介、业务的介绍、网址等。

要注意的是，个性签名的自述是有限的，QQ 界面最宽的状态下大概可以显示 35 个字左右，如图 7-11 所示。

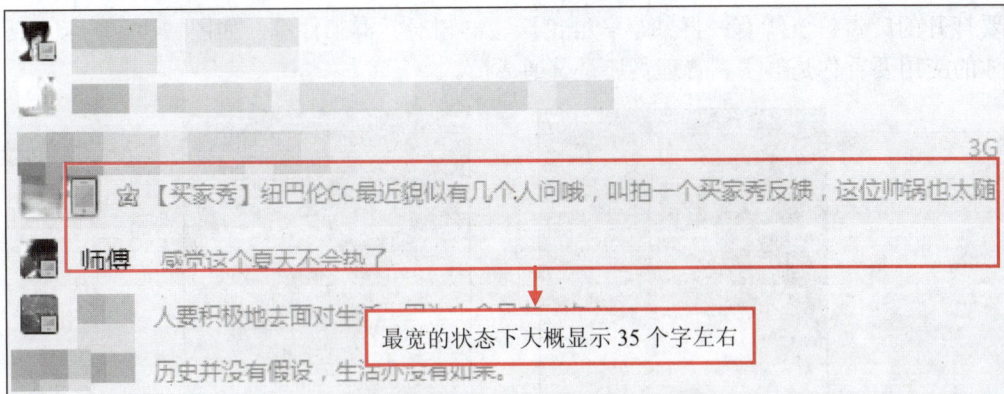

图 7-11　QQ 个性签名显示的字数

当把鼠标指针放在好友的个性签名上停留不到 1 秒钟，就会显示个性签名的全部内容，如图 7-12 所示。

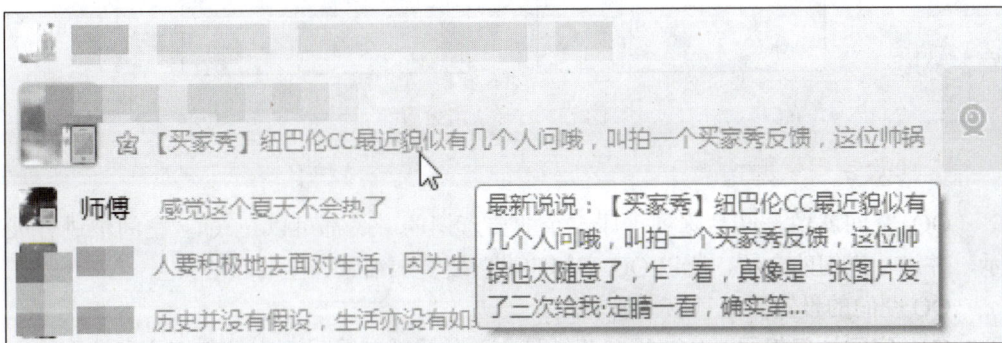

图 7-12　显示全部个性签名

所以 QQ 移动营销在设置个性签名的时候，要将重要的内容放在前面，而且要以最精简的语言表达营销的核心内容。

4．QQ 资料设置

QQ 资料设置要尽量详细、丰富，给人的感觉真实。而如果资料不全，甚至有些虚假的信息，一旦被客户发现，那么企业的形象将会大大受损，营销的效果也将大打折扣。

另外，在文字方面也要使用规范的字体，不可用繁体字、"火星文"等一些非主流文字，因为这样会降低企业给用户的信任感。

5．QQ 群设置

打开一个 QQ 群，能看到的广告位资源有：群公告、群名片、QQ 直聊窗口，需要打开的广告位资源有：群共享、群论坛、群相册、群邮件等，如图 7-13 所示。具体的应用要看你是群主、管理员还是普通成员。

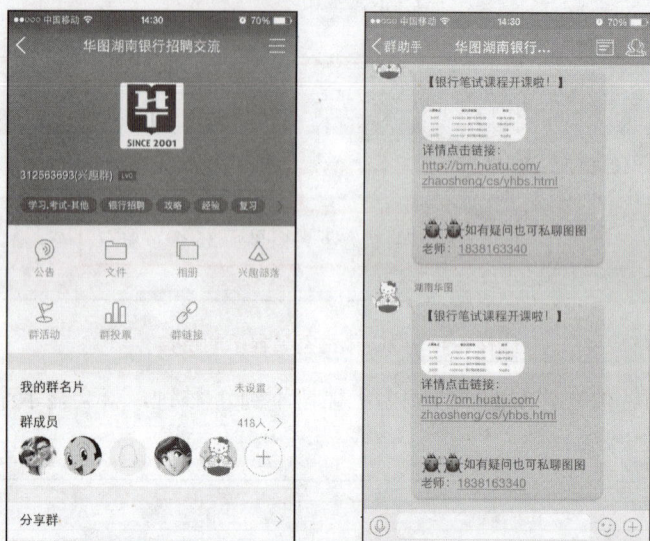

图 7-13　QQ 群设置

6. QQ 空间设置

QQ 空间就像是产品陈列大厅，企业要营销的产品都可以在 QQ 空间中进行展示，并进行详细的介绍，所以 QQ 空间的设置要更加细致、全面。

QQ 空间的设置要注意以下细节。

(1) 空间访问权限。 QQ 移动营销最主要的目的就是看到产品营销信息的人越多越好，那么在 QQ 空间权限的设置上，就要设置成"所有人可见"，如图 7-14 所示。

(2) 同步设置。 我们可以把 QQ 签名同步到空间的说说中，但千万不要将空间说说同步到 QQ 签名中，因为 QQ 签名是一个比较优质的广告资源，尽量不要浪费，而说说不可能永远都是广告。

(3) 评论回复权限。 评论权限要全面开放，就像淘宝的买家评论一样，不要害怕有负面评论，这是实现 QQ 透明营销的主要方式。

• 专家提醒

QQ 移动营销组要设置的细节还有许多，具体要根据产品的特点、用户的特点等多方面进行考虑。例如，营销的时候我们可以保证 QQ 随时在线，但是我们不敢保证随时都能回复好友的信息，那么 QQ 自动回复该如何设置，这也是需要结合产品以及自身实际情况来决定的。

(4)　空间头像设置。QQ 空间头像可以与 QQ 头像一致，当然设置 QQ 空间头像需要注意的方面，与 QQ 头像也是一样的。

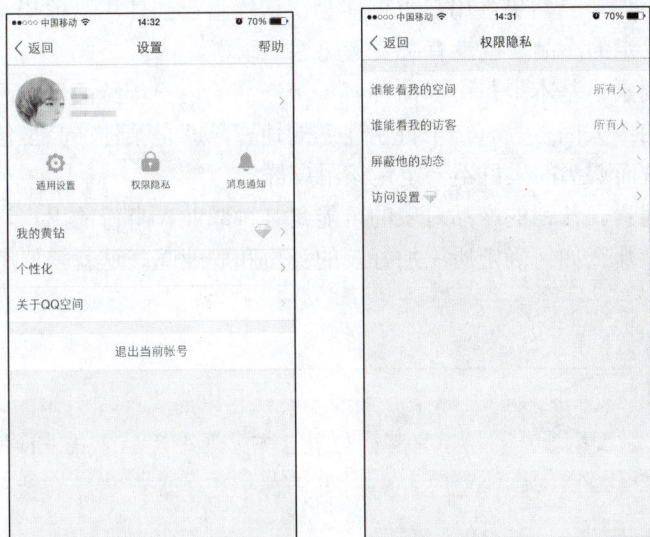

图 7-14　空间访问权限设置

7.2.4　添加 QQ 好友的技巧

在 QQ 移动营销中，好友的添加也是有一定技巧的，不是什么好友都可以添加的，想要做到精准营销，所添加的好友就要与自己的产品有着某种联系，目前，QQ 移动营销在添加好友时要重点考虑四大因素，如图 7-15 所示。

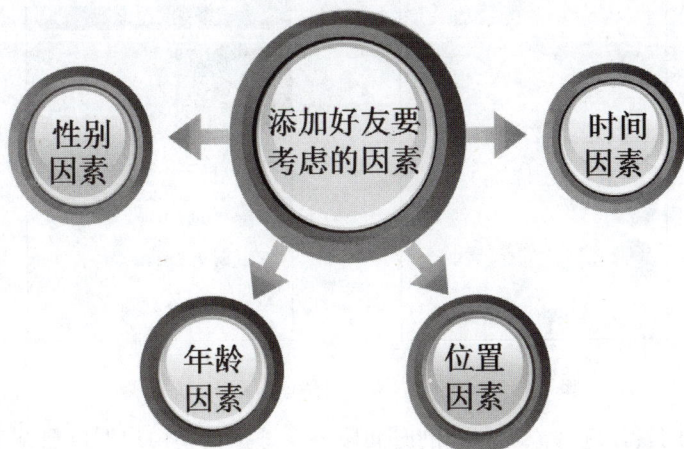

图 7-15　添加 QQ 好友要考虑的因素

(1) 性别因素。 如果企业营销的产品或服务针对的是某一性别的客户，那么在添加好友的时候，就要选择该性别的用户群。例如，营销的产品是裙子，那么所添加的好友要以女性为主，当然男性用户也可能会买送给自己的伴侣，但毕竟是少数。对于那些没有性别界定的产品，就没有必要考虑这一因素。

(2) 年龄因素。 基本上每个产品都有每个产品的用户年龄段，在添加好友时，年龄也是要考虑的一大因素。有一个特别注意的地方，就是某件产品虽然对应的是某一年龄段的用户，而购买的人群不一定是该用户群。

(3) 位置因素。 营销的产品对应的可能是某种职业、身份的用户，例如，公司白领、中小学生，那么如何确定所添加好友的身份和职业呢？这就需要考虑到地理位置因素。

• 专家提醒

　　在城市中，某一地段的大部分用户都有大致相同的需求，例如商业区，到了中午需要外卖。那么根据产品的用户群的位置分布，在合适的地点进行信息的推广，能达到精准营销的效果。这就需要利用手机 QQ 上的定位功能，如图 7-16 所示。

　　查看附近人可以显示周围的好友，然后根据其他因素，例如性别、年龄等有选择性地进行添加。当然还可以点击"热聊"选项，查看周围热聊的话题，有选择性地进行互动。

图 7-16　查看手机 QQ 中附近的人和热聊功能

(4) 时间因素。 选择添加好友的时间段要合理，如果用户群以白领为主，那么添加的时间段最好在晚上 6 点以后，或者是周末，因为白领在公司上班期间，QQ 在线甚至可以进行交流的时间不是很多，达不到添加和营销推广的效果。

7.2.5　QQ 移动营销交流的技巧

QQ 移动营销最直接、最常用的方式就是文字沟通，因此掌握沟通技巧非常关键。QQ 移动营销交流必须要掌握五大技巧，如图 7-17 所示。

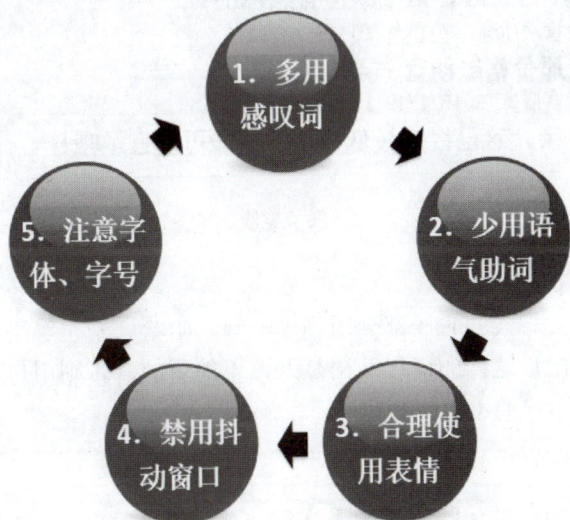

图 7-17　QQ 移动营销交流的五大技巧

1. 多用感叹词

生活中与人交流，可以通过语气、表情判断说话的感情，而纯文字交流，如果不合理利用感叹词的话，会显得语气太过直白、无感情，如图7-18所示。假如你遇到的客服是这样的态度，就算产品再好也没有购买的欲望了。

图 7-18　没有感叹词的交流

而同样的意思，如果加上了感叹词的话，就显得亲近多了，即使客户没有达到购买的目的，也不会产生不满的情绪，如图7-19所示。

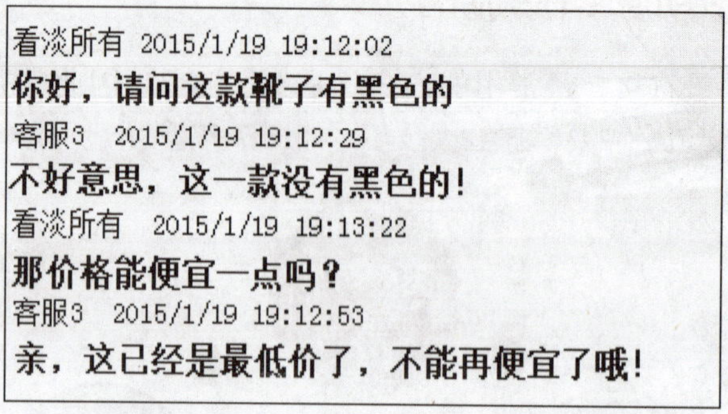

看淡所有　2015/1/19　19:12:02
你好，请问这款靴子有黑色的
客服3　2015/1/19　19:12:29
不好意思，这一款没有黑色的！
看淡所有　2015/1/19　19:13:22
那价格能便宜一点吗？
客服3　2015/1/19　19:12:53
亲，这已经是最低价了，不能再便宜了哦！

图7-19　加了感叹词的交流

2．少用语气助词

许多人在与好友聊天的时候都会用到"呵呵、哈哈、晕"等语气助词，但是在与客户进行交流的时候，这样的语气助词是万万不能用的，否则用户会感觉到自己没有被重视，从而造成用户的不愉快心情。

3．合理使用表情

图片给人带来的视觉体验远远大于文字，所以在QQ聊天的过程中，如果能够通过一些表情来表达自己的心情，往往可以获得不错的沟通效果。在QQ聊天软件中自带了许多表情，如图7-20所示。

4．禁用抖动窗口

许多人在与别人QQ聊天的时候性子比较急，如果对方没有及时回复的话，便会使用QQ颤动窗口功能，也许对于自己熟悉的人无所谓，但是QQ移动营销是绝对不可以这么做的。就算与对方再熟悉，QQ移动营销时，如果对方没有及时地回复信息，那么最好的方法就是耐心等待。

5．注意字体、字号

QQ移动营销时建议采用比较常规的字体、字号、颜色，一般字体选择宋体、黑体都可以，但不要加粗。颜色为黑色，字体大小一般选择13号或14号，这样的阅读体验比较好。

在QQ移动营销的文字交流过程中，所有的技巧都可以归结为一点，就是重视并且尊重对方，只有你尊重别人，别人才会尊重你，也只有得到别人的尊重，你的营销效果才会有所提升。

图 7-20　QQ 表情

表情的使用要合理，不能滥用，如果每个回复都使用表情，或者发送的表情与回复的内容不匹配，甚至发送一些低俗的表情，那么对方反而会感觉客服人员不用心，从而影响营销的效果。所以表情的使用要合理。

7.2.6　QQ 空间的营销技巧

前面我们介绍了QQ空间的功能，以及相关的设置，这些都是为了让用户进入空间能有一个良好的体验，想要实现QQ空间的营销功能，主要依靠的是相册和日志两大功能。

1. QQ 日志的营销功能

利用QQ日志进行营销最关键的是向"粉丝"传递有价值的东西，并且能够持之以恒，让"粉丝"每天都有阅读你的日志的习惯，如果能合理地植入营销信息，就相当于"粉丝"们每天都看一遍你的营销信息。

这里要注意一个细节，就是当有日志更新，在没有被某一好友点开查看之前，在对方的好友列表中，日志是显示在个性签名中，由于个性签名的字数有限，所以日志的标题或者是开头要精心设计，要能够让"粉丝"点击查看的欲望。

2. QQ 相册的营销功能

QQ移动营销需要将产品的详细信息以图片的形式上传到QQ空间相册中，除了在相册中会显示相片以外，QQ好友列表中会显示最新更新的3张照片，如图7-21所示。对于那些营销推广化妆品、衣服、鞋子等经常购买的女性客户来说，如果放上3张具有足够吸引力的模特照的话，那么就会起到很好的宣传效果，从而吸引用户点击查看空间相册。

另外，上传照片到空间相册的时候要对照片和相册精心设计一下，注意以下几点。

- 在不影响照片美观的前提下，可以加上带有网址的水印。
- 选择最好的照片作为相册的封面。
- 相册不要设置密码。
- 照片不要全是产品信息和广告信息，要有些艺术性和可读性。

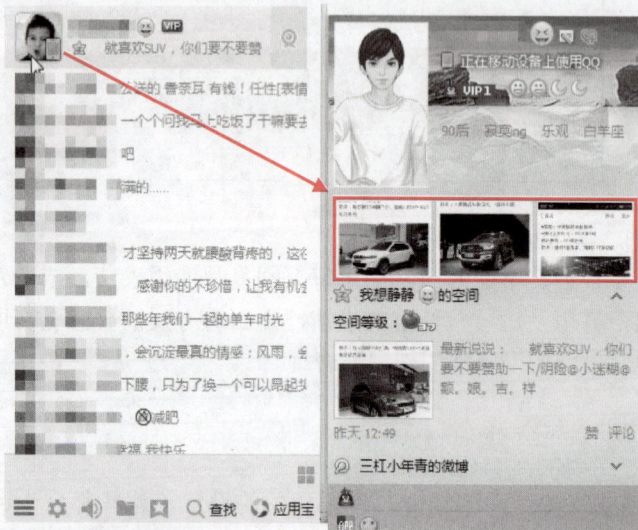

图 7-21　好友列表显示 3 张照片

第8章

人的接力——微博营销

微博营销概述
概念、优势、步骤、特点、五大招、营销工具

微博营销策略
微博形象、公关形象、营销环境、营销团队

人的接力——微博营销

微博营销技巧
资料、内容、标签、互动、公关、话题

微博营销推广
粉丝联系、图文结合、促销活动、寻找客户、定位、"巧时发博"

8.1　微博营销概述

微博与其他社交软件如微信、QQ等一样，在移动互联网时代得到了快速的发展。伴随着微博用户数量的逐渐攀升，微博营销也渐渐兴起并火热起来。

8.1.1　什么是微博营销

微博营销是指通过微博平台为商家、个人等创造价值而进行的一种营销方式，也是指商家或个人通过微博平台发现并满足用户的各类需求的商业行为方式。如图 8-1 所示为新浪微博 LOGO。微博相对于强调版面布置的博客来说，其内容由简单的语言组成，对用户的技术要求门槛很低，而且在语言组织编辑的要求上也没有博客高。在微博平台，用户只需要用很短的文字来表达自己的心情或者达到发布信息的目的，这样便捷、快速的信息分享方式使得大多数企业与商家开始抢占微博营销平台，利用微博"微营销"开启网络营销市场的新天地。

图 8-1　新浪微博 LOGO

在微博营销平台上，每一个用户(粉丝)都是潜在的营销对象，企业可以利用微博更新消息向网友传播企业信息、产品信息，以此树立良好的企业形象和产品形象。企业通过每天更新消息内容可以与用户进行交流互动，还可以通过发布用户感兴趣的话题，以此来达到营销的目的。

微博营销注重价值传递、内容互动、系统布局与准确定位，微博的火热发展也使得其营销效果尤为显著。微博营销涉及的范围包括认证、有效粉丝、话题、名博、开放平台、整体运营等。自 2012 年 12 月后，新浪微博推出企业服务商平台，为企业在微博上进行营销提供帮助，如图 8-2 所示。

服务商平台
fuwu.weibo.com

在线申请为服务商

微博服务商是指为企业提供
官方微博运营及营销服务的公司

微博服务商平台
让专业的公司，为您提供专业的服务

官微运营
活动营销
应用定制
培训与咨询
数据分析

图 8-2　新浪微博服务商平台

• 专家提醒

　　目前，国内有四大主要微博平台，分别是新浪、腾讯、网易和搜狐。其中用户基数最多，流量占比最庞大的微博平台是新浪，新浪凭借着其强大的用户量，成为微营销的最佳选择。新浪微博是中国最大的门户网站——新浪网于 2009 年 8 月推出的微博服务类网站，在新浪微博的测试版推出后，便以极快的速度进入中文主流上网人群的视野。

8.1.2　微博营销的优势

　　微博是从一个单纯的社交和信息分享平台转化而来的，凭借其巨大的商业价值属性成为企业重要的网络营销推广工具。微博营销是建立在微博的基础上，以传播学理论为基础，营销学经典理论与案例为指导，集成以往网络媒介营销手段的一种营销途径，所以，微博营销具有以下优势，如图8-3所示。

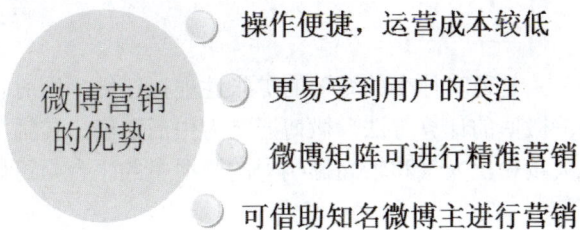

微博营销
的优势

操作便捷，运营成本较低

更易受到用户的关注

微博矩阵可进行精准营销

可借助知名微博主进行营销

图 8-3　微博营销的优势

1. 操作便捷，运营成本较低

微博具有媒体属性，但是与广告媒体相比，微博营销有着得天独厚的优势。

- 注册免费，不像报纸、电视等媒体需支付高额的时段广告费用等。
- 操作界面简洁、操作方法简单，不必有很多专业的计算机网络技术。
- 多媒体技术使信息呈现形式多样。
- 不必花大价钱架构一个网站，充分利用微博的"自媒体"属性。

2. 更易受到用户的关注

社交媒体时代，传播强调人性化与个性化，这样不仅可以拉近企业与用户的距离，达到良好的营销效果，而且品牌的美誉度和忠诚度会大大提高。

另外，通过饱含个性、风趣、人情的语言，实现与消费者的互动，获得消费者的认可，这种认可不是传统的单纯的买卖关系，也不是粉丝的追捧，而更像是建立并维系一种"友情"关系。

通过提升品牌的忠诚度和美誉度、加强与用户之间的"友情"关系，用户就会支持企业的产品，而且还会主动地参与到这个品牌的塑造过程，也是实现口碑营销的绝佳途径。

3. 微博矩阵可进行精准营销

微博矩阵是指在一个大的企业品牌之下，开设多个不同功能定位的微博，与各个层次的网友进行沟通，达到360度塑造企业品牌的目的，可以使企业内部资源在微博上实现最优化排布以达到最大效果。所以，多账号组成的微博矩阵，在保持整体协作的企业文化的同时，便于针对不同的产品受众进行精准营销。

·专家提醒

　微博是无可争议的自媒体，借具有大量粉丝受众的微博账号做推广，也是一种打广告的方法，这种方法和渠道多被营销公关公司利用，开展专业的微博营销有偿服务业务，并且根据粉丝量的多少，不同微博账户有收价等级。

4. 可借助知名微博主进行营销

微博中的社交关系是现实社交关系链的扩张性虚拟迁徙，同时也代表了一种关系的信用值，按照新浪微博的计算方法，微博影响力由活跃度、传播力和覆盖度共同决定，通过借助拥有大量粉丝人气和较高影响力的微博主的平台，可以帮助自己实现更好的营销效果。

- 可以和更多的潜在用户接触，达到广而告之的效果。
- 扮演意见领袖的人往往也具有消费引导的功能，或许是具有某些专业领域的特征，抑或是一些生活趣味的汇集等。

8.1.3 微博营销的步骤

许多人把微博营销说得很神秘，其实与一般的项目管理非常的类似，基本步骤并不复杂，主要分为4个步骤，如图8-4所示。

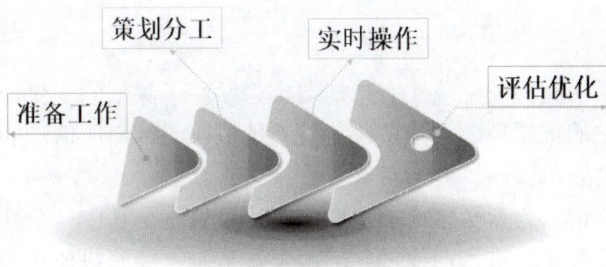

图 8-4 微博营销基本步骤

1. 微博营销前的准备工作

在微博营销之前要做好准备工作，例如，了解微博的现状和用途，理解微博的特点等，从而提升自身的营销理念。

2. 有针对性的策划分工

这一步主要是对微博信息进行有针对性的策划，包括以下方面。

- 研究并掌握微博参与者的特征。
- 制订微博营销的具体规划。
- 搭建微博营销团队。
- 增加微博账号的粉丝数。
- 了解并制定微博营销使用的基本原则。
- 制定企业微博使用的基本守则。

3. 微博实时操作的技巧

这一步主要是根据以上的准备工作制定微博内容，通过细致的分析，掌握微博信息发布的技巧，包括以下方面。

- 划分企业微博营销帖子的类型。
- 准备企业微博营销的帖子素材。
- 设计微博营销的奖励活动。
- 掌握微博营销中的互动技巧。
- 创造企业微博的丰富内容。
- 关注微博信息发布的活跃时段。

4．根据数据监测评估

这一步主要对微博随时进行数据监测，通过积累微博运营中的各种数据，对微博营销的效果进行分析与评估，找到问题后对微博营销的规划方案不断进行调整与优化，从而改善营销效果。

8.1.4　微博营销的特点

随着移动互联网时代的来临，客户消费行为发生了深刻的变化。搜索与分享成为消费者行为过程中的重要环节，消费决策更多地依赖于客户所信赖的评价，这给市场营销带来了新的挑战和机遇。

近年来，微营销成为营销创新的主要趋势，微博就是其中一个性能优异的营销平台。由于使用方便快捷、进入门槛低、应用丰富多彩、能够快速获得信息并与他人交流，微博聚集了巨大的人气。可以看到，近两年来国内微博平台迅猛发展，成为移动互联网社交网络的主流。

如今，人们见面时会寒暄"你微博名是啥，我们互粉下"。可以说，微博的黄金时代是与移动互联网时代一同来临的，而且来得十分迅猛。这种可以随时随地发表与浏览、图文并茂且短小精悍的互联网新媒体翩翩而来，因其快速传播的特性而从人们的指端轻快划过，屡屡发起飓风般的蝴蝶效应，释放出巨大的能量。

微博是从一个单纯的社交和信息分享平台转化而来的，在网络营销时代，微博凭借其巨大的商业价值属性成为企业的重要网络营销推广工具。微博营销的特点主要体现在以下几个方面，如图 8-5 所示。

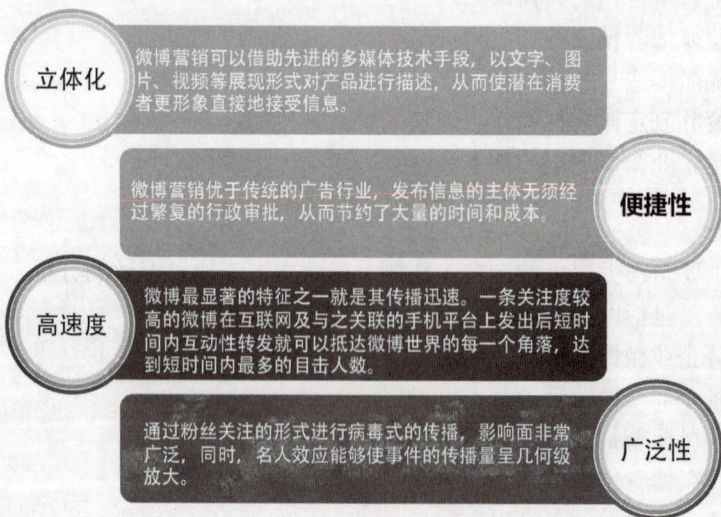

立体化　微博营销可以借助先进的多媒体技术手段，以文字、图片、视频等展现形式对产品进行描述，从而使潜在的消费者更形象直接地接受信息。

便捷性　微博营销优于传统的广告行业，发布信息的主体无须经过繁复的行政审批，从而节约了大量的时间和成本。

高速度　微博最显著的特征之一就是其传播迅速。一条关注度较高的微博在互联网及与之关联的手机平台上发出后短时间内互动性转发就可以抵达微博世界的每一个角落，达到短时间内最多的目击人数。

广泛性　通过粉丝关注的形式进行病毒式的传播，影响面非常广泛，同时，名人效应能够使事件的传播量呈几何级放大。

图 8-5　微博营销的特点

8.1.5　五大招做好微博营销

有些人总说微博参与到营销中太宽泛，无法做到精准，其实并不是这样，只要掌握了以下营销要素，做到精准营销就不难了，如图8-6所示。

定准主题，打好基础

围绕主题，收集数据

包装品牌，突出核心

俘获属于自己的粉丝

积极与粉丝互动

图 8-6　微博精准营销的五大要素

1．定准主题，打好基础

做精准的微博营销必须带有明确的目的性。要搞清楚哪些是受众人群，针对有产品需要的朋友为目标群体，同时定准他们的年龄层。千万不要一开始就做广告，因为现在人们都对直白的广告已深恶痛绝，所以要慢慢地植入。

2．围绕主题，收集数据

定时定量对微博内容进行更新，把有用的资料提前准备好，同时要多关注一下同行的微博，结合自己的内容进行适当创新，并通过各大搜索引擎收集有关一切自己产品的相关数据。

3．包装品牌，突出核心

注册账号，完善好微博的资料，可以根据产品的需要选择头像，例如目标用户为男性，就可以选用与产品相关的美女头像，吸引眼球。然后适当地刷一下粉，利用羊群效应，受关注后有相应的帮助。同时微博内容以更新几十篇为宜，主要为了造势而用！

4．俘获属于自己的粉丝

想要快速获取粉丝，通常有几种比较实用的方法。

(1)　与好友互粉。这个方法可以使用，但是要掌握一定的技巧，例如每天15点集体互听，这是增加互听粉丝的最好途径。利用搜索关键字，互粉之后再回复提醒对方一下能够及时回粉。但是要注意的是很多人都喜欢打着互听的旗号来骗粉，注意辨别，一般关注和粉丝相差在300以上的建议不听。

(2) 加入主题相关微群。加入到与产品相关的微群里面，那里大多数都是你的目标粉丝。操作的方法主要有两个：发布跟主题相关的内容，让自己有更多的展示机会，吸引粉丝来关注你；去群成员里逐个去关注，关注之后可以发私信，倘若几天都没有回粉，可以取消，再去寻找其他的。

(3) 创造爆发点，更广泛地吸引粉丝。所谓的爆点也就是你所属行业或产品最专业、最权威的内容，他们因权威而纷纷转载，从而达到增加粉丝的目的，同时也起到了口碑营销的作用。也可以引用时事热点，增加检索曝光率。

(4) 参与微博互推群。和自己粉丝量差不多或比自己更多的微博进行互推，因为，当你在转播对方时，对方也转播你，他转播时，他的粉丝会看到你的微博，提高自己微博的曝光率。

5. 积极与粉丝互动

如果粉丝人数上来了，你发布的每一条微博都会带来粉丝的评论，这时一定要积极地回复，这样才能培养出一批忠实粉丝，并与他们形成互动，把粉丝由量变的积累再到质变的程度。

• 专 家 提 醒

其实微博和互联网的其他项目一样，即使有再好的推广手段，内容为王才是亘古不变的！只有提供给用户实际所需的内容才能走到最后，才能发展得更好。

8.1.6 免费的微博营销工具

随着微博的不断发展，各种第三方微博工具大行其道，我们在微博中看到很多来自第三方程序推送的消息，下面笔者就介绍一些免费的运营微博工具。

1. 微博内容库工具

内容是一个微博生存的必要条件。很多人不知道怎么搞微博，最主要还是不知道微博发什么？所以微博内容库就诞生了，主要目的是帮助需要微博维护的商户和个人提供相关关键词的内容，甚至连图片都帮你选好了。目前有大量的淘宝店主，企业主，网站主都在使用。

2. 利用第三方工具

对于从事微博营销工作的人来说，利用第三方工具来分析自己的微博粉丝是十分必要的，新浪微博拥有大量的第三方工具。例如，"微数据"就是新浪自带的、比较权威的粉丝分析工具。"微博分析家"是一款可以全面分析关注、粉丝、评论、转发、人脉的应用，它比"微数据"里的人脉关系更全面。

除此以外，微博粉丝分析工具还有：微博分析家、关注查询、新浪微博关注查询工具、绿佛罗等。

3. "微博风云"工具

微博内容的分析，可以从内容的全面分析和单条内容的分析着手。"微博风云"提供的数据比较全面，有活跃度排名、影响力排名、微博等级等大指标。如果想要，而"微博引爆点"和"转发粉丝数量统计"就是分析单条微博传播的绝佳选择。这两类工具的使用方法都类似，只要输入某条微博地址，即可分析得出该条微博辐射的范围和覆盖人数。

4. 综合管理工具

综合管理，简单来说就是前面介绍的功能基本上都有，而且还有管理功能。目前以使用"微动社交管理""孔明社交"和"众趣用"的人较多，这三款综合应用都提供了定时发布、粉丝分析、传播分析、多账号管理等。可以只用一个平台账号管理多个微博账号。

5. 微博多平台发布工具

定时发布是指定时发布微博信息，这里推荐的定时发布微博工具有：皮皮时光机、享拍微博通、定时 V、定时微博、YiBo 微博、FaWave(Chrome 插件)。其中享拍微博通有手机客户端和 Chrome 插件能够多平台定时发布，这是一款被普遍认可的微博多平台发布的利器。

8.2 微博营销策略

企业在整个微博营销战略体系中，该如何发挥微博的应有价值呢？虽然在当前微博营销没有一套成熟的体系，但是我们可以来探寻微博营销的出路，现在就来简单地介绍微博营销究竟该如何抓住核心重点。

8.2.1 构建微博形象，赢得关注

企业形象由产品形象、媒介形象、组织形象、标识形象、人员形象、文化形象、环境形象、社区形象等构成，企业微博除了对产品形象的构建作用不太明显外，其余均能得到很好的表现。企业微博对企业形象的构建作用有以下几个方面。

- 增进相互了解：大部分的微博使用者都将微博作为社交渠道，以此来了解自己感兴趣的内容。这是网民使用微博的内在动因。企业微博可以抓住这一

点，通过主页的建设、内容的发布向外界推介企业的文化、员工、环境等，让关注者多维度了解企业，建立良好的社区形象。

- 拓展影响力：微博具有圈群化的特点，其交际圈和现实中的交际圈具有相同的特点，即信息多在熟人之间传递。有时，微博的交际圈和现实的交际圈更是重合的，也就是说，微博上关注的对象同时也是现实中的亲人、朋友。这样就使得微博内容的传播效率、影响力及传播能量较其他渠道明显得多。

- 预防和处理公关危机：企业微博在日常的运营中能够及时了解公众对企业的认知与态度，通过公众的反馈，企业可以及早发现危机的苗头，主动沟通，从而将危机提前化解。

• 专家提醒

处理危机公关的原则之一就是"快"字，如果耽误了时机，外界就会流言四起，严重伤害企业的利益。而微博可以在第一时间发布信息，给企业一个主动应对危机的渠道。

企业形象构建是一个长期而复杂的过程，需要集合各方面的力量，在信息化的今天，微博的力量是不可忽视的。企业究竟该如何借助微博构建企业形象，在构建企业形象时应该采取的策略如图 8-7 所示。

图 8-7　构建企业形象时应该采取的策略

(1) 恰当的标识和功能定位。 企业微博在开通之前首先要确定的就是自己的标识，特别是当企业拥有不止一个微博的时候。恰当的标识包括识别度高的头像、易于识记的名称、符合企业风格的页面背景等元素，这都有利于公众对企业形成良好的第一印象。但无论定位何种形象，都不能像机器人的语言一样充斥屏幕，而是应该回归人性，因为微博形象是影响粉丝信任度的一大因素，恰当的形象有助于潜移默化地将粉丝对微博的好感移植到品牌的产品中来。

建立矩阵群的企业微博，要做到分工明确，各司其职。以我国科技传播领域的后起之秀果壳网为例，企业除了"@果壳网"这个主品牌微博账号外，网站的各个主题站均建有自己的微博账号，有"@谣言粉碎机""@心事鉴定组"等 17 个之多。其发布的内容各不相同，同时又保持一致的风格，让公众对果壳网形成统一而又立体的印象。

(2) 良好的运营维护人才。微博是企业展示自我的平台，而微博中的企业账号众多，还有一些是竞争对手的。这就让微博也成为企业竞争力的战场，因此需要良好的运营维护人才。运营维护企业微博的人员除了要具备企业经营范围内的专业知识外，还要有一定的媒介素养。只有具备了企业经营产品的专业知识，才能判别行业资讯的重要程度，从而使发布的内容保持质量。另外，运营者只有具备一定的媒介素养，才能更了解发布内容的方式，并形成一定的网络事件策划能力，从而达到良好的宣传效果。

(3) 内容发布兼顾数量和质量。企业微博在发布信息时数量要适当，太少则没有信息量，无法形成有效互动；太多则容易招致反感，从而导致关注度降低。在微博内容发布时也要注重质量，首要的一点是不能过于偏离企业经营范围，企业的产品和服务应是企业微博的重要内容，但是一味地发布企业产品或服务内容会与微博的内在特质不相符合，必然遭到抛弃，从而也就谈不上企业形象的构建了。所以，各官方微博在博文中发布广告内容应慎重，广告的质量非常重要。

企业微博在发布内容时可以考虑行业新闻、产品使用建议、产品知识科普和其他一些人文关怀信息。同时，发布内容要根据目标客户群有针对性地使用不同的话语风格，使人喜闻乐见，增强其对企业的认同感和忠诚度。

不管具体的行文和选材风格如何变化，图文结合的方式都应该被广泛采纳，因为高达 94.8% 的微博用户表示更喜欢图文结合的博文方式。

(4) 企业微博应坚持长期更新。企业要保持微博活跃，并将企业微博运营作为长期品牌建设的战略。例如，中国电信客服的新浪微博粉丝有365万左右，观察其内容，我们可以发现，除了发布中国电信的产品外，还有相当大的部分是与用户分享使用心得或人文关怀的内容，而那些推销目的不明显的微博往往得到更多的评论和转发。

(5) 注重微博发布的时间和时机。微博发布在时间上要注重时效性，因为微博传播具有即时性的特点，如果微博内容具有传播价值，那么它很容易在极短的时间内被传递至众多用户并引发用户线下的行为。

要达到理想的传播效果，还要选择发布时机。网络信息如果不及时更新，它们便容易被湮没。例如，参与热点话题会更容易让人看到微博，也更容易引起关注者的共鸣和互动。又如，2011年日本地震导致的核泄漏在我国引发了抢盐潮，此后不久，果壳网就对"盐能防辐射"的观点辟谣，并发布对核泄漏的科学解读和判断，最后该微博创造了当日全站转发第一的成功案例，并有力地扩大了企业影响力。

(6) 注重互动和反馈。互动和反馈是增进了解、增强信任的必要前提。这里的互动不仅仅是指注重与目标客户互动，还应与企业微博矩阵群、企业员工、媒体、名人及意见领袖进行互动。

(7) 线上线下相结合，培养忠诚度。策划和组织活动是推广企业形象的重要手段。同时，活动的开展能够增强互动，并加深对企业的认同感，所以作为网络产品，要想在微博中构建企业形象，就不可避免地要举行一些在线活动。但仅有在线活动还不够，线下活动也要跟上。线上线下活动相互结合，也就是虚拟与现实的融合，这也是微博中企业形象在现实中的延伸，有助于强化品牌价值，增强用户忠诚度。

•专家提醒

微博这一平台，对于企业形象的构建具有重要的作用。企业在构建和传播形象时，应该充分利用微博。同时，企业在利用微博构建形象时，要采取正确的策略，从而提升企业的影响力。

8.2.2 树立公关形象，赢得口碑

人聚集的地方既是有利的营销场所，同时也可能是危机爆发的地方。微博独有的聚集效应使得企业微博营销在出现问题或受到恶意攻击时，产生的负面信息极易被放大。因此，完善微博营销的监控系统，树立企业公关形象显得非常关键。

企业通过完善自身的微博营销监控系统，树立本企业的公关形象，能够让更多的粉丝相信企业微博信息，相信企业通过微博营销所提供的产品与服务的安全系数。为企业赢得更多的口碑。

8.2.3 构建营销环境，赢得印象

热点营销也被称作是"借势营销"，是指及时地抓住广受关注的社会新闻、事件以及人物的明星效应等，结合企业产品展开的一系列相关活动，通过一个优质的外部环境来构建良好的营销环境，以达到企业推广目的的营销方式。

不难看出，在整个社交网络媒体范围内，热点营销应用最广泛的还是在微博营销领域。微博平台里，每天都会发生大大小小的热门事件，产生一系列热门人物及热门微博。60%的微博用户都被这部分"热门"内容吸引着。

不少专家认为，除了企业结合自身产品特性创造独树一帜的微话题、微热点外，最快的方式，其实是依靠网络营销公司的资源和力量，借势热点引爆微博营销。

企业在利用事件进行微博营销后，一切变得轻松自如。

- 微博营销热门事件植入，该系统在热门事件的稿件中，通过发布跟帖，植入企业品牌信息。
- 微博营销热门位置植入，在热门微博、头条新闻、置顶帖子等最火最热的帖子新闻中，通过发布跟帖，植入企业品牌信息。
- 微博营销热门频道发布植入，该系统能在最活跃的网站频道里，通过发布稿件，植入企业品牌信息。

通过热点微博营销系统，企业在管理和运营官微时更加懂得如何利用热点来炒热自身，在微营销领域里游刃有余。善于结合热点，也成为企业对热点微博营销系统的最深印象。

8.2.4 构建营销团队，赢得人才

对于许多人来说，微博营销还是一个比较新鲜的东西，因为微博营销发展起来没有多久。微博营销最近是比较热门的，也是被大家所看好的，微博营销需要专业的人员来运营才行。招纳这些人才来建立微博营销团队的方法，如图 8-8 所示。

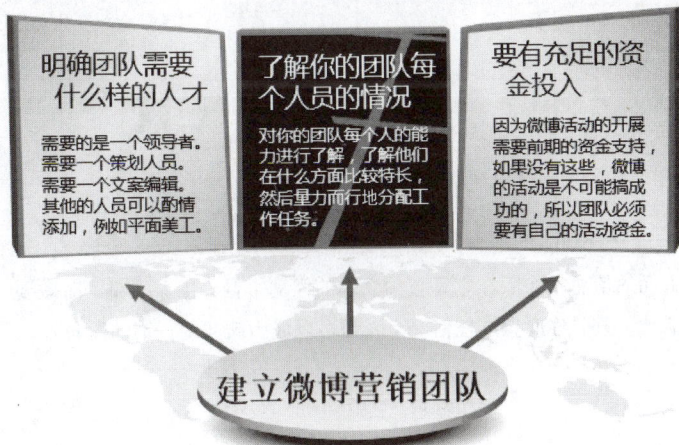

图 8-8　建立微博营销团队的方法

8.3　微博营销的技巧

微博营销有成本低、贴近消费者、传播快等传统营销方式所不具备的优势，但微博营销是把双刃剑，用好了威力无边，但如果利用不善，利器也会伤及企业自身，最终导致负面的能量使企业受损。因此，微博营销特有的方法和思路是企业必须了解并灵活运用的。

8.3.1　微博资料的设置技巧

微营销要提高转化率，首要的因素是诚信，要上传真实的头像，资料设置要完善，如图8-9所示。

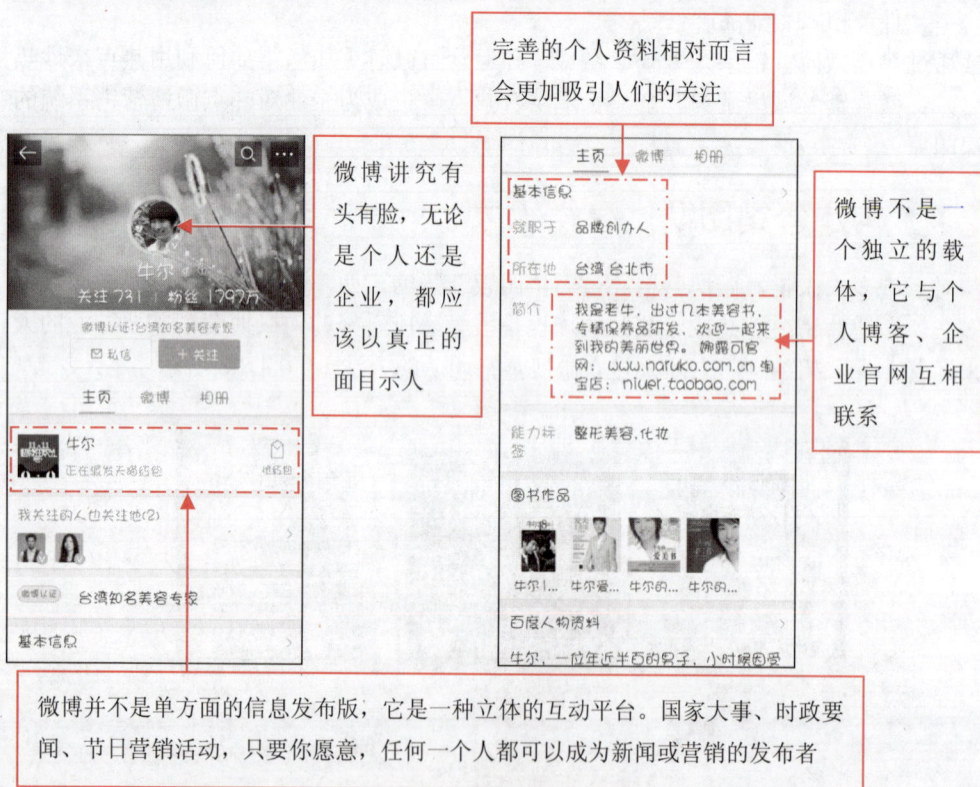

完善的个人资料相对而言会更加吸引人们的关注

微博讲究有头有脸，无论是个人还是企业，都应该以真正的面目示人

微博不是一个独立的载体，它与个人博客、企业官网互相联系

微博并不是单方面的信息发布版；它是一种立体的互动平台。国家大事、时政要闻、节日营销活动，只要你愿意，任何一个人都可以成为新闻或营销的发布者

图8-9　资料设置要完善

1. 微博昵称

昵称是基本信息中和微博定位关系密切的一个内容，其设置原则和技巧如图8-10所示。

技巧： 在给微博取名时，一定要突出所在行业的关键词，同时兼顾目标全体的搜索习惯，并尽量增加关键词的密度，以便获取更多被检索的机会。

微博定位原则

- 让消费者知道你是干什么的
- 让消费者知道从你这里能买到什么
- 让消费者看到你的名字以后就知道你们公司到底有什么

微博营销的昵称设置技巧

微博昵称设置原则

- 姓名＋行业＋产品
- 字数不要超过7个字，最好压缩到4个字

举例：
卖山药的可以用：铁棍特产山药
卖蜂蜜的可以写成：张三特产土蜂蜜
卖化妆品的可以用：李四美容面膜

图 8-10　微博的昵称设置原则和技巧

微博的昵称设置方法和 QQ 不太一样，QQ 首先考虑的是吸引眼球，让人好奇，微博因为考虑到搜索的需要，设置起来就要注意用户的搜索习惯，因为用户搜索一般是搜行业或者产品，不会直接搜你的名字，这样能保证你被其他消费者尽早地发现。

2. 微博广告牌

微博广告牌类似于 QQ 空间的背景设计，就是充分利用这个位置来做宣传，前提是开通会员，这样可以设置自定义背景，然后利用这个广告牌把你的二维码、电话号码、网店地址、QQ 号码等写在这里，在别人打开你的微博主页后第一眼吸引住他，并能和你联系。

另外，微博最好申请认证，微博的个性域名可以用官方网址，没官方网址的可以用你的英文名字或者微信号，这样能起到好记、互相支撑的作用。

3. 个人微博要完善基本资料

个人微博的基本信息里面，个人标签、个人介绍、头像这几项内容一定要填写完善，工作信息、职业信息也要完善，这样用户才能根据里面的关键词搜索到你，而且还会给人一个真实的感受，增加用户的信任感。另外，最好要绑定手机，这样能充分利用微博的高级功能，否则有些功能是用不了的。

4. 微博头像

头像也是微博的基本设置之一，如果是品牌微博，就用品牌标识做头像，如果是店面微博，就用店面或商品照片做微博头像，如果是连锁品牌，就写连锁品牌名称或

标识，个人用户就用本人的头像，如图 8-11 所示。总之就是要看着真实，能立刻知道你是做什么的。

品牌微博用品牌标识做头像

店面开的微博用商品照片做微博头像

图 8-11　微博的头像设置技巧

5. 简介

简介是微博账号设置基本信息里的最后一项内容。企业可以根据自己的产品准备很多词组，去掉个人标签用掉的几个，剩下的就写到简介中，如图 8-12 所示。

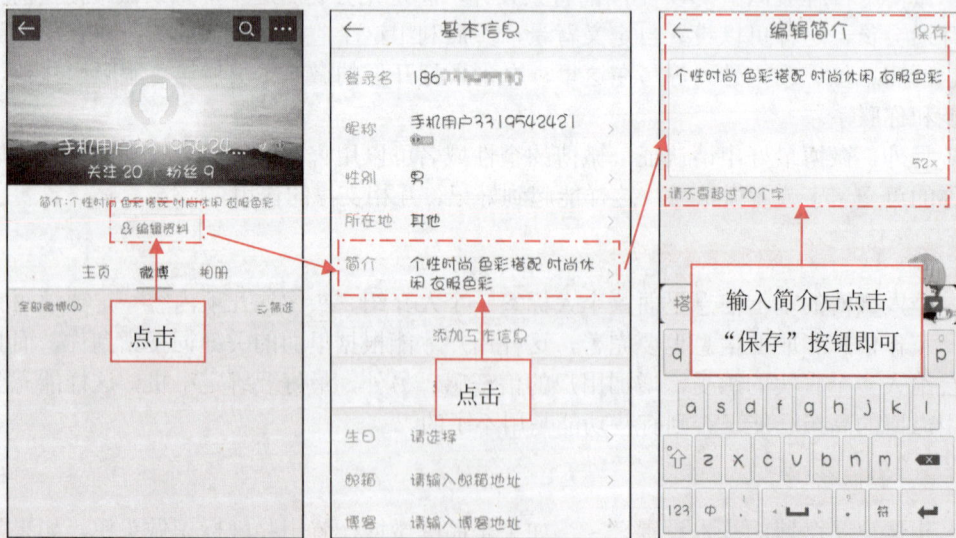

点击

点击

输入简介后点击"保存"按钮即可

图 8-12　微博的简介设置技巧

　　注意，不要写成一句话，更不要写成浪漫诗情画意的一句话，励志的东西写在这里没用的。

　　简介的内容要考虑搜索概率，需要注意的是词语之间要用空格隔开，不要用任何标点符号，写完后要加一个你的电话号码或者微信、QQ 号，最好不要写网址，因为对于手机用户来讲写在简介中的网址是无法直达的。

8.3.2　微博内容推广技巧

　　一个微博仅做好前期的工作是不够的，更重要的是后期的内容更新以及推广技巧，如图 8-13 所示。

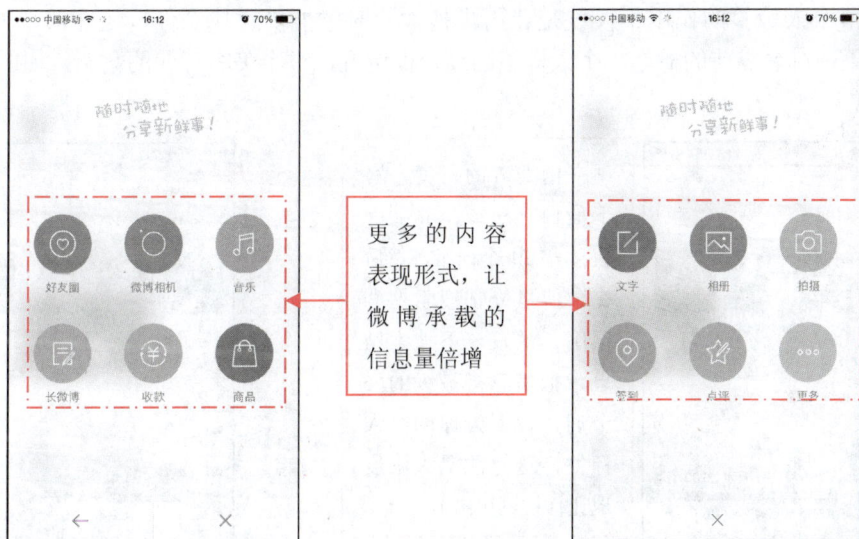

图 8-13　微博的内容形式多样

　　注册好了一个微博，如果放在那里当摆设，不去更新它，或者是一天发一百条广播，这样都是没必要的。我们每天平均发二十条广播就可以了，但是内容一定是吸引人的。

　　一个微博，如果内容来来去去都是那些无趣的东西，用户也就慢慢地对你的微博失去兴趣。相反，如果你的微博每天都有一些用户感兴趣的、创意新颖的内容更新，那么用户对于你的微博忠诚度也会提升，并且帮你转发微博让更多的人来关注你。

下面介绍一些微博内容的推广技巧。

(1) 原创。坚持原创内容建设，制定合适的转发热门内容的比例。

(2) 内容。内容要贴近生活和现实、新闻热点、事件。热门排行里的内容更受用户关注，可以适当转发和参与。

(3) 图文结合。图文并茂的内容更受人欢迎，在图片上打上水印，有利于微博的推广。

(4) 活跃度。适当利用时光机不但可以降低工作量、增加发布频率，还能增进微博活跃度。

(5) 直播。重视突发事件的直播报道和现场直播，更容易受到网友关注。

8.3.3　微博标签设置技巧

微博个人标签的作用不仅仅是让用户搜索的时候能快速找到你，还能够增加你在搜索结果中排名靠前的概率。个人标签的设定很讲究，举个美容行业的案例，如图 8-14 所示。

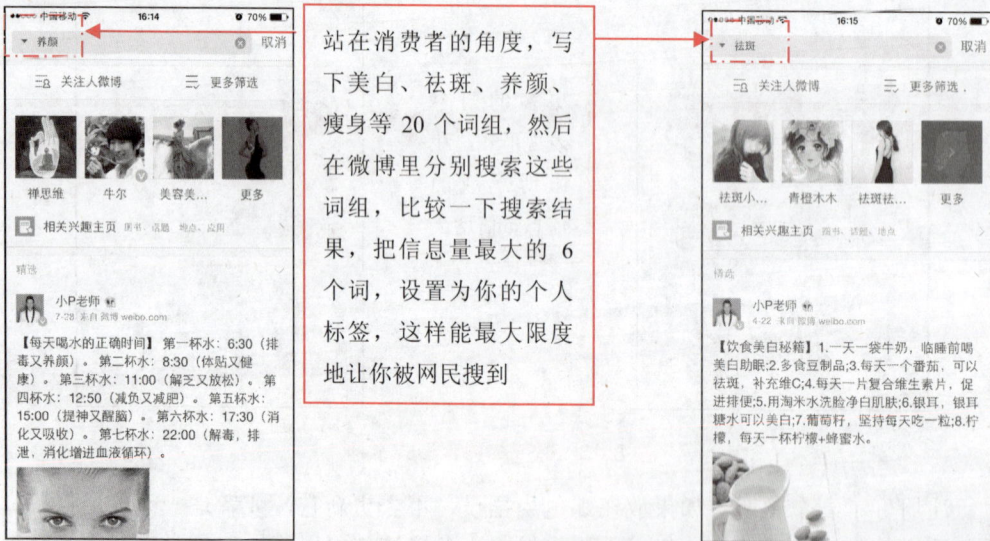

站在消费者的角度，写下美白、祛斑、养颜、瘦身等 20 个词组，然后在微博里分别搜索这些词组，比较一下搜索结果，把信息量最大的 6 个词，设置为你的个人标签，这样能最大限度地让你被网民搜到

图 8-14　搜索热门的个人标签

个人标签可以设置 10 个词，前面已经有 6 个了，后面 4 个就把一个词分开写，例如白、美、祛、斑等，这样的目的是让一个字能匹配到你，俩字也能匹配到你，三个词也能匹配到你，总之微博标签词的匹配度越高，被用户搜索并曝光的概率就越高。微博标签设置的 5 个规则如图 8-15 所示。

在产品比较多的时候，标签能写出4个字的就进来写四个字的词语，比如卖服装的可以用"服装女装、服装裤子、服装男裤等，这样的好处是可以写更多的词，在用户搜索的时候会自动匹配到你。

重视4字词语的作用

我们需要准备几十组标签词，定期去看用户的搜索习惯，根据这些被搜索的次数来调整自己的标签词的设置。

定期调整标签词

标签设置规则

注意概率问题

微博作为一个媒体，不要指望所有搜索到你的人都去看你，有百分之一关注你就不错了。

为标签词进行合理排序

写好了标签词，要对其进行优化，优化就是合理排序，前面的6组词都用4个字的词语，从第7个词开始，按照4、3、2、1个字的顺序来写，比如"美容美白、美容美、美容、美"。

根据节假日更换标签词

标签词最好一月一换，赶上重大节日，就更换标签词，例如"双十一"，就要把"双十一"写进标签里，这样当人们搜索"双十一"相关的关键字时，就会搜索到你的微博。

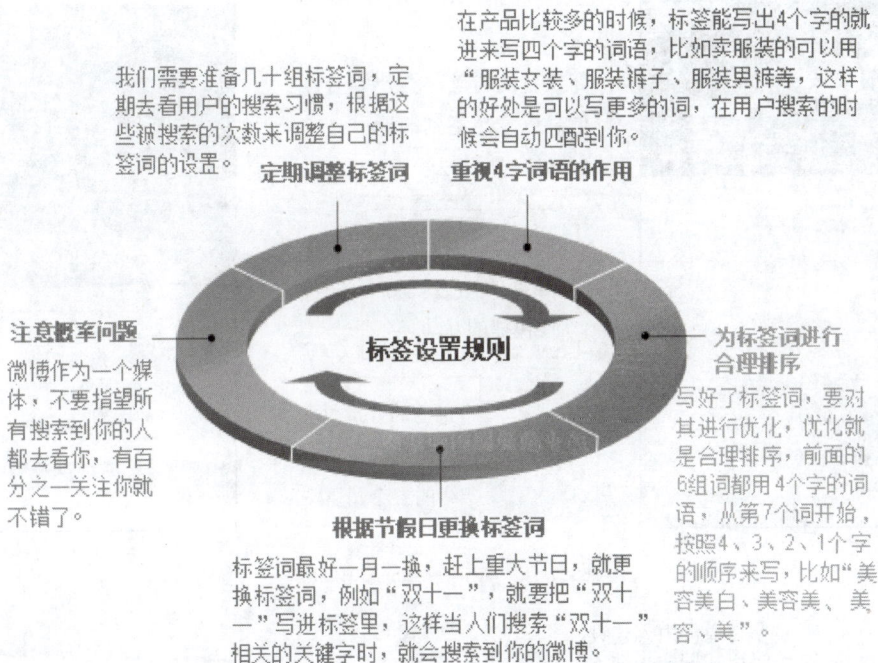

图 8-15　标签设置规则

8.3.4　微博提高粉丝数量的技巧

微博营销是一种基于信任的用户自主传播营销手段。企业在发布微博营销信息时，只有取得用户的信任，用户才能可能帮企业转发、评论信息，使信息产生较大的传播效果与营销效果，如图 8-16 所示。

首先要知道你现在微博的状况，粉丝量决定了你微博的不同阶段，每个微博账号最多只能加 2000 个关注，如果诚信互粉的话，那么你最多只能获得 2000 多个粉丝。因此，建议粉丝量到 1000 的时候要诚信互粉，并且要清理你关注的人，要把那些粉丝量少的清理掉。此后，即可开始进行微博定位，同时每天要有计划地发布内容，发一些原创有趣的、高质量内容，长期下去，粉丝量将迅速增长，如图 8-17 所示。

微博是企业聆听、学习以及了解客户的有效平台。微博用户在微型博客上记录了自己日常的真实想法、爱好、需求、计划、感想等，真实地表露了自己的消费需求、偏好、生活形态、品牌态度等，在一定程度上帮助企业了解其对产品的态度、需求、期望、购买渠道与购买考虑因素等，让企业能深度地了解消费者，从而制定或者优化产品和营销策略。

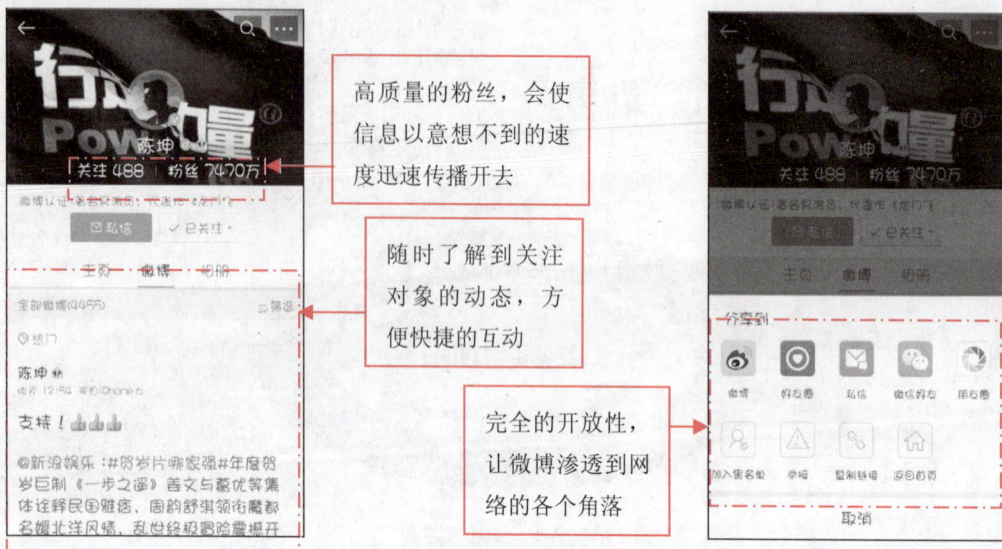

高质量的粉丝，会使信息以意想不到的速度迅速传播开去

随时了解到关注对象的动态，方便快捷的互动

完全的开放性，让微博渗透到网络的各个角落

图 8-16　微博粉丝的营销力量

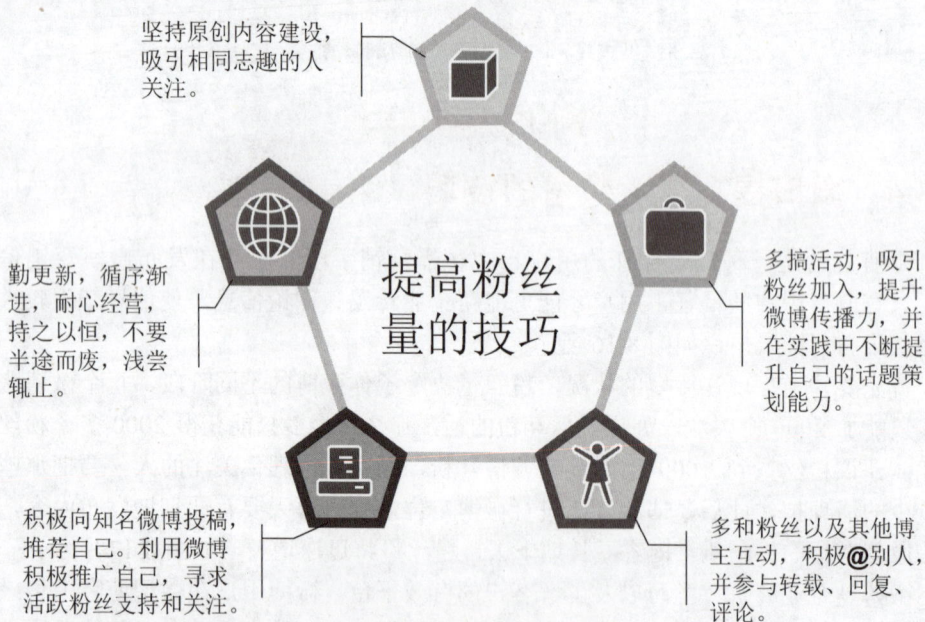

坚持原创内容建设，吸引相同志趣的人关注。

勤更新，循序渐进，耐心经营，持之以恒，不要半途而废，浅尝辄止。

提高粉丝量的技巧

多搞活动，吸引粉丝加入，提升微博传播力，并在实践中不断提升自己的话题策划能力。

积极向知名微博投稿，推荐自己。利用微博积极推广自己，寻求活跃粉丝支持和关注。

多和粉丝以及其他博主互动，积极@别人，并参与转载、回复、评论。

图 8-17　提高粉丝量的技巧

8.3.5　微博提高满意度的技巧

微博为企业提供了一个服务平台。在微博平台，企业可以对用户进行实时跟踪，从而快速地了解到用户在对企业产品或服务发出的质疑或请求帮助等信息。企业还可以通过微博来回复用户的信息，以解决用户的问题，避免用户因为不满而大规模地在网络上传播企业不利信息。微博这个服务平台能快速解决用户的问题，有效地提高客户的满意度，并实现品牌真诚度的累积。

例如，著名的餐饮品牌海底捞就利用微博快速了解到了用户的反馈信息，并通过即时回复，解决了用户的问题。海底捞在 2014 年中秋节举办了一次在海底捞拍摄的最佳幸福照评选活动，规定由海底捞的粉丝投票评选出最佳照片，如图 8-18 所示。

图 8-18　海底捞最佳幸福照评选活动

在活动开始后，有的用户积极参与，并大力赞扬，而有的用户则对活动充满疑问，比如说，有的用户用手机登录，看不到活动的照片，就对海底捞发出疑问；还有的用户看到了活动的特色，想去海底捞体验一下，却苦于自己所在的城市没有海底捞店面，也对海底捞提出了质疑。对于这些各种各样的疑问声，海底捞都用微博做了最完善的解答，提高了用户的满意度，如图 8-19 所示。

另外，海底捞从众多参与者中评选出 10 张最幸福照片，利用微博投票功能再次发动粉丝互动，如图 8-20 所示，进一步提升粉丝的积极性。

很多微博都开发了品牌频道，如图 8-21 所示，帮助企业进行品牌营销。例如，戴尔从 2007 年 3 月开始使用 Twitter 企业平台，目前戴尔官方网站上已拥有 65 个 Twitter 群组。企业对微博的关注反映了新社会化媒体在"消费者对品牌进行公开讨论"方面的力量，对品牌的真正话语权已经转移到消费者手中。

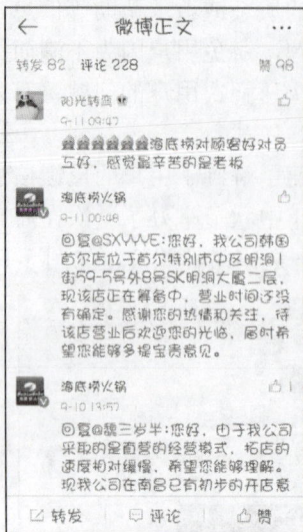

图 8-19　海底捞利用微博解决用户问题

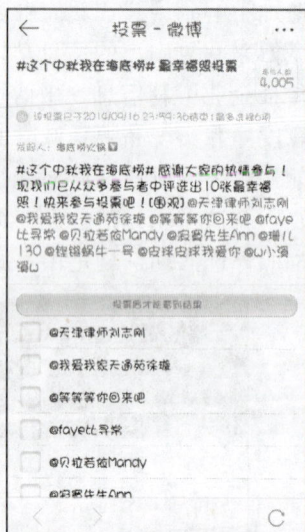

图 8-20　微博投票互动

企业可以在微博构建品牌页面中同时组建多种品牌小组，同一品牌的粉丝能够聚合在一起，而企业通过平台可以向用户发送各种新品、促销信息，微博的即时性和分享性让一个消息可以迅速遍布有相同兴趣爱好的 group、team，甚至用户之间也发生互动，他们也可能把信息转发给其他好友。

图 8-21　微博品牌频道

8.3.6　微博互动营销技巧

进行微博营销，最主要的一点就是要主动与别人进行互动。当别人点评了你的微博后，你就可以和他们进行对话；还可以去创办一些热闹的活动，让别人去参与，这样才会有客户和潜在客户愿与你交流，才会分享你的内容。

　　获得用户信任最重要的方法就是不断保持与粉丝之间的互动，让粉丝感觉到企业的真诚与热情。企业要经常转发、评论粉丝的信息，在粉丝遇到问题时，还要及时地帮助其解决问题。只有凡事都站在粉丝的角度来考虑问题，才能与粉丝结成比较紧密的关系，如此，在企业发布营销信息时，粉丝也会积极帮企业转发。

　　例如，在与用户的微博互动方面，可口可乐就做得非常好，可口可乐在 2013 年发布了一条微博，微博具体内容为，问"小可"生活讯息，就可以收到小可的回信，如图 8-22 所示。

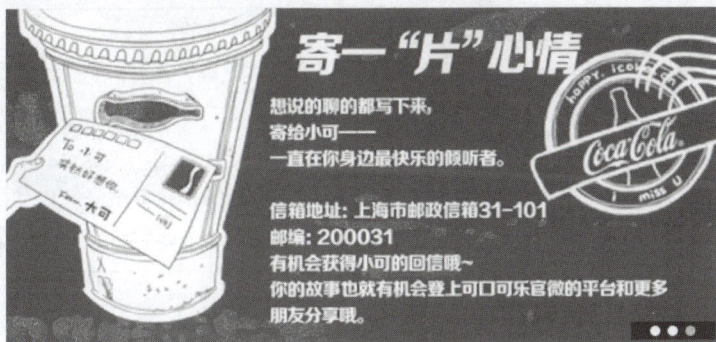

图 8-22　可口可乐微博互动

　　可口可乐通过微博传递互动信息，让用户感受到企业的用心，使其微博信息被大量转发；此外，可口可乐还利用微博展示粉丝的"心情故事"，充分调动了用户互动的积极性，从而进一步赢得了用户的信任感。

　　在笔者看来，企业可以学习可口可乐的方式，从用户的角度设计互动方式，让用户感到企业的用心，进而培养用户的黏性。

8.3.7　微博硬广告营销技巧

　　硬广告大家相对都比较的熟悉，我们在报纸杂志、电视广播、网络等媒体上看到和听到的那些宣传产品的纯广告就是硬广告。而媒体刊登或广播的那些新闻不像新闻、广告不像广告的有偿形象稿件，以及企业各种类型的活动赞助被业界称为"软广告"。

　　微博硬广告具有传播速度快、"杀伤力"强、涉及对象最为广泛、经常反复可以增加公众印象、有声有色、具有动态性等特点，如图 8-23 所示。

　　微博优化选取热门关键词，做微博关键词优化的时候，我们要尽可能地以关键字或者关键词组来开头，尽量地利用热门的关键词和容易被搜索引擎搜索到的词条，增加搜索引擎的抓取速率，但这些内容也是要和你推广的内容相关，又或者说，你也要考虑到你的听众，如果一味地为了优化而优化，那就得不偿失了。比如：博客营销。

在发布企业的广告时，笔者建议，企业在措辞上不要太直接，要尽可能把广告信息巧妙地嵌入到有价值的内容中，如图 8-24 所示。

在发布微博硬广告时，最常见也是最直接有效的方式就是图文结合。图文结合既能让用户了解到企业营销活动的具体信息，也能让用户被图片上的内容吸引，从而进一步参与企业的营销活动。

微博硬广告的特征：
(1)以文字链、图片、Flash、视频等形式展现；
(2)有固定可选的广告位置；
(3)带有明显的产品或品牌信息；
(4)需要付费给第三方平台(媒介)。

图 8-23　微博硬广告的特征

如果企业的微博广告能够为用户提供有价值的东西，而且具有一定的隐蔽性，就会提高转发率，使营销效果变得更好。在笔者看来，一些生活小技巧、旅游奖励、免费资源的提供以及趣味故事都可以成为植入广告的内容，为用户提供一定的价值，为企业创收。

图 8-24　微博中植入广告的技巧

企业在使用图文结合时要注意时宜，不要过于频繁地使用，以免让用户产生反感。

8.3.8 微博公关服务技巧

对于企业的市场公关人员来说，互联网与移动互联网上的"公关危机"如洪水猛兽般袭来，令人胆战心惊。移动互联网特有的病毒式传播，使得用户对某些产品或企业服务的负面言论与评价快速传播，很有可能导致企业遭遇公关危机。不过，微博作为一个信息共享社区，传播效率极高，当企业遭遇公关危机时，通过微博快速处理危机情况，能够将危机的影响降到最小。

微博在为企业营销提供新思路，推动公关传播手段创新的同时，也给公关行业提出了新的课题。微博时代信息的去中心化和碎片化给谣言和危机的产生和传播创造了温床，危机的源头无处不在。

面对微博形成的"社会化媒体的长尾"，一个不起眼的小消息都有可能被无限放大，对企业来说，在危机之前如何预警，危机产生后如何公关处理，都是值得研究的课题。因此，对于企业来说，其对微博用户的品牌口碑实时监测十分重要，通过微博平台具有的搜索功能，以及相关的实时监测功能，企业可以在平台上实时监测品牌的口碑，以预防企业危机情况的出现。

市场产生了需求，就会有满足需求的服务提供商出现。一些通过微博运营来进行危机公关的专业团队已经产生。

例如，最近出现的煎饼侠的抄袭事件，有网友指出它抄袭了美国电影《包芬格计划》，如图 8-25 所示。

"大鹏"据此做出了回应，他称，我本人没有看过《包芬格计划》这部电影，但是另一个编剧看过，但是我们没有抄袭。他还表示，这个故事是由他本人的成长故事改编而成的。

微博公关作为一种新的方式，打破权威，为公众与企业提供了一个可以交流的公众平台，企业充分利用微博这一平台进行公关，参与和回复关注者的评论，实现沟通和影响舆论的目的。

在微博时代里，人人都是媒体，也同时都是受众。由于每个发布者都隐藏在一个微博账号后，任何一个人都可以是危机发生的触发器，任何一个细节都可能是危机的诱发因素。跟传统公关相比，难度在于我们或许可以通过努力控制某一个媒体，但是我们无法控制每一个人。

图 8-25　煎饼侠的微博内容

8.3.9　微博热门话题营销技巧

微博用户打开微博后，通常先会迅速浏览信息流里有什么好玩的内容，其后便是查找热门微博或者看热门话题。

微博运营者们上班打开微博后，看一看热门话题，然后统统记下，并思考如何用自己运营的品牌微博与当天热门话题发生关系。

微博话题营销是一个"我听见你的声音→我在听你说→我明白你说的→达成营销目的"的过程，微博运营者则希望能借势营销。用户的眼睛看到哪里，价值便在哪里。所以不管是线下、线上，还是在门户网站，论坛中的热门话题都是备受关注的。

2013 年 5 月初，新浪微博上线了微话题主持人，如图 8-26 所示。例如，电影《大圣归来》便是微话题营销上很好的尝试，《大圣归来》话题共有总话题讨论 451.7 万条，阅读量突破 5 亿，这对于在微博上的影视类宣传已经是一个非常惊人的数字。

企业在更新自己的微博前，先要去搜索一下别人感兴趣的热门话题是什么，然后将它策划为自己的营销内容，这样可以增加被用户搜索到的概率，从而达到了营销的目的。企业一般在发广播的时候，在热门关键词中加双井号如：#电商资讯#。

当然，适当转播他人的热门话题，也会给你带来人流量，博主会认为你很关注他，他就会收听你，也会经常看看你更新的微博。但是不要过分地转播，这样别人反而会觉得厌恶，保持适度的微博留言量就行了。

总而言之，"话题"是微博话题营销的核心和灵魂。企业只有选择准确的话题，并结合品牌和产品的实际情况进行把握、提炼和升华，才能取得话题营销的成功。

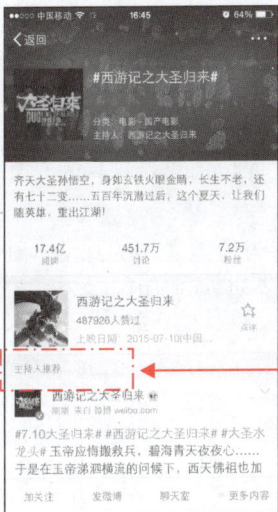

认证用户或微博达人发表了包含#话题名称#的微博后，便可点击微博正文中的话题链接进入话题页面申请主持人。新浪话题主持人机制类似于传统 BBS 的版主，话题的主持人可以对话题进行解释描述、更换题图、设置话题关键字、推荐话题相关用户、设置话题观点 PK 等一系列操作，并在话题参与者讨论的过程中获得曝光和粉丝关注。

图 8-26　微话题主持人

8.4　微博营销推广

　　企业微博营销者首先要改变观念，明白微博是一个给予平台。目前，微博的用户数量已经能以亿来进行计算，很多用户都有每天浏览微博的习惯，不过，只有那些能对浏览者创造价值的微博才能被注意，产生营销价值，以达到企业期望的商业目的。对于企业来说，只有认清了微博的"给予"意义，并通过一定的技巧让用户关注、分享企业微博，才可能使企业从微博中受益。

　　微博作为一个新生的微营销手段，正在不断发展和完善，对于企业来说，想要利用微博做好微营销，必须要掌握微博的操作推广技巧，如图 8-27 所示。

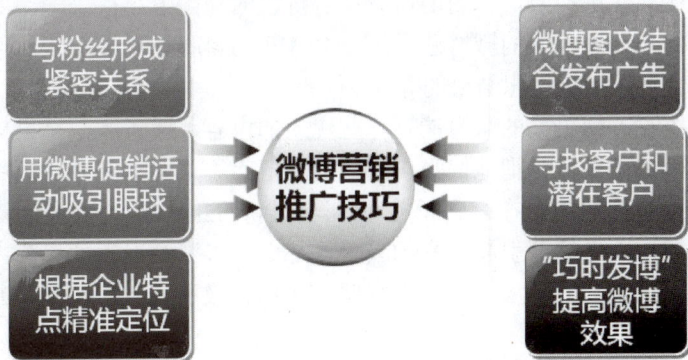

与粉丝形成紧密关系

用微博促销活动吸引眼球

根据企业特点精准定位

微博营销推广技巧

微博图文结合发布广告

寻找客户和潜在客户

"巧时发博"提高微博效果

图 8-27　微博营销推广技巧

8.4.1　与粉丝形成紧密关系

微博营销是一种基于信任的用户自主传播营销手段。企业在发布微博营销信息时，只有取得用户的信任，用户才可能帮企业转发、评论信息，使信息产生较大的传播效果与营销效果。

笔者认为，获得信任最重要的方法就是不断保持与粉丝之间的互动，让粉丝觉得企业的真诚与热情。保持与粉丝之间的互动，需要企业做到如图 8-28 所示的几点内容。

图 8-28　保持与粉丝的互动要点

(1)　优质内容。 一个微博要想拥有更多的粉丝，最重要的一条就是要有优质的内容。微博可写的内容非常多：记录自己每天的想法、心情；自己身边发生的趣事、新鲜事；相关行业的评论；热门话题的讨论；有价值的经验分享，等等。要赢取用户信任就一定要让用户通过我们的微博感受到一个真实的自我，单纯的企业信息或者营销信息的发布平台是达不到理想结果的。

(2)　主动关注。 如果你的微博能有一些优质的内容，而且大都是目标用户爱看的内容，那接下来的事情就是把他们吸引到你的微博上。你主动关注目标用户的行为在很大程度上会促使一般用户在得到新关注(即获得新粉丝)之后，都会回访一下你的微博。如果你的微博内容能够引起用户的兴趣，那么大多数情况下他也会主动关注你，成为你的粉丝。如果你的个人资料再丰富些，头像再吸引人一些，互粉的可能性就会更大。

(3)　转发和评论。 转发用户的微博，并在转发的同时写一些有价值、有深度的评论，转发几次后就会引起用户的注意。用户会觉得自己得到了尊重，自己发表的东西有人懂得欣赏，又找到了一些志同道合的朋友。这时，用户主动关注你，成为你的粉丝就是水到渠成的事情。这种方法需要坚持做，用心去评论别人的信息，才能取得好的效果。

8.4.2 微博图文结合发布广告

如果企业的微博广告能够为用户提供有价值的东西，而且具有一定的隐蔽性，就会提高转发率，使营销效果变得更好。

在笔者看来，一些生活小技巧、免费资源的提供、优美图片以及趣味故事都可以成为植入广告的内容，为用户提供一定的价值，为企业创收。如图 8-29 所示，商家通过分享开网店的技巧植入广告。

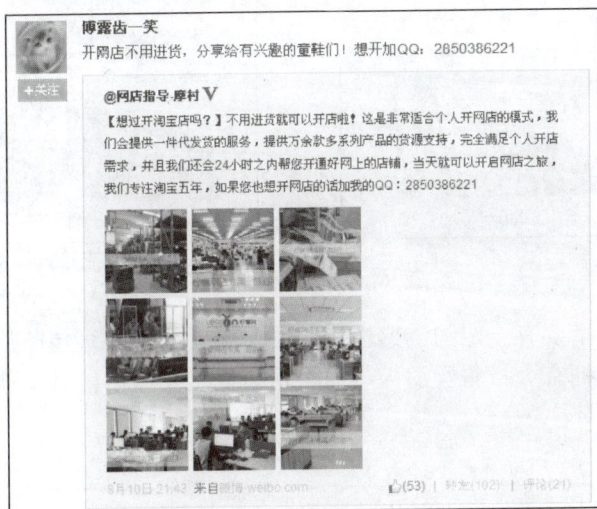

图 8-29 微博植入广告技巧

• 专家提醒

在发布微博广告时，最常见也是最直接有效的方式就是图文结合。图文结合既能让用户了解到企业营销活动的具体信息，也能让用户被图片的内容吸引，从而进一步参与企业的营销活动。

8.4.3 用微博促销活动吸引眼球

抽奖活动或者是促销互动，都能吸引用户的眼球，使企业达到比较好的营销效果。笔者认为，企业的抽奖活动可以规定，只要用户按照一定的格式对营销信息进行转发和评论，就有中奖的机会(奖品一定要是用户非常需要的，这样才能充分调动粉

237

丝的积极性）。如果是促销活动，就一定要有足够大的折扣和优惠，这样才能够引发粉丝的病毒式传播。如图 8-30 所示，为微博促销活动。

图 8-30　微博促销活动

促销信息的文字要有一定的诱惑性，并且要配合精美的宣传图片。此外，企业与商家如果能够请到拥有大量粉丝的人气博主帮自己转发微博消息，就能够使活动的作用得到最大化的发挥。

·专家提醒

　　在微博中，有一类人大量存在，即抽奖专业户，这些人专门找可抽奖的帖子，先关注并转发，也不看帖子内容，只等着免费中奖。在笔者看来，这类人势必会影响企业微博营销活动的进行。

　　虽然，很多时候，企业通过促销活动，在短时间里获得了不少关注及转发数量，但是，有时候由于专业抽奖户存在，使得这些关注及转发的价值得不到发挥。笔者认为，企业可以做微博促销活动，但不要频繁地采取送奖品的方式，因为这样并不利于粉丝忠诚度的培养。促销活动是一种营销手段，但绝对不是主要的手段，无论在哪种营销方式中，内容营销绝对是王道，企业只有设计出能够真正吸引用户驻足的内容，才能与用户建立长久的联系。

　　微群为大家提供了一个围绕某个话题交流和讨论的场所，群内的成员往往都是对这一话题关注的人，如果我们能常常发一些用户关注的内容，经常和群内的用户进行交流讨论，帮助用户解决问题，甚至成为群内的名人，那么群内的用户也会慢慢转变成我们的粉丝，如图 8-31 所示的是微博互动策略五大要点。

图 8-31 微博互动策略

(1) 测试题互动营销。通过一些测试题，有趣的小游戏来聚集粉丝进行互动，这种方法相对来说是比较稳妥的，抓住了一些人喜欢进行测试问题小游戏的心理，来进行传播宣传，达到互动营销的目的。

(2) 话题评论营销。发布一些有争议、搞笑、有震撼力的图片，事件描述，视频等，通过其他用户的转播评论，再与其他人进行互动。这种方法需要的人力和时间比较多，如果能广泛传播，其效果也是很好的。

(3) 原创微博营销。重视原创微博的水平，坚持让微博原创帖子在素材选择上恰当，在表达方式上轻松。在商业元素上更软化的微博帖子是很容易引起粉丝们的关注并进行转发或评论实现互动。

(4) 监测回帖营销。企业或机构在每天发完几条微博后，需要不断地监测粉丝们的回复以及粉丝们主动发布针对你的企业或机构的帖子，这种行为实际上是在提高互动率。

(5) 解决问题营销。积极耐心地与粉丝互动，在发现你的微博评论中或他人发布的微博中有一些必须回复的问题后，要根据不同问题的性质，进行不同方式的回答。有些简单问题可以直接回答；有些专业问题，则要向相关专业部门进行沟通；遇到危机的苗头，则要与企业或机构的公关部门进行及时汇报，按照预案制定相对应的对策。

8.4.4 寻找客户和潜在客户

要把微博打造成一个客户定位精准的互动平台，就需要去寻找这些需要自己产品和服务的客户和潜在客户群，可以通过以下 3 种方式获取客户群，如图 8-32 所示。

图 8-32　获取客户群

(1) 通过微群找用户。微群和 QQ 群类似，是大家由于某个共同的爱好或者有共同的话题聚到一起而进行交流和互动的地方。如果微群的主要话题和你的产品有比较紧密的结合点，那么微群里的用户也是你的目标用户。

(2) 通过话题找用户。发布微博时，要对某个话题进行讨论，可以通过 #话题名称# 来实现，这个功能最大的优点就是，可以通过微博搜索直接找到参与某个话题讨论的人群。

(3) 通过标签找用户。微博上的用户都会根据自己的爱好或者特点为自己的微博贴上不同的标签，这些标签都是用户自身设定的，最能体现出个人的特点。根据这些粉丝的特点，我们就可以对他们在年龄、职业、身份、爱好等方面进行归类，如果我们的目标用户正好和某一人群重合，则这类微博用户就是我们的目标用户，我们就可以去吸引这些人群。

8.4.5　根据企业特点精准定位

营销定位清晰，首先必须理解企业的整体营销策略，然后与制定企业整体营销策略的管理者进行讨论和沟通，在理解微博的特点及可实现的主要功能的同时，结合企业的实际特点及需要，明确微博能在企业整体营销方案中发挥什么作用，也就是微博在企业整体营销中的定位。

目标明确是指微博的营销目标有很多，微博营销的团队应该与企业的主要管理者沟通，以明确在不同的阶段可以完成的具体目标。这些目标可能有：赢得新客户(或新注册用户的增加数)、企业微博的粉丝数、品牌的互动率(转发数与评论数)、产品或服务的市场引导效果、新产品或服务的推广、提升客户服务水平、加强客户关系、获得详细的参与者数据、传递企业相关信息、发布公关报道并对外界产生影响、促进官方网站的流量增加、促进产品或服务的销售(提高转化率)等。

因为微博做的是相对精准的营销，一个微博不可能承担所有的功能。因为企业有不同的品牌，不同的业务，不同的职能部门，每一块都可以建立对应的微博，然后负责某块具体的目标用户群，为用户解决或提供某些服务，这就是营销必须首先要明确目标的原因。

8.4.6　"巧时发博"增强微博效果

一篇好的微博，如果被其他内容覆盖了，也是一个失败的微博，所以我们应该善于利用用户空闲时间发布微博内容，不但能够提高每篇微博的效果，还能节省自己的时间。不同的时间段发布的微博价值不同，不同微博的对象、内容，发布的时间也不同，如图 8-33 所示。

图 8-33　"巧时发博"的微博效果

(1)　时间段不同，营销价值也不同。企业需关注上午 9 点到 11 点；下午 2 点到 3 点互动性不高，虽然企业发博量非常集中，但此时用户多忙于工作，参与度并不高；晚间 18 点到 23 点用户互动的热情高涨，但是企业微博发布的内容量急剧减少；因此 18 点到 23 点才是企业可以开发的时间段。

(2)　微博读者对象的不同，发微博时间略有差异。例如，如果你写微博主要是给大学生看的，那你要考虑，大学生没有太明显的周末、工作日的规律，周一到周五要上课，白天上网的时间少，周末上网的时间则最多。所以，发给学生看的微博，可以选择在工作日的晚上或周末的下午、晚上发。

(3) 微博内容不同，最佳发微博的时间也有不同。 例如，如果发的是业界新闻、行业动态，最好在上午工作时间发，这时，关心此类内容的办公室职员、白领等人群，多半正在微博上浏览相关信息。如果想发布有关人生感悟、娱乐休闲、家居生活等话题，最好是在晚饭之后的时段，大家不再因工作而操劳。周五下午，通常可以谈谈周末娱乐方面的话题，周末或假期则可以面向学生发布相关内容。

(4) 注意要控制时间段内的内容发布频率。 虽然微博可以随时随地地发布广播，但如果要利用它做营销，就必须每天定时定量地发布一些提前精心准备的内容，形成自己独有的发博规律，粉丝也自然会知道博主发布的规则，那么一到时间，粉丝必定会不由自主地去关注微博动态。

第 9 章

社交分享——二维码体验营销

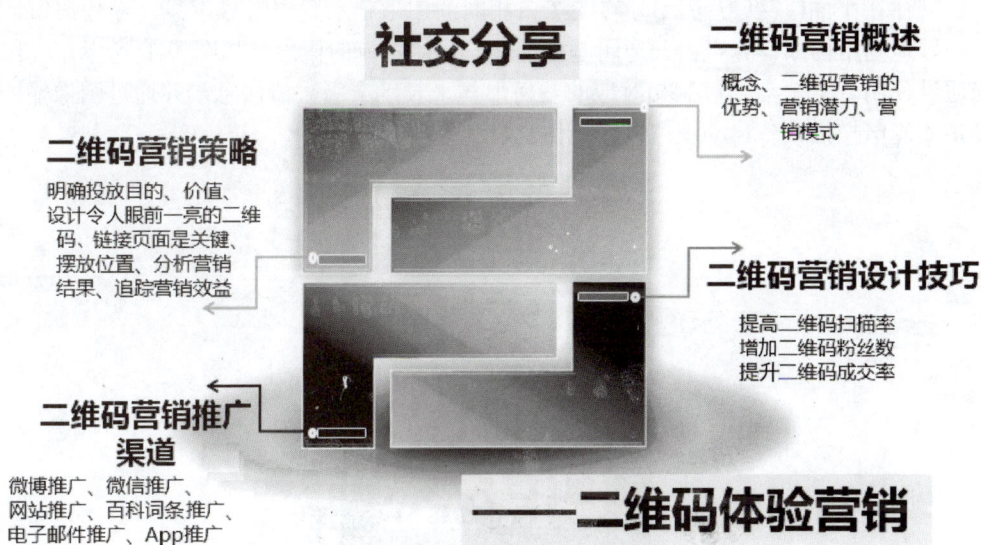

社交分享

二维码营销概述
概念、二维码营销的优势、营销潜力、营销模式

二维码营销策略
明确投放目的、价值、设计令人眼前一亮的二维码、链接页面是关键、摆放位置、分析营销结果、追踪营销效益

二维码营销设计技巧
提高二维码扫描率
增加二维码粉丝数
提升二维码成交率

二维码营销推广渠道
微博推广、微信推广、网站推广、百科词条推广、电子邮件推广、App推广

——二维码体验营销

9.1 二维码营销概述

移动互联网已深入到我们工作生活的方方面面，移动终端好像是我们身体的延伸，让我们更方便更快捷地从各种各样的 App 中淘取有用的信息。

在智能手机越来越普及的情况下，以往二维码的识别障碍已经完全消除。搭上"微信营销快车"之后，二维码营销正在成为移动互联网营销的利器。无论是媒体、商家还是移动开发者，都需要认真研究二维码营销的用户驱动因素，利用二维码营销提升品牌、促进销售。

9.1.1 什么是二维码

二维码技术诞生于 20 世纪 40 年代，但得到实际应用和迅速发展还是在最近 20 年间。二维码的起源是日本，原本是 Denso Wave 公司为了追踪汽车零部件而设计的一种条码。

二维码(2-dimensional bar code)，又称二维条形码，它是用某种特定的几何图形按一定规律在平面(二维方向上)分布的黑白相间的图形记录数据符号信息，在代码编制上巧妙地利用构成计算机内部逻辑基础的 0、1 比特流的概念，如图 9-1 所示。二维码通过使用若干个与二进制相对应的几何形体来表示文字数值信息，并通过图像输入设备或光电扫描设备自动识读以实现信息自动处理。

图 9-1 二维码

　　简单而言，二维码是使用若干个与二进制相对应的几何形体来表示文字数值信息，将信息换算成二进制的几何形体，并生成一个矩阵图。二维码生成之后，要用专门的解码器解码，现在都采用红外线探头来抓取图形，一般分为硬解码和软解码两类。硬解码是指探头抓取图形之后用软件直接解码，软解码是指通过抓取图形之后传送到二维码库里去对比解码。

　　二维码作为一种全新的信息存储、传递和识别技术，自诞生之日起就得到了许多国家的关注。美国、德国、日本、墨西哥、埃及、哥伦比亚、巴林、新加坡、菲律宾、南非、加拿大等国，不仅将二维码技术应用于公安、外交、军事等部门对各类证件的管理，而且也将二维码应用于海关、税务等部门对各类报表和票据的管理，商业、交通运输等部门对商品及货物运输的管理，邮政部门对邮政包裹的管理，工业生产领域对工业生产线的自动化管理。

　　在通用商品条码的应用系统中，最先采用的是一维码，国外对二维码技术的研究始于 20 世纪 80 年代，在二维码符号表示技术研究方面，已研制出多种码制，常见的有：Data Matrix、Maxi Code、Aztec、QR Code、Vericode、PDF417、Ultracode、Code 49、Code 16K 等。

　　归结起来，二维码主要分为以下两类。

　　(1) 堆叠式/行排式二维码。又称堆积式二维条码或层排式二维条码，其编码原理是建立在一维条码基础之上，按需要堆积成两行或多行。

　　(2) 矩阵式二维码。又称棋盘式二维条码，其是在一个矩形空间通过黑、白像素在矩阵中的不同分布进行编码。QR Code、Code One、Data Matrix、Maxi Code 等都是矩阵二维码，其中应用最广泛的是 QR(Quick-Response)Code。

　　二维码是一种比一维码更高级的条码格式。一维码只能在一个方向(一般是水平方向)上表达信息，而二维码在水平和垂直方向都可以存储信息。一维码只能由数字和字母组成，而二维码能存储汉字、数字和图片等信息，因此二维码的应用领域要广得多，比普通一维条码的信息容量大，可靠性高并且保密防伪性也更强。

　　同时，二维码还具有条码技术的一些共性。

- 具有一定的校验功能。
- 每个字符占有一定的宽度。
- 每种码制有其特定的字符集。
- 具有对不同行的信息自动识别功能和处理图形旋转变化等特点。

9.1.2 二维码营销的优势

比尔·盖茨曾经说过："互联网将在五年之内颠覆电视的统治地位"，几乎所有人都在感受着互联网带给这个世界的冲击。可是中国有句古话说得好："螳螂捕蝉，黄雀在后"，如果说互联网是螳螂的话，那么移动互联网就是黄雀。

当然，移动互联网也不可能平白无故地就成为新的潮流，它必然和一系列的技术手段相结合，才能产生足够的影响力，二维码就是其中的一种。

随着智能手机的日益普及，如何运用二维码来提升商品的曝光度以及传递活动信息，是销售人员和初创业者在规划营销方向时要考虑的传播渠道之一。如图 9-2 所示，介绍了二维码的营销优势。

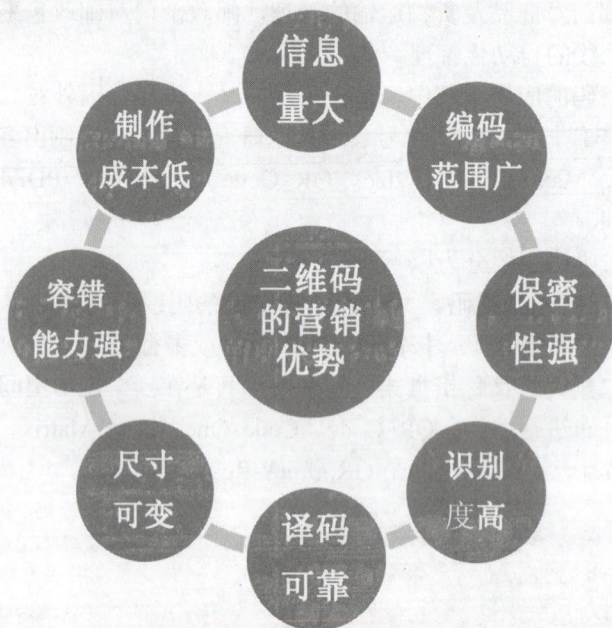

图 9-2　二维码的营销优势

（1）**信息量大。**二维码是一个多行、连续性、可变长、包含大量数据的符号标识。其中，每个条形码有 3～90 行，每一行有一个起始部分、数据部分、终止部分。另外，二维码采用了高密度编码，小小的图形中可以容纳 1850 个大写字母或 2710 个数字或 1108 个字节，或 500 多个汉字，是普通条码信息容量的几十倍。如此大的信息量能够把更多种样式的内容转换成二维码，通过扫描传播更大的信息量。

（2）**编码范围广。**二维码可以把图片、声音、文字、签字、指纹等数字化的信息进行编码，用条码表示出来，不但可以表示多种语言文字，还可以表示图像数据。

通常情况下，制作二维码输入的信息可以分成 3 类：文本信息，比如名片信息；字符信息，比如网址、电话号码；图片信息，甚至还可以包括简短的视频。

(3) 保密性强。 如果二维码编码时经过加密处理，解码时则需要加密时的密钥信息。因此，和条形码相比，二维码的保密性更好。通过在二维码中引入加密措施，更好地保护译码内容不被他人获得。

(4) 识别度高。 通常情况下，要读取普通的二维码中的信息，需要先在智能手机上安装二维码识别软件，常见的有微信、快拍、我查查等。打开识别软件，对着二维码扫描，即可快速识别其中的内容。

(5) 译码可靠。 普通条码的译码错误率约为百万分之二左右，而二维码条码的误码率不超过千万分之一，译码可靠性极高。

(6) 尺寸可变。 二维码是通过图形上面的黑白点来代表 0 和 1，并实现信息记录的。对一张二维码图像来说，其横向和纵向的总黑白点数是固定的，在摄像头扫描时基本上可以看作是矢量图，其等比例放大或缩小都不会影响存储的信息。但是，如果随意缩放二维码，可能会导致手机扫描不到该二维码。因此，缩放二维码时必须等比例缩放大小，不能随意变形图像。

(7) 容错能力强。 二维码容错能力强，具有纠错功能，这使得二维条码因穿孔、污损等引起局部损坏时，照样可以正确得到识读。即使二维码的损毁面积高达 30%，其中的信息仍然可以读取。

当对二维码进行扫描时，不能保证扫描的每一个信息都正确，这就需要依赖纠错码信息了。因此，在生成二维码时，系统会将纠错码信息和数据信息混在一起编入二维码。此外，二维码中还藏有非常重要的校正图形。当二维码遭到污染或者破坏时，校正图形保证了没有被破坏的信息仍然可以被识别。

(8) 制作成本低。 二维码可以承载图片、声音、文字等各项信息，充分地把复杂的内容通过条码编辑后展现，不仅阅读方便，同时节约纸张，低碳环保。同时，二维码可以印制于各种材质，传真影印更是没有问题，特别适合平面媒体。随着社会的发展，科技水平的提高，移动互联产品越来越受到企业的喜爱，成本低廉、用途广泛的二维码兴起为企业带来了很多方便。

二维码容易制作，持久耐用。二维码的尺寸不受印刷像素的影响，形状和尺寸大小、比例可调。例如，对于图书行业来说，在图书的封面、封底或者内文印上二维码的整个过程，都可以是免费的。

9.1.3　二维码营销的潜力

　　二维码已经越来越显示出了它的时尚本质，除了活跃于各类 IT 设备，二维码还被融入到了日常生活的点点滴滴，成为一种新的社交介质。每家公司、每个物品的信息都可以浓缩进一个小小的方块黑白符号中，人们随处可以用手机从这个密码符号中中读取信息，进行消费或浏览。

1．智能手机用户助力二维码营销

　　随着智能手机在人群中的普及，手机二维码扫描软件也被很多人内置到智能手机中，街头上已经随处可见二维码的身影，公交站牌广告，宣传单、手提袋、宣传册、名片中二维码都被合理地利用起来。

2．移动上网给二维码营销注入活力

　　由于智能手机的火爆，带动了移动互联网产业，手机上网成为一种普遍的用户需求。与电脑不同，手机的屏幕和键盘都比较小，在操作上具有局限性，这就让手机上网"入口"变得异常重要。而二维码具有天然优势，手机只要安装了识别软件，用摄像头对准二维码扫描，就能立即获得产品信息，附加上一条链接，用户轻轻一点就能上网，省去了输入网址的过程，更加便捷。

　　一方面，正因为消费者习惯了移动上网，因此消费者逐渐接受扫描二维码后连接上网观看信息、参与营销活动、使用优惠信息。另一方面，营销者也可以很容易地将二维码复制并随意地摆放，或借由二维码设计出许多与消费者的互动活动，因此制造了流行的风潮。

3．二维码的信息互动传递模式

　　应用二维码的信息传递模式，可以使消费者居于主动的地位，而非处于单方面接收信息的一方，在信息沟通的桥梁上创造了互动的模式，让消费者感到较深的涉入程度。因此，比起一般产品以及服务的宣传方式，消费者对于结合二维码所推出的商品抱有兴趣。

　　二维码互动营销平台不是孤独存在的，而是依靠企业目前的营销方式，企业官方二维码可以印刷在报纸、杂志、广告、图书、包装以及个人名片等多种载体上，用户通过手机摄像头扫描二维码即可实现快速浏览企业的活动信息、获取优惠券、参与抽奖、了解企业的产品信息。

● 专 家 提 醒

　　二维码互动营销平台可以实现跨媒体的链接功能，增强了信息容载量和对手机的适配性。

4．移动广告市场扩大二维码服务

随着智能手机的迅速普及，有远见的广告主早已把目光转向最具有发展前景及不可忽略的移动广告，而广告平台服务商也正在加紧这方面的布局。

2014 年 3 月 31 日，全球信息技术研究和咨询公司高德纳发布统计称，全球移动广告支出有望大幅增长，由 2013 年的 131 亿美元增加至 2014 年的 180 亿美元，并在以后进一步增长。

事实上，智能手机用户也正变得越来越适应移动广告，智能手机用户往往更愿意安装带有移动广告的免费应用，并且也乐意收到与他们日常生活相关的品牌信息推送。受益于移动互联网整体产业的快速发展和移动终端的更新迭代，移动应用广告被行业视为新的蓝海，具备极大的掘金机会及战略意义。

以往所有的营销手段大部分都是采用短信、彩信以及微信等形式广告，这类移动营销最大的特点就是便捷，就像一间"移动商铺"。其实，手机二维码营销同样具有这个特点，企业与商家可以在现有的任何形式的广告中设置二维码，只要消费者扫描了二维码，即可在任何时间和任何地点对产品进行了解，如图 9-3 所示。

图 9-3　通过手机扫二维码随时了解产品信息

通过手机二维码，消费者可以全方位地了解广告内容，不是原有的简单的一个户外或平面媒体的广告内容可以相比的，也不是短短的几十秒的电视广告可以表现的。另外，户外广告有面积的限制，平面媒体有版面的约束，电视广告则有时间的限制，但是二维码却不用考虑这些问题，它具有极大的信息量，可以用手机浏览网页上的所有内容，又不用将消费者限制在电脑前面。

由于二维码非常适合在智能手机上应用，因此日本及欧美等国家开始广泛把二维码使用到各种营销渠道上，如海报、影片、实体产品等。另外，人们对于手机的依赖

性也越来越高，商家通过手机就能找到消费者，若能善加利用二维码和消费者做互动，就等于增强了广告的效果，因此借由二维码搭配移动广告的呈现方式越来越重要。

9.1.4　二维码营销的模式

随着智能手机的普及，大众愈加重视互动和信息传播，加之二维码是开源的，参与成本低，它在中国才具备了爆发的背景条件。跳出二维码的具体应用场景，从运营层面来看，目前中国二维码运营模式可分为 5 类，即网络社交类、服务提供类、电商购物类、媒体阅读类以及应用工具类。

(1) 网络社交类。 目前，网络社交类主要以微博和微信为代表。例如，微信 App 中的二维码提供多种功能服务，带来更便捷并且好玩的操作体验，也为用户创造了一个提高关注和营销的机会，如图 9-4 所示。

图 9-4　微信二维码名片

·专家提醒

　　二维码微信中除了增强社交功能外，在 O2O 上也已动作频频。腾讯电商控股公司生活服务电商部总经理曾对媒体如此阐释：微信将通过二维码识别，在商家和用户之间建立起联系，形成"熟人"形式的 SNS，进而指导 O2O 业务。

　　正如腾讯首席执行官马化腾所言，二维码是线上和线下的关键入口，微信本身也在开启 O2O 商业化的大门，腾讯在微信客户端推出二维码的同时，也和实体商家进行接洽推出一些通过二维码实现交易的活动，从而呈现出目前微信所拥有的 LBS(Location Based Service，基于位置的服务)实现 O2O 模式的雏形。

　　(2) 服务提供类。服务提供类的二维码范围比较广，比如二维码营销、为客户提供从票证检验到物品信息二维码化的一整套运营解决方案。

　　(3) 电商购物类。依托于二维码的移动电子商务平台将成为众多公司未来的核心业务，为商家进行商品制作、营销二维码，消费者扫描它之后登录其移动电子商务平台实现购买，这种模式必将催生出体量巨大的公司。也就是说，今后的网购不用再坐在电脑前了。在地铁、商场、小区、电梯等任何贴有二维码的地方，消费者打开手机一刷，就可以直接购物。

　　(4) 应用工具类。二维码的应用，可以分为主读和被读：主读类应用，是以安装识读二维码软件的手持工具(包括手机)，识读各种载体上的二维码，可用于查询信息、防伪溯源、购物付款、执法检查等；被读类应用，是以手机等存储二维码作为电子交易或支付的凭证，可用于电子票务、消费打折等。

　　(5) 媒体阅读类。由于二维码中可以包含极大的信息量，随着智能手机在日常生活中的普及，Android 和 iOS 智能手机系统的崛起，二维码扫描阅读，将改变人们阅读的习惯。众所周知，在手机上编辑网址十分费力，而使用二维码，只要一拍就可以进入相关阅读页面，方便又快捷。

·专家提醒

　　国外著名出版社西蒙·舒斯特计划在其出版的所有书籍的背面都印上二维码以建立一个直接与消费者互动的关系。当读者使用手机扫描二维码时，他们将会进入到书本作者在西蒙·舒斯特的主页，如图 9-5 所示，在西蒙·舒斯特主页中注册后读者还能浏览作者的其他书籍或者看一些相关视频。而且，在二维码下还有一个网址，以方便那些没有智能手机的读者也能够通过其他设备访问作者的主页。

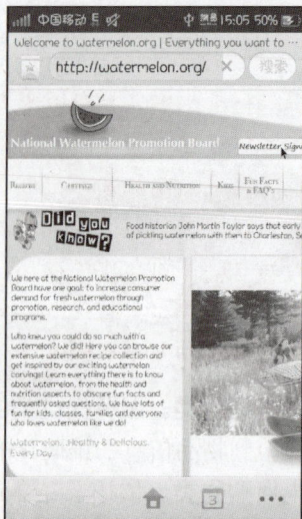

图 9-5　扫描二维码进入相应网页

9.2　二维码营销设计技巧

如今，在社区、在商场、在医院，甚至在大街小巷都布满了二维码的身影。但是很多二维码容易淹没在众多的广告中，达不到实现产品销售的目的。因此，不少企业为自己的二维码得不到关注而苦恼。

企业想要吸引顾客主动扫描二维码，了解自己的产品，实现二维码营销的成功，就要掌握二维码的设计技巧，让黑白平庸的二维码变得更加绚烂夺目，富有趣味性，吸引更多顾客的眼球。

9.2.1　提高二维码的扫描率

当大街小巷充斥着单调的黑白条码时，企业想要提高自己二维码的扫描率，就要将自己的二维码设计得富有艺术性。如图 9-6 所示，介绍了增加二维码扫描率的三大技巧。

(1) 要有实际体验内容。 消费者之所以去扫描二维码，是因为广告传单上面有他感兴趣的内容，进而想要了解更多，他才会去扫描。

(2) 做好二维码的说明。 在潜在客户不知道二维码里面有什么的情况下，销售人员就很难取得优良的二维码扫描率。如果二维码里面是优惠券，就要在二维码旁边用文字说明。因此，必须事先说明二维码里面有什么，这样才能有较好的扫描率，避免出现误导消费者的情况。

图 9-6　增加二维码扫描率的三大技巧

·专家提醒

　　二维码是一种实际体验的延伸，所以设计者不应该只想二维码本身，应该想的是："这个实际体验是什么？"然后基于这个实际体验去延伸是很重要的。也就是说，设计者不应该只想"二维码里面要放什么"，而是要考虑放在传单上面的二维码下面要放什么文字。二维码内的内容，跟其载体要放在一起想。

　　(3) 确保二维码能被扫描。二维码能否扫描成功，取决于二维码的大小和"解析度"的问题。二维码虽然是一个很容易生成的图像，但是它重要的部分，是在于怎么样把实际体验与手机上的虚拟体验结合起来。其实，只要了解了这个重点，销售人员就能很容易做出很棒的二维码营销活动。

9.2.2　增加二维码的粉丝数

　　越来越多的销售人员把目光聚焦到了二维码上，但这黑黑白白毫无设计感的方框实在让人提不起兴致。不过，二维码的开发者给这个小小的方框预留了最高可达 30%的冗余代码，给设计者们提供了发挥的余地。那些千奇百怪、极富吸引力、让人看到就想扫一下的二维码，也就这样诞生了，当然也带来了大量的粉丝。

　　接下来笔者将列举增加二维码粉丝数的四大技巧，如图 9-7 所示。

　　(1) 设计美观的二维码。随着智能手机的普及，二维码的应用越来越广泛，尤其在商业推广上的应用变得更加重要，很多商家利用美化二维码图片达到吸引更多客户扫描内容的目的。如图 9-8 所示，展示的是一款青花瓷图案的二维码。

·专家提醒

　　在不破坏二维码内容的情况下制作一张吸引眼球的二维码图片可以考虑几个要点：更换二维码颜色；制作二维码 LOGO；修改二维码参数；生成矢量二维码。

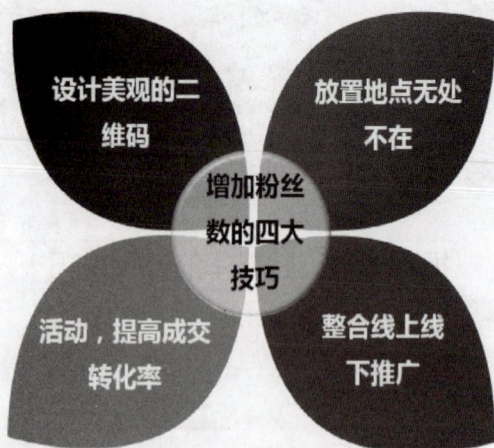

图 9-7　增加粉丝数的四大技巧

图 9-8　青花瓷图案的二维码

(2) 放置地点无处不在。 二维码的放置地点可以说是无所禁忌。可以印图片的地方都可以有二维码，二维码实现多元化后，从肉眼就可识别其用途性。二维码设计可以更有色彩更有创意，这样印在不同物体上都会是一种创意。

·专家提醒

　　如今，很多企业的活动都会定制 T 恤或衣服，在所定制的服装上印上属于自己企业相关信息的二维码，在宣传的同时也可以让看到此活动的人扫描二维码，然后线上参与企业的营销活动。

(3) 整合线上线下推广。 有了二维码的应用，用户可以通过线下的广告栏或产品本身进行智能终端拍照，智能终端上会出现产品的各种详细介绍或者购买途径，消费者能够快速地掌握相关信息，实现比价并通过该平台目标客户能及时了解到企业最新的数据产品资讯。用户只需拍摄商品图片对应的二维码，即可快速跳转至购买页面，买下该虚拟商品。

(4) 活动，提高成交转化率。 很多企业都知道要在自己的海报、产品、宣传广告上加入二维码，但如何设计出真正有效的互动活动才是重点。利用各种二维码互动活动来达到提高产品的成交转化率的最终目的。

9.2.3 提升二维码的成交率

二维码本身并不那么招人喜欢。通常可以看到的大多数二维码软件生成的二维码都是黑白格子，单一品种吸引力很弱。如今媒体传播环境日益丰富，年轻化的消费受众更是喜欢尝鲜，所以二维码在设计上值得一变！

1. 在广告中附上二维码

二维码可以印刷在平面广告(如：报纸、杂志)、产品手册、DM 单及个人名片等多种载体上，用户通过手机摄像头扫描二维码，即可了解更全面的商品或活动信息，与商家进行互动，在线预约或订购，增强企业与客户的互动。

例如，维多利亚的秘密的内衣广告，在街头放置了一组巨大的性感妖娆美女"有码"广告牌。广告设计者在模特的关键部位都用二维码挡住，被打上"马赛克"的模特立马引起路人极大的兴趣，纷纷拿着手机对着性感模特图进行扫描，他们都想一窥其中的奥秘，如图 9-9 所示。

图 9-9 维多利亚的秘密二维码户外广告

当消费者使用手机扫描后，跳转的页面显示那些关键部位上都是"维多利亚的秘密"最新推出的内衣产品，看上去真的如广告语所说的那样，"比肌肤更性感"。另外，消费者也可以直接在手机上了解商品细节并下单购买。

通过二维码引导消费者进行手机购物，能够极大地提升广告的价值。传统广告主进行品牌传播、新品介绍或活动告知，可以借助二维码在原来的基础上，直接实现用户互动和交易转化，同时也能监测广告投放的效果，获取在不同渠道和载体的广告上分别有多少人来扫码、购买等数据，从而让广告获得更多的回报。

·专家提醒

> 随着互联网络进入人们生活的各个角落，平面媒体越来越像在夹缝中求生存，而平面广告的前景也随之不被人看好。例如，相比电视、网络广告的"声画动人"，平面广告作为一个只有画面没有声音的存在，对人的感官冲击不如前两类广告，在关注度方面也有所缺失。因此，如何让平面广告也插上腾飞的翅膀，是营销人的一大课题。

2. 让用户深入体验广告

如今，大部分企业只是将流行的二维码作为广告的有效补充，虽然做起来很简单，从网络上就可以自己动手，免费生成。但是，现在大部分的二维码广告仍然只是做了一个官网或者优惠活动的链接入口，对于消费者来说，这种二维码根本没有设计可言，消费者以后也会对这种营销慢慢疲惫。

其中，单一的 URL 网址指向的是大多数企业广告的选择方式。消费者千辛万苦地安装了软件、打开摄像头，结果扫出来的只是毫无意思的网址，点进去之后甚至没有针对手机做出优化，也没有关于广告产品的具体信息，这样的营销，只能是浪费消费者对新科技的好奇。

例如，一般大型车展都会维持 1～2 周的时间，展台讲解人员也一般只在媒体日和专业观众日出现，为观众介绍产品。如何让普通观众也能更好地了解自己的车型？通用汽车公司雪佛兰这个案例给了我们一些启示。

雪佛兰 Volt 上市后受到了很多消费者的关注，以前，通用公司主要利用宣传手册和小型的信息卡片来回答消费者的疑问。但是，因为宣传售车和信息卡片的携带不便，不少 Volt 车主反映常通过这些渠道来寻求解答不是很方便。于是，通用公司想出了一个办法，用二维码答疑解惑。

消费者可以利用手机扫描贴在车身上的多个二维码，如图 9-10 所示，阅读到 Volt 的各类相关信息。通用目前将该二维码用于经销商展厅内的 Volt 汽车，并同时配送给了部分 Volt 车主。

图 9-10　Volt 汽车上的二维码

这样做，对于对 Volt 汽车感兴趣消费者来说，不用专业讲解员的时时相伴，只要掏出手机，扫描二维码，疑问都可以得到解答。另外，这种方式还有一个优点，就是相对于口头问答，二维码还可以提供更为标准化的车型信息，避免了由于表达不准确或者不恰当造成的误解。

·专家提醒

产品营销不能只是卖实体产品，要卖的是整个"使用情境"。其实，Volt 汽车还可以在二维码中加入试驾视频，让消费者看到汽车的动力性能等，让消费者可以实际看到和感受到 Volt 汽车的驾驶。最重要的是要"及时提供"，如果让消费者回家后再打开电脑搜索查看，其营销效果就变弱了，因此要在消费者看到汽车的第一时间就让消费者看到相应的视频。

3. 表现形式要充满创意

一个小小的二维码能承载的信息是非常多的，通过精心设计的二维码才能给消费者以好的体验，二维码是重要的商业宣传，也应当由专业人员进行设计。除了黑白相间的方式，带有个性色彩的彩色二维码也正在被年轻人所接受。如在二维码中嵌入公司 LOGO、个人头像等，颇受一些年轻公司的欢迎。

例如，加拿大亚伯达省拉科姆市的克雷家庭农场，因为玉米迷宫而出名。最近，农场主人突发奇想，把玉米迷宫种成了一个二维码的形状，如图 9-11 所示。目前，这个奇特的迷宫已经被吉尼斯世界纪录认证为世界上最大的、可使用的二维码。

之所以设计这个巨型二维码，是由于农场女主人雷切尔·克雷在翻看杂志时发现里面有许多二维码，于是开始思考能不能把农业和二维码这种高科技结合起来。经过一番思考后，雷切尔·克雷把她的想法付诸实施，造出了一个面积达 2.876 万平方米的"二维码"玉米迷宫。

图 9-11　加拿大农场"种出"的世界最大二维码

此后，雷切尔·克雷还专门租了一架直升机，飞到玉米迷宫上空试用了一下这个二维码，雷切尔·克雷将其智能手机伸出窗外，对准迷宫扫描，手机就能自动跳转到农场的专属网站。雷切尔·克雷把整个过程摄录下来寄给吉尼斯总部，以证明这个巨大的二维码确实是可以使用的。

不久后，这个巨型二维码便成功获得了吉尼斯世界纪录认证，吉尼斯总部将认证信件寄往雷切尔·克雷家后，克雷一家都感到兴奋异常。这一点，无论对雷切尔·克雷的家庭农场，还是对农场所在的社区来说，都是一件大事。现在，越来越多的人开始知道拉科姆市，这也将会带给雷切尔·克雷的农场以及这里的其他景点带来更多的游客。

·专家提醒

　　想要在这个追求刺激的时代将自己的产品销售出去，就要紧跟时代发展，将产品不断进行创新。二维码只是一个工具，如何利用二维码当作工具，并设计巧妙的方法来表现另类创意，这才是难度所在，创意本身才是最难的。

4．二维码传递独特信息

生活中，人们有很多想说的话却说不出口。例如，想要对家人感恩，想要对男女朋友说情话，此时，你是不是觉得会很别扭，或者有些不好意思。其实，这些任务都可以交给二维码。通过二维码，即可正确完整地让对方知道。

例如，一位来自厦门的网友，在网上秀了一张"二维码贺卡"，这是一张从外地邮寄来的新型贺卡。这张二维码贺卡正面右下方有一个二维码几何图形，旁边印着"花 1 分钱拍码，得 5 元红包"字样，如图 9-12 所示。收到贺卡的人，利用手机扫码后，就能获得价值 5 元的支付宝红包，并且可以在天猫商城上进行等额消费。与此同时，消费者将支付 1 分钱用于公益资助。

图 9-12　二维码贺卡

一些追求时尚、创意的网友，纷纷通过网购的形式，购买这种新型的贺卡，为朋友送"惊喜"，更有的甚至自制二维码明信片。例如，一位网友在新年就收到了他妹妹亲手制作的二维码明信片，用手机一扫，得到的内容居然是"哥哥，祝你找女友之路，一路顺风"。

其实，搭载了二维码的明信片可搭载许多"悄悄话"，既"神秘"又显得"亲密"，颇受年轻人的青睐。

5．用二维码建立秘密惊喜

企业可以将二维码神秘化，让二维码带来它本身功能以外的附加价值。

例如，用户可以在微博、人人网、邮件、甚至彩信与 QQ 等对外分享红包二维码，看到的亲友可以扫描，从而得到红包(或发出红包)，如图 9-13 所示。

这种"二维码压岁钱"也成了当下的新潮时尚，受到了众多网友的热捧。现在，笔者的周围有不少年轻朋友在玩这个，重点不在于朋友送了多少钱，就是玩个时尚，图个吉利。

图9-13　收取二维码红包

二维码可以看作是条形码的升级，能够把文字、网址、邮箱、手机号等"编码"成一个图像，当特定的软件去拍摄这些图像时，包含的信息就会显示出来。通过支付宝二维码收取压岁钱的网友，还能把自己的新年祝语编进二维码，和朋友们分享新年的吉祥喜悦。

•专家提醒

　　一般人会认为网络会冲淡年味，但反过来想，也可以利用新的技术去充实网络的年味。花样翻新的背后是人们在适应新的年文化，比如以前很少有朋友之间送压岁钱的，但现在来看其实也是一种很好的互动方式。

6．巧用二维码营销渠道

二维码并是不一劳永逸的营销手段，消费者也并不是看到任何二维码都会去扫描。销售人员在应用二维码营销之前，需要认真思考二维码的营销渠道。下面将介绍一些常见的二维码营销渠道，如图9-14所示。

(1) 微信渠道。二维码的广泛使用和认知，为微信账号传播提供了绝佳的衔接介质。微信目前已成为比微博还火热的营销利器。

(2) 微博渠道。随时随地地发布微博已经成为一种时尚，而且很多手机App都有自己的官方微博，利用微博的强大用户数，在发布微博的时候，可以将自己的应用地址生成二维码。当用户看到的时候，使用二维码识别软件，如快拍二维码等，扫描后即可下载，不仅起到了宣传的效果，还起到了从眼球效应转化到实际操作下载的效果。

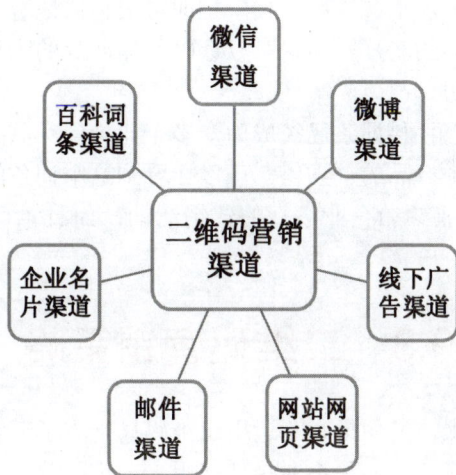

图 9-14　二维码营销渠道

(3) 线下广告渠道。 企业可以在一些户外广告或者线下宣传礼品的包装袋上加印二维码，在看到广告的时候，即可顺便扫描二维码。

另外，还有一些公司的易拉宝、活动单页、宣传品(如台历)、记事本上都可以印刷二维码，任何收到礼物的用户都可以用智能手机扫描二维码，去查看企业的营销活动，这样企业的产品也很容易地推广出去。

(4) 网站网页渠道。 在二维码出现之前，通过手机上网需要输入一长串网址，难记又麻烦，现在只要用手机扫描载体上的二维码，通过解码软件迅速识别码内网址，手机上网变得易如反掌。从产品运营的角度来看，二维码下载方式，已经和短信下载、手机上网下载并列成为一种很简捷的下载方式。

•专家提醒

目前，许多评测网站的文章很受读者喜欢，如汽车之家、太平洋电脑等，如果想让用户看完了你的文章，再去百度搜索你的主页参与活动，那么用户不会有那么多的时间。因此，有心的营销人员都会在文章的最下面放一个二维码，等用户看完了文章，就可以直接扫描二维码参与营销活动。

(5) 邮件渠道。 邮件营销曾经是网络推广最热门的一种方式，至今还有一些营销人员在使用这样的推广方式。但在智能手机普及的今天，很多用户都会选择直接扫二维码去下载，因为真正为用户节约时间的推广，才是最好的营销渠道。

营销人员可以将二维码营销与邮件营销进行完美结合，在邮件里生成营销二维码，收件人用手机一扫，即可访问广告页面，让广告效果成倍提高。

(6) 企业名片渠道。 智能手机与二维码成为名片的得力助手，再也不用输入网址或者去百度搜索，名片上加上二维码，扫一扫即可很轻松地看到你的企业宣传或者营销活动。因为带有二维码的名片，不仅可以让收到你名片的人记住你的名字，还可以让对方体验你的营销活动。

(7) 百科词条渠道。百科词条已经成为众多企业推广产品的必备手段之一。在建立的百科词条里，放一个产品的二维码，可以让看到这个词条的用户，扫描二维码即可获取企业的相关信息或参加企业举行的营销活动，而且也可以满足那些不想看词条，只想看参加活动的用户。

9.3　二维码营销策略

二维码铺天盖地而来，但如果企业运用二维码只是为了证明自己紧跟时代潮流，使用了最前沿的营销工具，那还是不要轻易使用。二维码营销也不能盲目跟风，必须注意以下 5 个关键点。

9.3.1　明确二维码投放的目的

任何营销活动首先都要明确目标，这不但是为整个过程定下基调，同时，你的目标越明确，活动结束后也越容易评估结果。要对本营销策划所要达到的目标、宗旨树立明确的观点，作为执行本策划的动力或强调其执行的意义所在，要求全员统一思想，协调行动，共同努力保证策划高质量地完成。因此，首先要明确你投放二维码的目的，如图 9-15 所示。

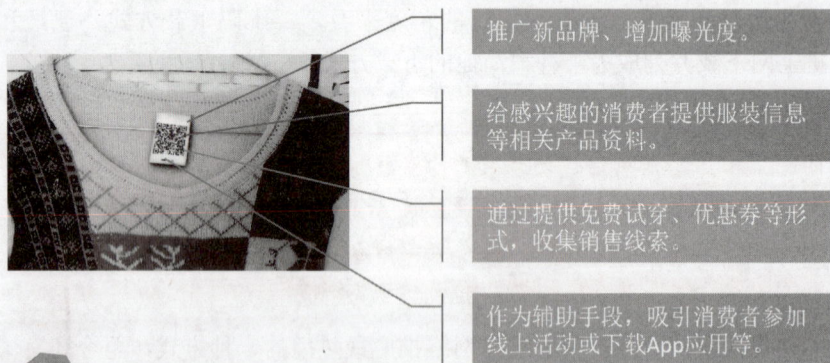

推广新品牌、增加曝光度。

给感兴趣的消费者提供服装信息等相关产品资料。

通过提供免费试穿、优惠券等形式，收集销售线索。

作为辅助手段，吸引消费者参加线上活动或下载App应用等。

以服装行业为例，列举几个可能的需求

图 9-15　明确投放二维码的目的

图 9-15 只是列举几个可能的需求，总之，营销获得的目的越明确，就越容易识别是否可以实现目标。

9.3.2 明确扫描二维码的价值

现在，你已经确定了目标，下一步就是吸引用户前来扫描二维码。对于用户而言，明确的价值就是扫描的动力，不要让用户感到疑惑："这孤零零的二维码是干什么的？"你要明确告诉大家："扫描我，对你有好处！"

在做二维码营销活动前，企业必须明白一点：你的客户绝对不是为了扫二维码，而扫二维码。二维码在体验上，像是实体世界的 URL。跟 URL 相同，企业很难透过 URL 告诉用户这里面有什么，通常用户不是记住你的 URL 而前来的，而是通过别处的链接进来的。

例如，在浏览网页的过程中，如果在醒目位置只看到一排 URL，却没说那是什么文章，估计很少有人会点击进入。二维码营销也一样，在不知道里面有什么内容的情况下，很难取得好的二维码扫描率。如果里面是优惠券，就要在二维码旁边进行说明，如图 9-16 所示。

图 9-16 扫码获得优惠券

不论你给用户提供怎样的价值，都要让他们明确知晓，最忌讳的就是只放一个二维码，可是却没跟用户说这里面是什么。这样做会导致以下两种结果。

(1) 动机。 用户就是不会扫，因为他没有动机。

(2) 内容。 用户扫了之后觉得很失望(也会对你的产品或品牌失望)，因为内容并不是他期望的。

这两个都不是企业想要的结果，所以必须要说明二维码里面有什么。对于普通用户来说，二维码工具最直接的方便之处，就是在于二维码能给到用户精准的产品相关数据，包括商品的价格、产地、品名以及其他一些简介。其实这些也是用户所需要的，实实在在的东西。

• 专家提醒

> 优惠也是增强二维码诱惑力的关键因素。二维码优惠在生活中并不少见，在大街上出现的大大小小的宣传牌上都能见到二维码的身影。凭借着路过"扫一扫"的举动，消费者就可以凭借扫到的二维码拿到相应的优惠价格。因此，消费优惠不再需要团购、上网、信用卡，一个小小的二维码即可轻松搞定。

9.3.3　设计令人眼前一亮的二维码

二维码的本身是非常难看的黑色方块点的聚合，因此在如何吸引用户眼球时，设计者就要多动脑筋了。

例如，德国 Qkies 公司出人意料地将二维码和曲奇饼结合起来，消费者可以自行把那些肉麻的情话制成二维码，并把打印在"可食用纸"上的二维码贴在曲奇饼上，如图 9-17 所示。收到饼干的用户用手机扫描上面的二维码，就可以到制作者指定的 URL 去看名片、邀请函以及 Youtube 上的视频等信息。一盒 Qkies 可以制作 20 个饼干，只需在烘烤饼干前将可以食用的二维码纸放在饼干上一起烘烤即可。

图 9-17　Qkies 将二维码和曲奇饼结合起来

"二维码饼干"不仅在国外出现，国内的企业也借此来进行营销。香港四方创意书店将二维码印在饼干上，在香港客流量较大的咖啡厅里进行派送，顾客可以通过手机扫描饼干上的二维码在书店下载到免费试读的书籍，在这之后，"二维码饼干"又回到了它的本质，成为餐桌上的美味点心。

很多时尚杂志早就开始利用二维码进行营销了，经常的做法是在有化妆品广告页面的角落放置一个二维码，消费者通过手机扫描就可以参与营销互动，并且可以获得化妆品的试用品。但是，这样的营销手法，食品企业却用得较少。

• 专家提醒

由于食品本身的价值量较低，传递给消费者的价值感也不如汽车和化妆品等有诱惑力。不过，作为一种新的营销渠道，二维码营销可以不作为重点，但能使企业的营销更全面。虽然这样前期会很艰难，但企业必须坚持。正所谓"在正确的道路上打了一场败仗，日后将会有许多宝贵的经验；在错误的道路上打了一场胜仗将会对行业是一个极大的误导。"因为当人们的生活越来越多地依赖手机时，营销方式的转变是必然的，也是必要的。

二维码有比较强的容错度，在二维码生成时，冗余代码最高可以高达 30%，这意味着，你可以遮挡 30%的图案，把 LOGO 直接打在画面上，而不是编在代码里。当然，这有一定的局限性，因为代码的某些部分不能分割，也不能被删除，比如三个角上的定位符，但这依然为创造性的设计工作提供了机会。

例如，在亚洲最高端的专业食品展之一的上海高端食品与饮料展上，有不少消费者发现海尔商用冷柜的展区有二维码蛋糕，扫描二维码就可以成为海尔微信公众平台的粉丝，如图 9-18 所示，加"关注"后还可以享受免费赠送的美味冰激凌。

图 9-18　扫描蛋糕上的二维码即可成为微信公众平台的粉丝

不管你的二维码设计得多么漂亮，或者多么充满设计感，位置摆放得多么有优势，多么吸引人的眼球，如果不容易被读取，就不算是成功。

下面看看哪些二维码不容易被读取。

(1) 用手工拼制出来的二维码，如图9-19所示。

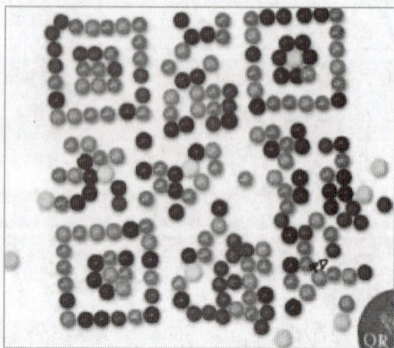

(2) 用巧克力拼接出来的二维码，如图9-20所示。

图9-19　用手工拼制出来的二维码　　图9-20　用巧克力拼接出来的二维码

(3) 用纽扣拼接出来的二维码。

(4) 用铅笔画出来的二维码。

(5) 用便利贴贴出来的二维码。

其实，在提供二维码让用户扫描时，最好不要放太多类型的二维码，通常放一个就够了，让用户不用思考即可直接扫描。如果还要让用户去开动脑筋，很有可能会使他放弃扫描你的二维码。

9.3.4　二维码的链接页面是关键

企业在利用二维码让用户浏览网页时，要记住用户是通过智能手机扫描二维码后链接到网页的，这里是至关重要的一步。在手机上打开电脑桌面网站的糟糕体验会让用户瞬间点击关闭，营销人员前面的一切努力都烟消云散了。

下面介绍一些二维码链接页面的设计感和可用性分析。

(1) 尽量使用较短的网络地址。 由于越长的网址产生的二维码越复杂、越难识别，因此应尽量使用短网址(越短越好)。一般使用的网址，黑白点密集判读速度较慢，如图9-21所示；经过处理后的短网址，黑白点颗粒较大，判读速度快，如图9-22所示。

(2) 链接网页不要放 Flash 元素。 将 Flash 作为网站设计的主要元素，利弊相当明显。不得不承认，Flash 网站好看，能够提高企业形象，尤其是服装、美容、化妆品等行业。但是 Flash 不一定能够体现出更多具有价值的信息，而且苹果系统的

iPhone 和 iPad 都不支持 Flash 格式文件，如果二维码链接过去的网页是 Flash 制作，代表这些拥有高消费能力的人群都无法看到你的产品和活动。

图 9-21　黑白点密集　　　　　　图 9-22　黑白点颗粒较大

(3) 网页的内容要精简干净。 手机网页内容的多少也需要多多考量，由于手机屏幕不大，网页的信息最好限定在一页即可，如图 9-23 所示。

图 9-23　网页的内容要精简干净

(4) 用户反馈显得尤为重要。 智能手机等移动设备不存在鼠标悬停和动画，而且大多数设备都是在被触摸时才有所显示，所以及时提供清晰的操作反馈信息是非常重要的。

(5) 尽量创造更好的用户体验。 在手机网页设计中，由于空间限制，为了让设计更加有效、可用、可读，所有元素(按钮、导航、图标、文本等)需要有序正确地排列。虽然屏幕的尺寸变小了，网页中的空白部分却依然不可少，因为留白是所有优秀设计的关键，可以创造更好的用户体验。

·专家提醒

设计一个界面友好的手机版网站非常必要。还可以加入特定代码，跟踪分析用户的浏览轨迹。

9.3.5　二维码摆放位置的策划

现实的营销活动中，二维码的摆放位置可以说是五花八门。但不知道这些广告的设计者，有多少在自己的广告摆放后，亲自试过用手机扫一扫上面的二维码。

一个好的二维码位置摆放，需要注意两点，如图 9-24 所示。

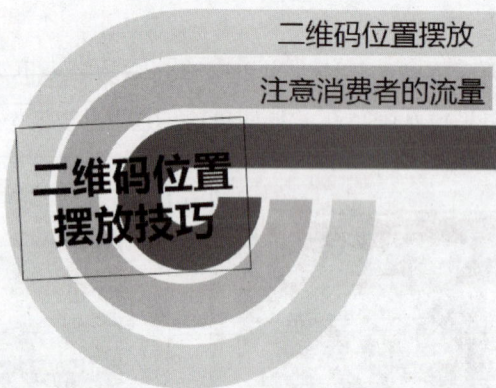

图 9-24　二维码位置摆放技巧

(1) 注意摆放的位置。比如高速公路上的广告牌(见图 9-25)，还有地铁站广告牌上的二维码，那些匆匆而过的人群，有几个会为二维码而停留。更别提下面这种地铁轨道边、灯箱广告上的二维码了，不管是站台上还是车厢里，你拿再高端的手机来扫描，那都是很困难的操作。上面的例子表明，二维码尽管避免了文字输入，却带来了更多意想不到的麻烦，并不值得商家不分场合跟风应用。比较适合的位置是墙角、桌边这样的，人们可以站稳或坐好之后再掏出手机的场合。

(2) 注意消费者的流量。以国内目前的移动网络铺设情况，在没有无线覆盖的地方，你的二维码链接的页面，最好是不要消耗消费者过多流量。另外，地铁等信号相对微弱的地方，即便你刷得出码，也可能加载不出来。

图 9-25　高速公路上的广告牌

因此，在投放二维码之前，想想地点的问题，确保它切实有效。另外，对于公交设施这样的媒体，以及户外电子屏幕，人们走动或晃动，不方便打字或拍照的时候，宁可选择让人们记住 ID、网址或关键字，下车后再输入查找。这样，偶尔路过的人们才有可能记住不断重复的某个字眼，并影响他们今后的消费。

9.3.6　根据数据分析营销效果

如果用户在二维码跳转页面中停留了足够长的时间，那么你应该感到高兴，因为你找到了一条与用户互动的有效途径。

二维码的互动营销活动，企业可以获得以下几点优势。

(1) 数据分析，效果量化。 通过二维码互动营销活动，可以快速收集顾客的来源、关注点、反馈意见、使用体验等信息，实现对营销过程中的渠道效果、兴趣导向、时间分布、客户满意度等方面多维度、多角度进行精准的数据统计以及详尽的数据分析，从而实现营销效果的量化以及商业机会的挖掘。

(2) 增强效果，线上线下转化。 通过二维码营销活动，一方面，既可以盘活、整合、优化传统媒介资源，带动线上线下互动营销，又能丰富微信、微博等互动营销的形式，增强营销的效果；另一方面，也可以帮助广大传统企业通过智能手机这个重要媒介，将大量的客户群进行线上线下的相互转化，让企业赢在移动互联网时代的起跑线上。

269

• 专家提醒

　　通过二维码线上线下互动营销的特性，可以将线下的活动信息带到线上，通过"线上引爆"的方式达到最佳的宣传效果。另外，与顾客进行线上互动游戏、客户推荐客户等形式，既增加了关注度，又降低了企业推广的成本。

(3) 二维码营销，一渠道两次宣传。二维码可以快速传达企业的营销活动，并利用手机电商实现便捷营利的目的。二维码营销平台可与企业原有的广告渠道链接，实现"一渠道两次宣传"，实体广告宣传与虚拟客服统计无缝对接，数据安全、详细、精准、互通，可以实现手机在线购买的功能。

(4) 二维码可以实现"虚拟宣传员"快速互动。无论将二维码贴在哪一种媒体上，例如网页、海报、杂志、产品宣传册等，它都可以变身为"虚拟营销员"的形象，能帮你说出更多的企业故事与信息，还能在互动中留下客户的精准联系信息。例如，在产品或赠品上巧妙地融入设计造型的二维码，可以方便消费者四处传播产品的宣传信息，让消费者再次成为你的推销员，如图 9-26 所示。

图 9-26　带有二维码的产品

(5) 建立用户与企业的联系通道。将二维码置于营业场所中的海报、杂志、水牌、桌贴以及 DM 单上，甚至可以置于户外广告牌、公交地铁等载体上，消费者打开任何扫描软件扫描二维码，即可快速与企业活动互动，建立用户与企业直接联系的通道。同时，营销活动的互动人群还可以将此活动转发到他的人际圈内(如微博、人人、微信等)，这样又带动了企业宣传的二次营销。

专家提醒

　　企业的整个营销流程都可以使用二维码来环环相扣，用户在互动中所得转变成下线的实际利益。例如，商场可以利用二维码发放免费会员卡、购物积分、代金券等，调动顾客到现场购物的积极性，增加客流量，制造出更多的营销机会。

　　如果二维码扫描量过低，这时就该反省中间的细节，比如，是否是由于投放位置不利于扫描、宣传推广力度不足、整体活动不够吸引人、整个二维码营销方案的不完善性等原因。

9.3.7 追踪二维码营销效益

当前，微营销也趋向于个性化定制，如果二维码是指向一个非移动版本的网站，如此不友好的体验，那么你也别期望能换来多大的消费群体；如果你只是用二维码把人们导向一个网站，你就失去了很多对数据提供、更好的客户服务进行深入调查、探索的机会。

例如，Microsoft Tag 是微软自行开发的一种二维条形码技术，不过和我们常规看到的那些黑白的二维条形码不一样的地方在于微软用了彩色的三角形来存储数据信息，如图 9-27 所示。

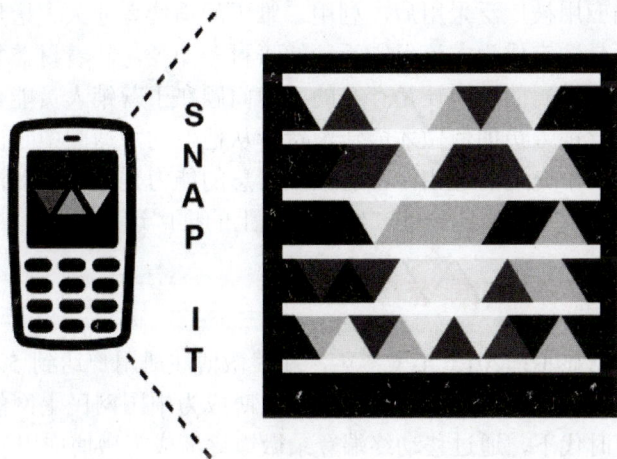

图 9-27 Microsoft Tag

另外，这种二维码没有真正储存信息，它所储存的是单独的 ID。用手机扫描该标签后，程序会自动从服务器上获取该标签的信息到手机上。这样虽然有必须联网的弊端，但是好处在于对于微软标签的读取都将被记录在服务器上，对于企业来说就很有用，可以方便地跟踪统计客户读取自己的微软标签的情况。

(1) **扫描数据当参考**。对于一个二维码营销活动，最重要的指标不应该是每天扫描的数量。二维码扫描跳转后，消费者在你的活动页面停留的时间才是营销活动成功与否的主要指标。毕竟，二维码只是一个辅助工具。

(2) **清楚访客的动态**。如果消费者只是扫描了二维码，但在跳转页面中停留的时间极短，甚至不足以看清这个页面到底是做什么的。那只能说，这枚二维码非常吸引人，但活动，是失败的。如果消费者在跳转页面中停留了足够长的时间，那么恭喜你，你找到了一条与消费者互动的有效途径。

(3) **做好后续的工作**。如果二维码扫描量过低，这时就该反省一下中间的细节，比如，是否是投放位置不利于扫描、宣传推广力度不足，还是整体活动不够吸引人。

• 专家提醒

有了资料统计分析数据在手上，企业应谨慎地去评估使用者的接受程度和使用习惯。企业或是广告主，应针对这些数据，做出相对应的广告营销策略调整，以获得营销效益的最大化。

9.4　二维码营销推广渠道

早在 20 世纪 90 年代初，二维码就已经出现了，但使用率却非常低，直到智能手机和条形码扫描应用被广泛采用后，利用二维码的消费者才大大增加。二维码能进入大众视野吗？还是注定成为主流促销活动的陪衬？如今，随着日益复杂的个人科技发展趋势，表明了二维码的潜力还是存在的，但问题在于营销人员能否充分挖掘二维码所蕴藏的机会。营销人员如何做才能让消费者从他们的舒适圈中走出来并尝试新的东西呢？如果没有一个充足的理由，仅靠获取信息的能力是无法驱动消费者到产品的页面上去的。为此，本节将介绍一些二维码的线上的推广途径。

9.4.1　二维码的微博推广

据某官方数据显示：2013 年上半年，新浪微博注册用户达到 5.36 亿；2012 年第三季度，腾讯微博注册用户达到 5.07 亿。微博成为中国网民上网的主要活动方式之一。在全民微博时代下，通过移动终端登录微博逐渐成为微博应用的主流。

• 专家提醒

据悉，近两年新浪已在新浪微博上投入 2.8 亿美元，而新浪微博的盈利一直广受关注。可以看到，2012 年新浪微博的总收入约 6600 万美元。其中，77%的年度收入来自广告，数额超 5000 万美元，微博广告占到了新浪移动广告收入的 30％，大部分为展示广告。2012 年 9 月 24 日，新浪微博宣布正式上线二维码功能，微博二维码将提供多种功能服务，带用户可以分享专属二维码在多种场景推广自己或利用微博客户端扫描微博二维码。

例如，2014 年，春晚二维码互动平台正式上线，网友扫描二维码即可进入互动平台，如图 9-28 所示。进入互动平台后，网友可以很方便地参与春晚相关话题的讨论，还可以抽取红包赢得奖品。

新浪微博利用二维码信息互动功能，成为中央电视台马年春晚二维码独家合作伙伴。2014 年央视春晚将首次尝试以台网联动的形式与全球网友互动，互动会持续整个春节期间。届时，观众收看晚会时扫描直播画面上的二维码，不仅能参与春晚热点话题的讨论，还能登录新浪微博与春晚的演员和明星进行互动，抽取红包。

图 9-28　春晚二维码互动

新浪微博的这一举动，大大增加了网站的人气和点击量，拯救了由于微信的崛起而使微博应用市场略显低迷的现状。另外，网友的热情参与也让合作方的人气大涨，与新浪微博合作的一些商家和企业也在这次活动中频频露面，极大地提升了企业的知名度，新浪因此也赚取了巨额的平台广告费用。

9.4.2　二维码的微信推广

据大公财经报道，2013 年 7 月，微信的用户已突破 5 亿，用户的增速达到了约160 万/天，微信目前已成为最近比微博还火热的营销利器。

微信主要是通过智能手机平台，支持发送语音短信、视频、图片和文字，并且可以群聊。微信二维码是腾讯开发的配合微信使用的添加好友的一种新方式，含有特定的内容格式，只能被微信软件正确解读的二维码。

另外，微信 5.0 中引入一键支付功能，与财付通、银行卡绑定，已包含有买车票、预订机票、充话费等功能。微信 5.0 支付将实现三种支付模式：支持 Web 扫码支付、App 跳转支付、公众号支付，其中公众号支付又分为 JS Api 支付、直接支付两种支付方式。

如今，二维码的广泛使用和认知，为微信账号传播提供了绝佳的衔接介质。通过平面、户外、网络以及印刷品等媒体可以很方便地让二维码显露出来，再结合相应的"诱因"(如微信会员卡等)，即可比较简单地获得粉丝。这种与现有媒体捆绑的方式，也可将现有媒体传播价值保留和延伸至移动互联网中，以沉淀产生新的潜客。

•专家提醒

微信是由腾讯公司开发，发展比较迅速的新媒体通信社交平台。微信公众平台是腾讯公司在微信的基础上新增的功能模块，通过这一平台，个人和企业都可以打造一个微信的公众号，并实现和特定群体的文字、图片、语音的全方位沟通和互动。微信作为新互联时代的新生产物，其功能、模式、定位及营销价值还有很多不确定因素，但可以肯定的是，微信是这个大浪潮中的宠儿，将来的价值不可估量。

微信二维码的推广主要有以下 3 种方法。

(1) 媒体推广。通过在自有媒体如网站、杂志、报纸上发布公众账号二维码，将已有的庞大的用户群吸引转化成为微信公众账号的忠实粉丝来源。

(2) 微博推广。通过媒体的官方微博推广微信公众账号二维码，在官方微博发布的每条博文后面都加上微信号的二维码，从而吸引微博原有粉丝加入微信，同时吸引不断增加的微博新粉丝加入，源源不断地扩大微信账号的粉丝群。

(3) 连带推广。所有的媒体形式当其所产生的媒介聚合效应达到一定规模的时候，其传播价值便应运而生，作为近距离与用户互动的微博和微信平台，在很大程度上对自有媒体(如网站的用户群体)的壮大起到了"反哺"作用。

9.4.3　二维码的网站推广

利用二维码进行网站推广是另一种新的推广方式。从产品运营的角度来看，二维码下载已经和短信下载、手机上网下载并列成为一种很简捷的下载方式。

例如，在腾讯网、淘宝网、大众点评网等所有大型门户的手机 App 下载页面都带有一种二维码下载软件的方式，如图 9-29 所示。而且几乎大型的应用商店的应用下载页上也都含有二维码下载，可见二维码下载方式越来越多地被用户接受。

图 9-29　二维码下载软件的方式

·专家提醒

传统的下载方式通过数据线，复杂而又烦琐，如果企业想让用户看到 App 后，再输入网址或者用数据线下载应用，那么一定会损失大部分的用户。因为输入网址或使用数据线，就已经把一半的用户屏蔽在 App 之外了。所以，好的产品运营人员，都会在 App 的下载页放上一个二维码，让看到二维码的用户只需要扫描二维码就可以快速下载 App 了。

9.4.4　二维码的百科词条推广

百科词条是百度公司推出的一部内容开放但审核严格、具有权威参考价值的收集百科全书，于 2008 年 4 月 21 日发布。

如今，百科词条已经成为众多企业推广产品的必备手段之一。在建立的百科词条里，放一个产品的二维码，可以让随时随地看到这个词条的用户，扫描二维码即可获取企业的相关信息或参加企业举行的营销活动，而且也可以满足那些不想看词条，只想看参加活动的用户。

相对其他推广渠道而言，百科词条的推广难度大很多，但这也证明了百科词条的营销价值。同时百科词条实现了与搜索引擎的完美结合，从不同的层次上满足用户对信息的需求。

百科词条之所以有较好的营销效果，主要是凭借以下 4 点。

(1)　期限长。百科词条创建后永久有效，不会过期，排名也一直很稳定。

(2)　权威性。百度百科已然成为网民心中的一部"圣典"，有任何疑问都喜欢去查一查。假如自己公司名称有了百科，客户对公司的信任度将大大进步。而且创建百度百科、修改百度百科均需通过百科团队严格的审核，确保了其质量。

(3)　流量大。百度指数是用以反映关键词在过去 30 天内的网络曝光率及用户关注度，它能形象地反映该关键词每天的变化趋势。百度指数在 200 左右的要害词，其百科引来的流量不亚于一个中型企业站所有页面全天流量的总和。

(4)　订单转化率高。百科进来的流量都是针对性非常强的，而且网民信任百科，百科内容中又推荐了企业的品牌，客户就有了一个"可靠"的理由去为企业的产物买单。

·专家提醒

百度百科与百度知道是目前网络营销的热门研究方向，随着百度的日益雄壮，在国内市场的营销效果日益明显。

9.4.5　二维码的电子邮件推广

如今的营销者在吸引消费者和拉动销量两方面面临着一系列令人眼花缭乱的选

择。但传统的电子邮件营销仍然是最受欢迎、也是最有效的手段，它以发送新闻信息和优惠券为主，同时推动品牌网络及实体店的销售量。

其实，营销人员可以将二维码营销与邮件营销进行完美结合，在邮件里生成营销二维码，收件人用手机一扫，即可访问广告页面，让广告效果成倍提高。另外，将二维码营销与邮件营销结合还具有以下两大优势。

(1) 提供新的互动方式。 在电子邮件中嵌入二维码可以为移动设备提供新的互动方式，这样做不仅为静态的电邮信息加入了互动元素，还增加了与用户进行沟通的方式。

(2) 营销过程更加简单。 对于邮件接收人而言，整个互动过程是简单且易于操作的，因为绝大多数用户都会随身携带手机。收件人可以在台式电脑上查看邮件，然后用手机扫描邮件内的二维码，这样手机会立刻接收到相关的微型网站、视频或其他的互动内容。

真正的产品推广和运营人员更应该如此。

· 专 家 提 醒

> 结合二维码营销与邮件营销，不仅用户能从中获得丰富有趣的体验、营销者也可以进一步了解到用户的手机号码，从而直接通过手机向他们发送产品活动信息，这又创造了一种与消费者进行互动的新方式。

9.4.6 二维码的 App 推广

这个二维码的功能是让使用者方便下载官方 App，商家可以让用户在扫描企业的二维码广告后，获得一个 App 下载网页的链接。商家还可以在网址最后增加一个追踪码，以此获取二维码被扫描次数的信息，二维码可以是一个帮助营销人员进行效益追踪的有效工具。

· 专 家 提 醒

> 用户只需在手机上打开二维码扫描软件后，将摄像头对准二维码，手机将自动扫描和解析二维码，译码成功后根据码内的内容链接到相关的下载网页，这时确定访问和下载就可以把该资源的安装文件直接下载到手机内。二维码下载 App 最大的优势就是方便，省去了用户输入网址，搜索名称时的烦琐步骤，只需轻松地扫描一下，马上就能找到，还能随时分享。

例如，在台湾拥有超过 300 万会员的连锁超市龙头家乐福，创造了一款企业App——家乐福电子海报，该 App 能让用户在手机上查阅家乐福超市最新商品促销信息的应用，随时向顾客更新家乐福超市最新的产品信息，方便顾客选购的同时刺激顾客进超市消费。

为了将 App 进行推广，增加超市 App 用户量的同时将超市信息进行推广，家乐福便将 App 的链接网址做成二维码印刷在宣传单上，如图 9-30 所示。由于这一款 App 的实用性很高，许多家乐福的顾客都会扫描单页上的二维码。这一举动无疑为家乐福带来了大量顾客。

图 9-30 扫描二维码下载 App

第 10 章
互动交流——论坛火热营销

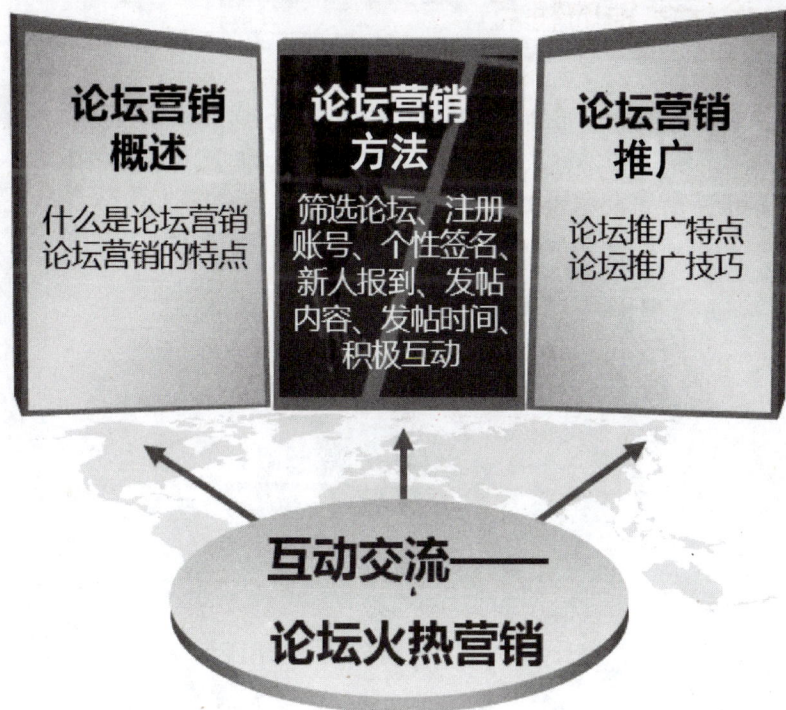

论坛营销概述	论坛营销方法	论坛营销推广
什么是论坛营销 论坛营销的特点	筛选论坛、注册账号、个性签名、新人报到、发帖内容、发帖时间、积极互动	论坛推广特点 论坛推广技巧

互动交流——
论坛火热营销

10.1　论坛营销概述

企业可以利用论坛作为网络交流的平台，通过文字、图片、视频等方式发布企业产品和服务的信息，从而让更多的潜在客户深刻地了解企业的产品和服务，最终达到宣传企业的品牌、加深市场认知度的目的，这种方式就是论坛推广。

10.1.1　什么是论坛营销

论坛又叫电子公告板，简称 BBS(全称为 Bulletin Board System 或者 Bulletin Board Service)，是因特网上的一种电子信息服务系统。它提供一块公共电子白板，每个用户都可以在上面书写，可以发布信息或提出看法，用户在 BBS 站点上可以发布信息、进行讨论、聊天等。

论坛营销以文字、图片、视频等形式，在论坛、社区、贴吧等网络交流平台上发布帖子的方式进行推广，以提升品牌口碑、美誉度、用户数量等为目的的营销推广活动就叫论坛营销，也被称为发帖营销。

10.1.2　论坛营销的特点

移动营销的方法有很多种，论坛营销资历是最老的，效果也是极佳的，有很多企业对此不屑一顾，认为它是最简单、最老的营销方法，不值一提。论坛营销是伴随着互联网成长起来的最早营销方法之一，以容易上手、实用性大一直沿用至今，笔者总结了论坛营销的特点，如图 10-1 所示。

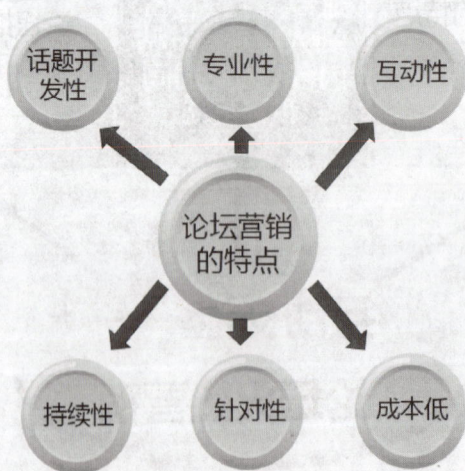

图 10-1　论坛营销的特点

(1) **话题开发性。**论坛拥有超高的人气，可以有效地为企业提供营销传播服务。由于论坛话题的开放性，企业所有的营销诉求都可以通过论坛传播得到有效的实现。

(2) **专业性。**论坛帖子在策划、撰写、发放、监测、汇报流程上均具有专业性，因此论坛在空间能高效传播。包括各种置顶帖、普通帖、连环帖、论战帖、多图帖、视频帖等。

(3) **互动性。**论坛活动能够聚集大量的用户，具有强大的聚众能力，企业能够利用论坛作为平台举办各类灌水、帖图、视频等活动，充分调动网友与品牌之间的沟通互动。企业做营销的时候一般都会提出关于论坛营销的需求，其中会有特别的主题和板块内容的要求，操作者多从相关性的角度思考问题，所操作的内容就更有针对性，用户在搜索自己所需要内容的时候，精准度就更高。

(4) **持续性。**在论坛贴吧上，通过事件炒作网民感兴趣的活动或话题，将企业的品牌、产品、活动内容植入到传播内容中，并相应地展开持续的传播效应，引发新闻事件，导致传播的连锁反应。

(5) **针对性。**企业不但可以针对自己的产品在相应的论坛中发帖，也可以为了引起更大的反响而无差别地在各大门户网站的论坛中广泛发帖，这说明论坛营销的针对性非常强。

(6) **成本低。**论坛营销，其操作成本比较低，主要要求的是操作者对于话题的把握能力与创意能力，而不是资金的投入量，属于论坛灌水。但是这是最简单的、粗糙的论坛营销，要真正地做好论坛营销，有诸多的细节需要注意，随之对于成本的要求也会适当提升。

10.2　论坛营销方法

我们之前学习了什么是论坛推广，明白了理论知识，可是初学者在自己动手操作的时候往往都不知从何下手，下面笔者为大家介绍论坛营销的方法。

10.2.1　筛选论坛，确保人气

论坛的人气是决定帖子能不能火起来的首要因素，无论你的文章写得多么精彩，如果放在一个网民少的论坛上，就算是最显眼的位置也没有多少人去看。

那么如何来筛选人气高的论坛，我们可以通过网上一些数据侧面了解哪些论坛比较好，或者可以通过百度、搜狗等搜索引擎进行了解。不同的文章主题选择的论坛或论坛板块是不一样的，如你是卖衣服的把你的文章发到豆瓣论坛，这就没人看了，而百度贴吧里的买衣服吧板块就合适了。可利用"站长之家"做一个筛选表格，在"站长工具"里查询论坛的百度权重、ALEXA 排名(网站的世界排名)、站链接、PR(PageRank，网页排名)、建站时间、反链数等，如表 10-1 所示。

表 10-1　人气论坛横向 PK 表

论坛名称	百度权重指数	ALEXA排名	站内链接数	PR 值	建站时间	反链数
天涯	9	全球综合排名：64 中文排名：12	814	6	2003.03.17	2432
猫扑	6	全球综合排名：5414 中文排名：458	321	7	1999.09.19	6736

由上表数据可对比出天涯论坛比猫扑论坛的人气要稍微高一些，企业可以自己做一个人气论坛横向 PK 表，来选择几个人气高的论坛，切记投放软文的论坛不要太多，量力而行，根据自身的能力来选择，切记用户群要精准，选择合适的地点投放。

10.2.2　注册账号，提高发帖效率

现在很多论坛都采用 QQ、微信、微博一键登录，当然也有原始的注册登录方法。企业在做论坛营销之前，首要任务是多注册几个账号，使用这些账号可以为以后暖贴、顶贴做基础。

笔者就拿注册新浪论坛为例，一步步为大家介绍。

(1) 在百度搜索关键词"新浪论坛"，找到新浪论坛_新浪网并点击进去，如图 10-2 所示。

(2) 进入相应界面后，点击"首页"按钮，即可进入新浪论坛首页，如图 10-3 所示。

(3) 进入论坛首页界面后，点击"注册通行证"按钮，如图 10-4 所示。

(4) 执行操作后，即可进入新浪论坛注册账号界面，如图 10-5 所示。

(5) 在该界面内，可以选择手机注册或者邮箱注册，然后按照新浪提供的资料，一步步填写注册信息。

(6) 信息填写完成后，点击"立即注册"按钮，即可到注册邮箱去验证账号信息，验证完成后，注册论坛账号完成。

•专家提醒

　　如果邮箱不够，可以在 163 邮箱、126 邮箱、新浪邮箱等 E-mail 网站多注册几个，它们注册的门槛不高，利用注册字母邮箱连续注册多个都没有问题。笔者不建议用手机注册，因为手机注册的账号的多少是凭借你的手机号码的多少，并不太方便。

图 10-2　找到新浪论坛并点击进去

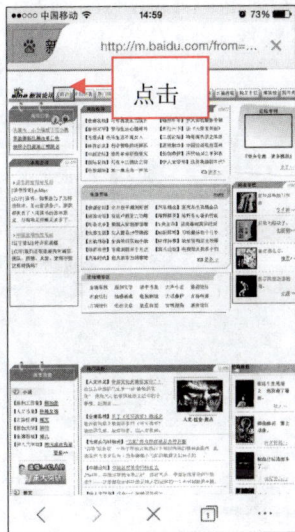

图 10-3　点击"首页"按钮

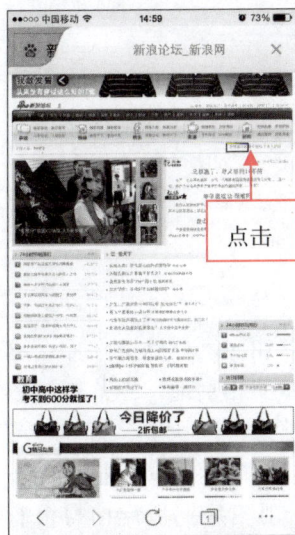

图 10-4　点击"注册通行证"按钮

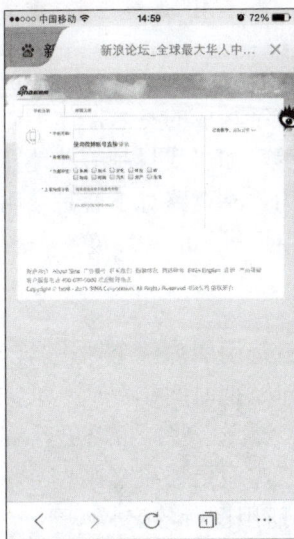

图 10-5　注册账号界面

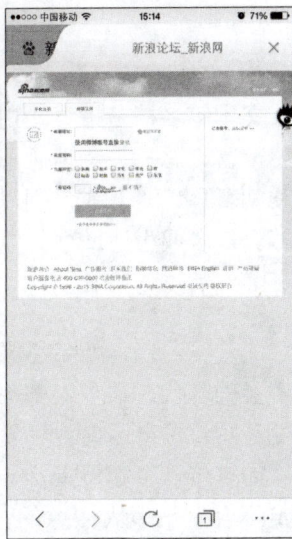

283

10.2.3　个性签名，吸引用户眼球

论坛个性签名，是指在某个论坛里，用户在帖子底部显示的文字、图像、链接，签名可以发挥自己的想象力，在签名处放置自己喜欢的文字、图片作为自己的签名。论坛个性签名可以用来彰显个性，吸引用户的注意，也可以放置外链，链接到自己的

网站，免费地推广自己的网站和产品。

论坛签名一般有文本签名档、图片签名档、链接签名档三种模式，如图 10-6 所示。

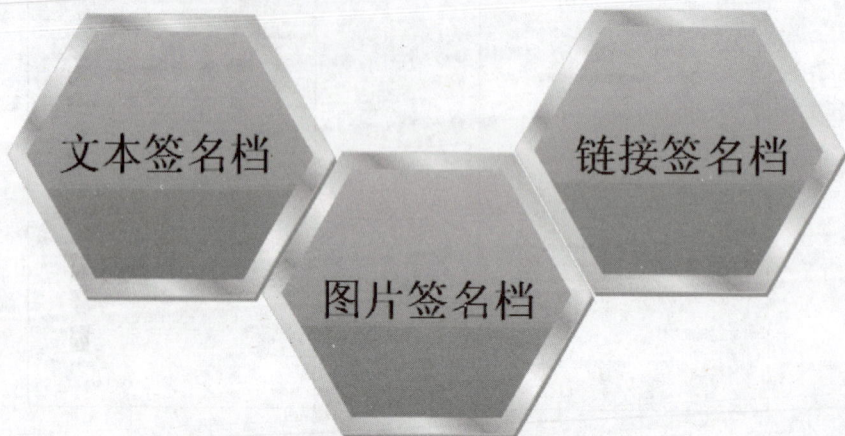

图 10-6　论坛签名模式

1．文本签名档

文本签名档是指直接用文字写成的签名，你可以把它写得幽默风趣、浪漫文艺、情感丰富、恶搞、诗情画意等，如"我只是静默地在冒泡""两情若是久长时，又岂在朝朝暮暮""八戒，别以为你站在路灯下就是夜明猪了"。这些带有个性的文本，能够会或多或少地增添其他用户对你的关注度。

2．图片签名档

图片签名档，顾名思义就是用图片做个性签名，还可以加文字标题。在如今这个快节奏的时代，很多人都不愿意把时间花费到一堆文字上；而相反地，图片却更容易接受，图片做得恶搞、可爱、漂亮一些，可以更容易抓住网民们的眼球。

如宣传一个起司蛋糕，"起司蛋糕甜蜜在心口难开"仅单单地用文字描述一下，肯定不会有很多人注意的，而用图片签名档就不一样了，用图片把蛋糕拍得很有食欲，再放到网上，喜欢美食的网民们，不会放过看上去感觉要口水直流的美味蛋糕，从而吸引到网民的注意力，如图 10-7 所示。

3．链接签名档

链接签名档，顾名思义就是在签名档处放置链接，这种签名档要注意描述的措辞，用一些幽默的辞藻描述一下链接的去处，指引网民点击，注意不要太过于露骨，不然适得其反。

图 10-7　图片签名档

对于链接签名档，每一个论坛的级别不同是有功能限制的，有的论坛的等级和积分不够是暂时无法设置的，如出现"Discuz! 代码禁用""[img] 代码禁用"这样的提示，则说明你等级比较小，遇到不能设置的情况，就只能放弃做链接签名档，等到级别够了再设置。

当账号达到了一定的等级时，就可以在签名中使用编辑器放置链接了，有些论坛的签名处没有使用超链接的那个符号，可以让你直接添加锚文本或者是超链接，这个时候，你需要了解一些基本的签名代码。

做好签名方面的设置后，使用时要注意以下 3 个方面，才能使论坛链接更有效果，如图 10-8 所示。

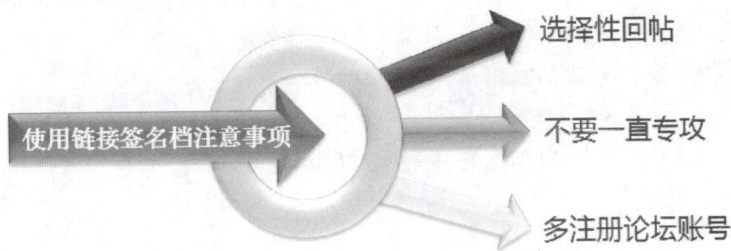

图 10-8　使用链接签名档的注意事项

(1) 选择性回帖。不要什么帖子都去回复，要选一些人气高的、比较有特点的帖子进行回复，这样既不浪费时间又可以获得一定的效果。

- 置顶帖：置顶的帖一般容易火，只要看到有这样的帖，就要立刻抢先回帖，最好抢在第一页，因为第一页的权重比较高，也比较容易被收录。

- 版主帖：像管理员、版主这样，一般也会经常徘徊在论坛中，除了删掉一些不符合论坛规定的帖之外，他们偶尔也会发一些主题帖与网民互动，看到这样的帖子，也要抢先回答，因为这样的帖子不可能被删，并且绝对有用。

- 节日帖：一般到了节假日前几天，论坛里肯定会有动静，发布感情交流帖说说自己的感受，或者说说假期准备怎么过之类的话题，届时带上链接签名档，参与讨论，也是个不错的选择。

- 技术帖：发布技术帖的版主一般是在网站上有一定地位的网民，并且也有很多技术上的经验，大家可以带上自己的链接签名，向版主们求教、互动，也能获得不少的经验和吸引力。

(2) 不要一直专攻。 企业最想要发出去的链接长久地不被删除，而论坛链接签名只具有短期的效果，虽然见效快但是掉得也很快，这就增加了企业的工作负担，必须要无时无刻地在论坛里回帖、选帖，所以短期外链在人员充足的情况下才能有成效。在人员和成本的考虑下我们尽量也做其他的外链方法，不要只专攻论坛链接签名档，我们可以同时做一些长期的外链方法，长期外链的途径一般有博客、空间，以及权重高的像百度知道等，这些都是长期外链，对于工作量会节省很多。

(3) 多注册论坛账号。 在很多论坛里，只要一改签名，以前所有做外链帖签名的地方也会随之改变，为此大家可以先找 10 个不同的论坛，每个论坛都申请同样的账号，签名的地方都空着，然后每天到这 10 个论坛中发帖或者是回帖，过一段时间，等觉得帖子数量多的时候，就可以统一修改自己的论坛链接签名，这样就能轻而易举地收获到很多个外链，而且不会被管理员发现。

·专家提醒

笔者在网络上收集了以下几种基本的签名代码。

- 加入简单的超级链接，[url]网站链接[/url]。
- 加入带有说明的超级链接，[url=网站链接]网站名称[/url]。
- 下载地址和说明，[download=http://www.bbs.com/2.zip]下载[/download]。
- 加入带有说明的电子邮件，[email]blue_dream@netease.com[/email]。

10.2.4 新人报到，互粉互学

新注册的账号先到新人区发一个帖子报道一下，不同论坛对新人的发帖是有限制的，有的一天内限发一篇，有的积分不够需要赚取积分才能发帖，具体看该论坛的操作提示。例如，企业可以去"百度贴吧"里面的"新人吧"，这里是专门给刚注册的新人发帖子的地方，新人们可以互粉、互相学习，就算广告意图非常明显，也不会有那么多的讲究，如图 10-9 所示。

图 10-9 百度新人吧

10.2.5 发帖内容，确保新鲜活力

发帖是论坛营销的重中之重，帖子是维持论坛活力的不可缺少的活动，逛论坛看帖子已成了网上浏览的重要组成部分，因此只有帖子写得好，才能吸引网民阅读、回帖，甚至是转发。

软文经常被比喻为一个网站的血液，想要在论坛上推广，就得发软文帖子，在这个眼球经济的时代，网民就是企业决定在论坛上炒作软文帖子的重要因素。该如何把软文帖子写得有吸引力呢？笔者总结了以下四种方法，如图 10-10 所示。

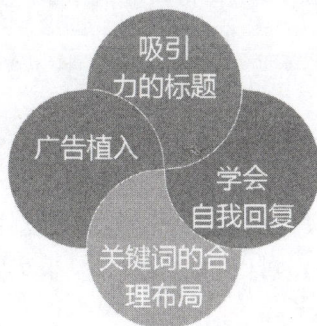

图 10-10 软文帖子的写作方法

1. 吸引力的标题

在这个快节奏的时代，大部分网民上网的初衷就是在互联网上寻求一些放松，又

怎么可能花费大量的时间，在互联网这个海量资讯媒体上，把所有的文章都看完，那是不现实的，网民们在互联网这个信息海洋中对信息的新奇度非常高，只有能足够吸引眼球的标题才能换来网民的高点击率。

如某品牌面膜产品活动营销过程中，面膜帖子标题由"史上最有效的面膜"改为"面膜使用方法，你知道吗？""你还在用面膜杀手吗？"后，点击率由每天 400 多飙升至每天 8000 多。可见，标题措辞很重要。

在选择标题的时候，要忘记你推广产品的身份，而要用你是一个普通网民的思想来选择标题。笔者总结了以下写作标题的注意事项。

- 标题要紧扣文章内容。
- 抓住浏览者的心理。
- 注意标题中所含的数字和字母最好使用半角字符。
- 标题中尽可能不使用英文。
- 新闻标题中尽可能地省略标点符号。
- 切忌文不对题。
- 标题中不得出现论坛内敏感的词汇。

2. 学会自我回复

在论坛中有些帖子会出现高点击低回复的情况，这类帖子很容易沉底，没有多大的用处。发帖者要自己学会给自己回帖，利用自己其他的账号，在不同 IP 的情况下，给自己的帖子回复不一样的东西，要知道自助者天助，只要不露出太多的破绽，不要让每个账号回复的评论语气都是一个感觉，就差不多可以让自己的帖子暖起来。从而得到人流量，吸引网民大片"围观"，当然这是在账号足够多的情况下，才能得到这样个效果，如果没有几个账号，在自己暖帖这一过程中，就会无法动弹，只能放弃论坛推广了。

3. 关键词的合理布局

写文章时，随着灵感的到来，进入创作的自然流露状态，只注重软文如何吸引人，往往忽略了关键词的密度分布，就算软文写得再好，没有关键词是很难被搜索引擎收录的，就算收录了，也只会与靠前位置无缘，发帖者不能只守着论坛里面的网民，应该扩大网民的阅读人数，可以利用搜索引擎来实现，只要关键词被搜索引擎抓取，网民阅读人数就会越来越多。

一篇好的软文，不仅仅是用华丽的辞藻堆积而成的，应该是关键词贯穿于整篇软文，却不让网民在阅读时很明显地发现。

4. 广告植入

如果你的文章是为企业宣传专用的广告帖，一定要写得有技术含量，先满足大众再满足自己，无痕巧妙地植入广告才是最高明的手法。

10.2.6　发帖时间，提升文章关注度

一篇帖子能否被关注与发帖的时间也有很大的关系，如果你的文章选择在午夜过后发表，那么软文推广效果就会大打折扣，因为该时间段论坛的在线人数相比白天少之又少。

笔者统计了一些网民的上网习惯，拿一个星期为稳定期来说，周一到周四网民人数比较稳定，周五到周日网民人数逐渐增加，对于论坛的反馈积极性也有明显的提高。网民处于对周末的期待中，相对评论而言更乐意进行简单的转发。

工作日下班后的时段(18:00～23:00)营销价值大，周末午饭后(13:00～14:00)和晚饭前后(17:00～20:00)的用户互动更加积极，这两个时段用户转发和评论都比较积极。周末的 23 点之后仍是用户积极互动的时间，因为周末大家一般会休息较晚，企业可以利用以上时间点，更新软文与网民互动。

10.2.7　积极互动，提高帖子的火爆度

在论坛上不要做潜水人员，应该到各帖子里冒泡，在论坛上体现出活泼积极性，可以交到朋友，得到更好的回报，笔者总结了在论坛里积极参与互动的五种方法，如图 10-11 所示。

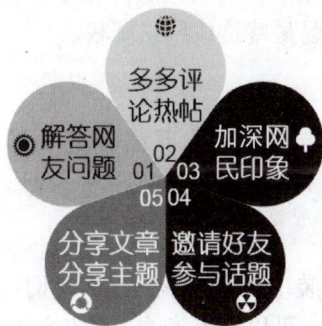

图 10-11　论坛积极参与互动的办法

1. 解答网友的问题

在论坛中，解答网友的问题可以增加经验值或者得到积分，不过在给别人解答问题的时候可能需要花费很长的时间，还可能不会被人采纳，所以，在解答网友问题之前应该选择自己比较熟悉的问题，最好是能把自己在论坛上写的文章用上，那样可以提升论坛文章的关注度，如果是站外的文章，也可以为自己的站点引来流量。

2. 多多评论热帖

在论坛上看到一些热门的帖子应该多去评论，最好写出自己的感悟，不要太敷衍，如"赞""太棒了""好帖"等，单单只写这些客套式词语，只会让人觉得你在混经验。对于自己发的帖子，自己最好每隔 15 分钟或者每隔 3～5 个人评论就要把帖子顶上去，也可以引用楼上的评论进行回复，以提升人气。回帖的用词不能太过于客套，如"谢谢""感谢大家的支持"等，会给评论者一种不被重视的感觉。

不管是回复别人的还是自己的帖子，应多用一些比较有创意的、精辟的、人性化的句子来回复，可以加深对方的印象，进一步拉近彼此之间的距离。

切记积极回帖不代表疯狂回帖，不要一天 24 小时不管帖子内容是什么就乱回复，这会使人反感。要知道论坛推广是一个循序渐进的过程，如果一味地单方面地不断地推广自己的网站，不与网民互动，就会很容易让人感觉这是广告帖，而适当地把握好这个度，持之以恒的话则会有很大的收获。

3. 加深网民印象

一般在论坛中的首页可以找到比较火的帖子，要踊跃顶贴，不要做论坛潜水员，多多出现在网民面前，可加深网民对你的印象，此外，还可以针对自己的产品用户群选择一些比较火的文章进行顶贴，如果比较幸运抢到沙发、板凳，那会比回复火帖有效得多。

注意顶帖时不要回复"好帖""路过""打酱油"等一系列苍白的评论。这种情况太过于恶劣，管理员发现了以后，会直接删除帖子，如果你顶贴越多，并且处于持续被管理员删除的状态，很容易最终造成网站降权。

4. 邀请好友参与话题

帖子发布完毕之后，最好第一时间内就邀请你的论坛好友或者 QQ 好友参与话题，以增加文章的浏览量和给予好评。

5. 分享文章、分享主题

现在每一个论坛之中都安装了百度分享插件，我们可以通过百度分享把文章传递到站外，如 QQ 空间，微博等，可以让更多的人参与到我们的主题中。

•专家提醒

大家要知道各大论坛的火帖规律都不一样，如果想提高回帖的质量就要观察各大论坛什么样的帖子才能火。笔者常混迹的论坛火帖规律如下。

- A5 杂谈：点击超过 130，回复超过 35 为火帖。
- 站长之家：回复超过 20 为火帖。
- 28 推：点击超过 55，回复超过 10 为火帖。
- SEO 论坛：点击超过 150，回复超过 35 为火帖。

10.3　论坛营销推广

论坛推广看似很简单，但是想要做好、做出效果却是有难度的，很多人以为写篇文章不停地复制粘贴就行了的想法是错误。如何才能完成一次成功的论坛推广，这是需要一定的技巧和方法的，本节向大家介绍论坛推广的特点和技巧。

10.3.1　论坛推广特点

由于论坛推广比较耗费精力，需要一定的文学功底，来吸引网民点击，这让不少企业头痛不已。那么为什么人们会选择论坛推广呢？笔者总结了以下几点论坛推广的特点，如图 10-12 所示。

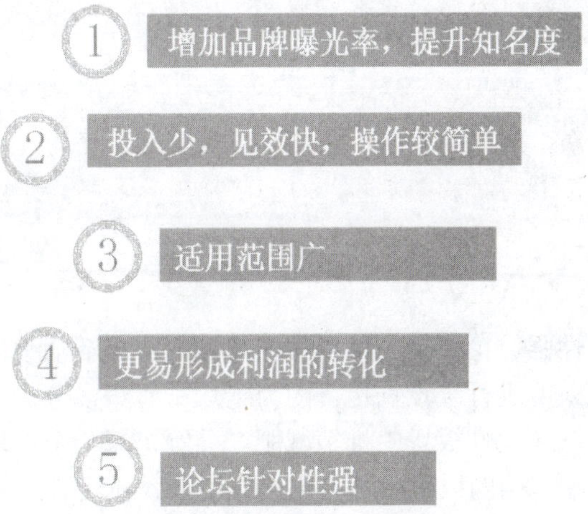

1　增加品牌曝光率，提升知名度

2　投入少，见效快，操作较简单

3　适用范围广

4　更易形成利润的转化

5　论坛针对性强

图 10-12　论坛推广的特点

(1)　增加品牌曝光率，提升知名度。一些知名的论坛，有不少的人注册为用户，利用这一点，如果企业能在论坛上，把广告帖炒成热帖，引发网民们热烈回复与关注，即使不能在论坛马上促成购买，也可以大大提升企业品牌的曝光率，树立起企业网站、企业品牌的光辉形象。一个光辉形象，是非常重要的，通过网民的传播，企业会为此提升很高的知名度。

(2)　投入少，见效快，操作较简单。论坛推广几乎不需要成本，从注册到发帖都是免费的，关键还是在于写作功底和软文质量，如果能在天涯、贴吧、猫扑等大型论坛炒红一篇帖子，就能引起其他平台大量的转载，推广效果会从几十倍扩大到几百万倍。论坛推广操作非常简单，只需要发帖、顶帖、回复即可。

(3)　适用范围广。不管是什么样的产品，大部分的企业都会利用论坛做推广，几乎都选择热门论坛，在里面找到目标用户集中的论坛板块发布信息。有很多人说论坛只适合电子商务类的网站推广，其实并非如此，其他类型的网站如果能正确地使用一些方法进行论坛推广，也会有比较好的效果。随着论坛推广的火热，为了帮助企业快速地提升企业形象，一些论坛营销推广平台辅助软件也相继出现了，如论坛自动回复软件、网络营销软件等。

(4) 更易形成利润的转化。现在很多人都不喜欢看广告，一看到广告就立刻掉头走，为了避免出现这种情况，企业要在论坛里发挥一些创意，让广告不那么直白，就能让产品宣传有一定的深度，容易激起消费者的认同、在心理上引起共鸣，从而采取购买行动。

•专家提醒

> 很多企业都恨不得把软文放到所有的论坛上进行推广，但笔者不这么认为，那样既费时间，又没有效果，企业应该"去其糟粕，取其精华"，下面是笔者推荐的论坛。

- 百度贴吧，全球最大的中文社区。
- 新浪论坛，新浪是中国四大综合门户网站之首。
- 搜狐社区，与新浪差不多，四大门户网站之一。
- 天涯社区，许多爆炸性新闻的源头。
- 腾讯QQ论坛，QQ的用户有多少，就可想而知QQ论坛的狂热度。

(5) 论坛针对性强。论坛推广可以作为普遍的宣传活动手段使用，也可以针对特定目标组织和特殊人群进行重点宣传。因为论坛中有很多分类，比如你可以在数码版块中放置电子产品、在女性板块中推销减肥产品等，每一个板块都有特定性人群，企业只要把软文放置在正确的板块中，目标人群就很容易获取。

10.3.2　论坛推广技巧

随着移动互联网的发展越来越快，论坛推广的地位也越来越重要。如何才能完成一次成功的论坛推广是需要有一定的技巧和方法的，下面笔者就论坛推广总结了一些技巧和方法，如图10-13所示。

1. 学会原创，关注加精

首先我们先来解释什么是"加精"：加精是个网络论坛术语，在网络论坛中，论坛管理员会将一些精华帖子或者受关注的帖子设置为精华帖，这个操作就被称为加精，一般来说加精帖子更容易被搜索引擎收录，比普通的论坛帖子更容易受到网民的关注。

图 10-13　论坛推广的技巧

原创的文章才会更容易被管理员注意，管理员一般不会以自己的水平作为标尺来看帖子的，而是会尽量地用大众的眼光和尺度去判断和衡量帖子，只要你的帖子超过了大部分人的水平，那加精就是必然的事。

加精帖在论坛推广里扮演者功臣的角色，有了加精的标志，可以给推广带来以下好处。

- 比较醒目，容易让网民在茫茫帖海中找到你的帖子；
- 帖子竞争范围小；
- 有很多网民只会找加精帖阅读；
- 给了大家学习的信心；
- 更具有说服力；
- 加快网络营销的进程；
- 普通帖子发表半年后会被转到历史库，而精华帖则会继续留在论坛里被网民们"推崇"，从而继续带来浏览量和回复量。

特别值得一提的是，我们应该主动出击，要求管理员给文章加精，只要你的文章写得很好，对网民们有很大的帮助、启发，并且是原创帖，其观点新颖，视角独特，一般都会被管理员加精。

在论坛里实在写不出加精帖，也不必气馁，我们可以多看看别人写的加精帖，并给予回复，这样既学到了东西，又给自己增加了经验值，可以是两全其美。

293

·专家提醒

企业在做论坛推广的时候，不能只顾着去做推广，每个论坛都有他们的规则，企业想要利用论坛做推广，就得遵循论坛规则，下面笔者总结了论坛规则的注意事项。

- 注意文明形象，不要对他人进行人身攻击；
- 禁忌发表反党反人民的言论，挑动是非引起暴乱；
- 禁忌非法推广的宣传，如色情、暴力、博彩；
- 不要用一些论坛群发软件或手动发广告；
- 用多个账号在一篇文章上进行回答，避免用同一个 IP 回帖/发帖，不然可能会被封号。

2．学会互粉，提高人脉

任何营销活动都是以人为中心展开的，用论坛平台展开网络营销也是一样，做好人脉关系建设，互粉的人多了，论文推广高成效就顺理成章了。

人脉是论坛推广的基础、网络营销的组成成分，论坛热帖的建设是人脉关系建立的基础。在论坛中想要吸引网友的注意力，就要重视访客体验，多发布一些思维严谨、逻辑严密、文笔闪烁着理性光芒的帖子。在这些帖子里应该具备以下三点才算成功。

- 帖子里的信息必须有价值、有意义，在这样一个多元化时代，信息内容要定位准确，要能满足用户心理需要。
- 帖子语气不要太过于沉闷，应该在发帖的过程中多与网民互动。
- 发帖的信息不但要吸引粉丝眼球，还要贴合自己的宣传点，渐渐将用户吸引到你要传播的产品里。

论坛是一个信息互动平台，品牌的号召力建立在网友们相互之间口耳相传的基础上，用户的口碑互动是论坛人脉关系的延伸。要知道人与人之间的共鸣都来自互动，有了互动，才有可能引发认知上的共鸣，有了共鸣才能与网友们成为朋友，形成论坛人脉关系。

论坛人脉关系是随着时间的流逝不断扩大的，它需要我们去维护，论坛是一个开放平台，你不去维护，很可能就会流失掉忠实粉丝群。维护其实就是营销工作的有规律的更新，长期地有规律性地对信息内容进行更新，论坛发帖传播效率极高，所以要随时更新，每天发布十条左右的信息是最基本的。

总之，我们可以利用自己的人脉关系来进行有力的推广，只要善于开发，每一个网民都会成为金矿。如果有很多好友在同时关注，帖子想不火都难。我们可以通过论坛站内添加一些好友、加入俱乐部等。要知道在平时多和网民们交流，混个脸熟，在关键时刻必然会有网民挺你，给你暖帖的。

3．开通日志，学会外链

现在很多的论坛都给用户开通了空间日志，可以把空间日志放到帖子里，也可以把其他文章复制到空间存档，并且可以留下外链指向自己的站点。论坛空间日志里的外链比论坛签名更具有生命力、长久性。

4．提高积分，申请奖章

我们可以根据自己的积分申请如原创先锋、论坛达人、SEO 水平认证等奖章，如果有能力的话也可以申请版主，这些奖章头衔虽然在现实之中并不值钱，不会代表作者的真正写作水平，但有些头衔、徽章无形之中给人一种错觉，奖章越多就越有说服力，也区分了菜鸟与元老的级别，积分等级很高，各类奖章有很多，会使新手在无形之间产生一种敬重之情。

5．抓住广告灌水，做好推广

在一些大型的论坛中会设立一个广告灌水区，它是除了一些原创、精华区允许带链接文章之外，允许带链接文章或者发布广告信息的区域，我们可以通过这个区域来做论坛推广，但需要注意一点的是广告灌水区的时间比较有限，一般只能存活两周，两周之后，发布的信息可能会被删掉。

6．每日签到，增加积分

现在几乎每个论坛都设置有每日签到，可以增加用户积分，如图 10-14 所示。这不仅是论坛绑住用户的办法，也是我们便捷养号的方法。

图 10-14　每日签到增加积分

第11章
吸引眼球——软文创意营销

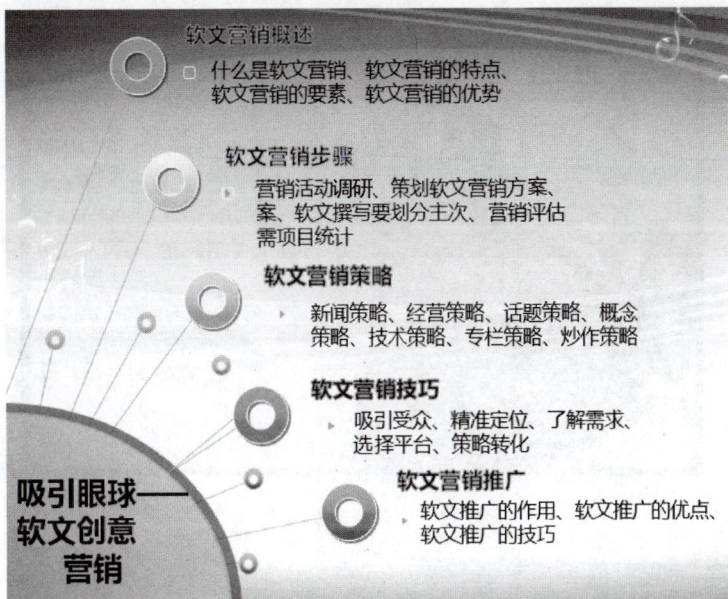

软文营销概述
- 什么是软文营销、软文营销的特点、软文营销的要素、软文营销的优势

软文营销步骤
- 营销活动调研、策划软文营销方案、案、软文撰写要划分主次、营销评估需项目统计

软文营销策略
- 新闻策略、经营策略、话题策略、概念策略、技术策略、专栏策略、炒作策略

软文营销技巧
- 吸引受众、精准定位、了解需求、选择平台、策略转化

软文营销推广
- 软文推广的作用、软文推广的优点、软文推广的技巧

吸引眼球——
软文创意
营销

11.1 软文营销概述

俗话说"润物细无声"，相对于硬广(硬性广告)来说，软文的精妙之处就在于一个"软"字，它将宣传内容和文章内容完美结合在一起，让用户在阅读文章时能够了解策划人所要宣传的东西。

一篇好的软文是双向的，即让客户得到了他想需要的内容，也了解了宣传的内容。下面就带领大家一起走进软文世界，体会软文的魅力。

11.1.1 什么是软文营销

所谓软文营销，是指通过特定的概念诉求，以摆事实讲道理的方式使消费者走进企业设定的"思维圈"，以强有力的针对性心理攻击迅速实现产品销售的文字模式和口头传播。它包括新闻、第三方评论、访谈、采访、口碑等。图 11-1 所示为常见的软文文体——凡客体，将个性的凡客体与游戏结合，推出了游戏角色的"凡客名片"，极尽调侃恶搞之风，让大家在捧腹之余，也喜欢上了这种自由奔放的风格。

图 11-1 凡客体软文营销

凡客体的游戏角色名片并不是游戏与软文营销的首次合作，在之前的游戏《征途》上线时，史玉柱的公关团队便以十分专业的软文抢占各大媒体的醒目位置，凭借"终身免费"和"发工资"的噱头，以"网络游戏革命"为主题进行疯狂的宣传和炒作，如图 11-2 所示。

尽管《征途》所谓的发工资只是在游戏中发送虚拟货币，其"免费游戏"也是通过道具收取更多的费用，但是不得不承认，"发工资的概念"被史玉柱团队运用到了极致。在网络的软文营销上，史玉柱给业界人士做了一个很好的榜样。

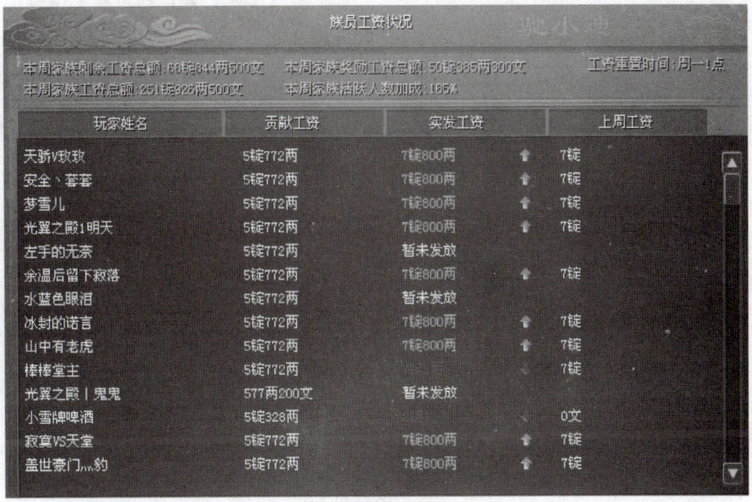
族员工资状况

本周家族剩余工资总额:68锭844两500文　本周家族奖励工资总额:50锭385两300文　工资重置时间:周一1点
本周家族工资总额:251锭926两500文　本周家族活跃人数加成:185%

玩家姓名	贡献工资	实发工资	上周工资
天骄V玫玫	5锭772两	7锭800两	7锭
安全、蕃蕃	5锭772两	7锭800两	7锭
梦雪儿	5锭772两	7锭800两	7锭
光翼之殿1明天	5锭772两	7锭800两	7锭
左手的无奈	5锭772两	暂未发放	
余温后留下寂落	5锭772两	7锭800两	7锭
水蓝色眼泪	5锭772两	暂未发放	
冰封的诺言	5锭772两	7锭800两	7锭
山中有老虎	5锭772两	7锭800两	7锭
棒棒堂主	5锭772两		7锭
光翼之殿丨鬼鬼	577两200文	暂未发放	
小雪牌啤酒	5锭328两		0文
寂寞VS天堂	5锭772两	7锭800两	7锭
盖世豪门,,,,豹	5锭772两	7锭800两	7锭

图 11-2　《征途》发工资活动

·专家提醒

软文是基于特定产品的概念诉求与问题分析，对消费者进行针对性心理引导的一种文字模式。从本质上来说，它是企业软性渗透的商业策略在广告形式上的实现，通常借助文字表达与舆论传播使消费者认同某种概念、观点和分析思路，从而达到企业品牌宣传、产品销售的目的。

除了游戏行业，我们还可以从著名酒类行业茅台的网络软文营销案例中，进一步认识软文营销的内涵。

为了宣传茅台品牌，引导大众口碑传播，茅台酒厂名誉董事长季克良连续发表自己撰写的《茅台酒与健康》《世界上顶级的蒸馏酒》《告诉你一个真实的陈年茅台酒》《国酒茅台，民族之魂》等文章。这些文章一经发表就被各大网络媒体争相转载，通过简单的几篇软文，却释放出巨大的引爆力，达到了品牌传播的目的。

11.1.2　软文营销的特点

软文营销的文字可以不华丽、可以无须震撼，但一定要推心置腹说家常话，因为最能打动人心的还是家常话；绵绵道来，一字一句都是为消费者的利益着想。软文营销具有的特点如图 11-3 所示。

(1)　软文营销的本质就是广告，这是不可回避的商业本性。不管企业的软文营销如何策划和实施，其目的都是要追求低成本和高效回报。软文营销不能回避商业的本性，并且最终一定是要能够达到相应的效果，否则就是失败的。

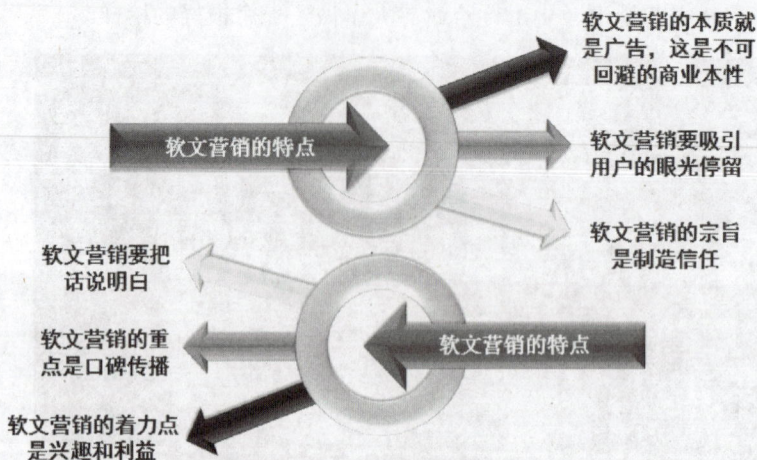

图 11-3　软文营销的特点

(2) 软文营销要吸引用户的眼光停留。所谓软文，其关键点一是"软"，二是"文"。也就是说，软文的内容一定是以文字为主，包括各种文字形式，如新闻资讯、经验心得、技巧分享、思想表达等。通过这些文字，使受众"眼软"，只有让用户的眼光停留并徘徊了，才有机会影响到他们。

(3) 软文营销的宗旨是制造信任。什么形式的文章最终能打动用户，能使用户产生信任感？答案就是能够对用户起到帮助性的文章。比如，通过文章，让用户解决了问题、学到了新知识等。所以软文内容一定要真实、真诚，禁得起推敲，内容要实在，要能够帮助用户解决问题。切记不能有虚假或是糊弄受众的信息。

(4) 软文营销要把话说明白。对于推广者来说，仅仅让用户相信是不够的，还需要在文章中把产品说得明明白白、清楚透彻。否则用户弄不清楚状况，还是达不到最终的目的。所以需要我们深入了解产品特点，并将这些特点通过文字完美地演绎出来，使受众在了解到这些特点后"脑软"。

(5) 软文营销的重点是口碑传播。口碑的影响力是不容忽视的，试想，如果周围的朋友都在用某件产品，并且时不时地"劝说"你一下，想必你肯定会"耳软"。软文营销的重要特性就是如此，文章通过精练动人的语言，成功抓住用户的耳朵，可以很好地传播品牌。

(6) 软文营销的着力点是兴趣和利益。用户对什么样的内容最感兴趣？不同的行业、用户群，具体的答案不尽相同，但是有一条最本质的规律，那就是不管什么状况、什么行业、什么样的用户，一定对与自身的喜好和利益有关的内容最感兴趣。所以深入研究用户需求，是每一位营销推广人员必须做足的功课。

11.1.3　软文营销的要素

在理解了软文营销的基本概念以及特点之后，软文营销要注意一些什么问题呢？下面就来简单介绍软文营销应该注意的四大要素。

1. 标题

具有吸引力的标题是软文营销成功的基础，因为即使软文文章内容再丰富，如果没有一个具有足够吸引力的标题也是徒劳的。文章的标题犹如企业的 LOGO，代表着文章的核心内容，其好坏甚至直接影响到软文营销的成败。

所以在创作软文的第一步，就要赋予文章一个富有诱惑、震撼、神秘感的标题，如图 11-4 所示为某淘宝店铺的标题，利用谐音与最近热映的电影《后会无期》结合，以这个新颖的题目获得了大量点击量。

图 11-4　引人关注的标题

·专家提醒

标题虽然要有诱惑力，但是切忌变成标题党，导致给用户货不对板、挂羊头卖狗肉的感觉。

2. 话题

自从"郭美美"事件后，各大网站、报纸就开始刊登有关这方面的新闻报道，搜索引擎的搜索量也迅速增加，所以谁先抓住时事热点，谁就会取得成功。

时事热点，顾名思义就是那些具有时效性、最新鲜、最热门的新闻。例如，曾经火热的"帮汪峰上头条""周一见"、小苹果等，都可以拿来作为软文的题材，利用这些热门话题，能够捕捉到用户的心理，引起用户的关注，如图 11-5 所示。

图 11-5 "帮汪峰上头条"热门话题

3. 结构

高质量的软文排版应该是严谨而有条不紊的，试想一下，一篇连排版都比较凌乱的文章，不但会令读者阅读困难、思路混乱，而且会给人一种不权威的感觉。

为了达到软文营销的目的，文章的排版不可马虎，需要做到最基本的上下连贯，最好在每一段话题上都标注小标题，表现出文章的重点，让人看起来一目了然。在语言措辞方面，如果是需要说服他人的，最好加入"据专家称""某某教授认为"等，能够增加文章的分量。

4. 广告

要把广告内容自然地融入文章是最难操作的一部分。因为一篇高境界的软文是要让读者读起来一点都没有广告的味道，就是要够"软"，读完之后读者还能够受益匪浅，认为你的文章为他提供了不少帮助，那么你的文章就成功了。

下面我们通过一篇软文范例进行分析。

上青藏高原不要一开始就吸氧，要尽量自身适应它，否则会产生依赖性。另外还可服用一些缓解高原反应的药品，如×××等药物(代入产品)。该药原材料为 GAP 丹参药材，采用了国际先进的高通量筛选技术，使得有效成分丹参酮等高出国家药典标准的一倍，缓释技术使药效均衡长效释放作用于人体。广州现代中药研究院近来研究表明，×××可以有效提高心脏冠脉流量，促进大脑血流量，提供机体的缺氧耐受能力，有效改善高原反应缺氧引起的头晕头痛、乏力、嘴唇发紫等症状。

这篇软文很常见，不过广告植入却让人很舒服，不会有生硬感，这也是软文营销的关键。

11.1.4　软文营销的优势

所谓软文，就是把硬性广告软化掉，使得广告像广告而又不似广告，使用户更容易接受推广信息而不会产生反感。如今市场上并不缺少利用软文营销获得成功的案例，最具代表性的便是脑白金。软文营销之所以如此火爆，是因为软文具备了其他推广方法所没有的优势，如图 11-6 所示。

图 11-6　软文营销的优势

1. 广告隐藏好、接受信息快

广告的最高境界是让用户觉得自己看到的不是广告，因此在信息爆炸的互联网时代，广告炒作的"伎俩"必须要十分高超。

对于广大网民来说，传统的广告推广方法差不多让他们产生免疫力了，比如一些激情照之类的，用户看到这些信息都会产生一种被忽悠的心理。所以，如果企业商家还用传统的推广方法，利用忽悠用户来获取更多的流量自然是不可能的。

这个时候，软文营销的优势就体现出来了，软文可以把硬性广告"软"化，让用户在浏览文章的同时接受广告信息，也就是说，软文可以把广告隐藏起来，让用户不会对自己的推广信息产生排斥。而且一篇具有高质量的软文不但可以让用户理所当然地接受广告信息，还可以让用户自发地加以推广分享，这样就能造成大范围的传播。

•专家提醒

软文的一大优势就是弥补了硬性广告不能做的事，真真实实地把广告隐藏于内容中，使用户更好地接纳广告信息。

2．传播范围广、传播效果好

判断一种营销模式成功与否的重要标准，就是看品牌的传播范围，在软文营销中，一篇受用户喜欢并且能给予用户所需信息的软文可以使其传播范围特别广泛。特别是如果你的软文被各大门户网站转载的话，那其传播范围就更广泛了。

因为门户网站具有一定的品牌权威性，在用户的心理会产生一种信赖感，而你的软文被这些门户转载，自然就是在原有的读者上可以再获取更多的读者，这样就能获得更多的潜在用户，使得你的推广更加成功。

而且一篇好的软文可以起到让用户自发地宣传、分享、转载，达到一传十、十传百的效果。所以，利用软文推广的一大优势就是传播范围特别广泛，当然前提是软文要有一定的质量价值。

3．投放成本低、获取收益高

由于许多传统的广告受到许多的限制，有时候会由于各种各样的原因使得成本增加，就像在门户网站投放广告推广一样，由于对方的广告位限制或者其他方面的原因，不能充分地说明自己推广的广告内容，这样就很难实现高转化率。

而软文就不同了，通过撰写优质的软文投放到知名的门户网站时，可以通过其自身的知名度带动软文的转化率。而且软文在搜索引擎中的收录还是非常好的，自然就很容易产生二次传播推广，况且软文一旦形成，可以永久地存在，这样则更具有长期性的推广效果。此外，软文也不需要成本，只要你的写作能力够好，就可以实现零成本投资获取高收益的效果。

4．形式内容多、挖掘用户多

因为中华文字的博大精深，所以软文的资料信息也是相当的丰富，即使是同样的一个问题，每个人都可以根据自己的看法发表不同的观点。而且软文可以把要传递给用户的推广信息加以完整化，使用户真真实实地知道自己的推广信息的全部内容。

现在很多类型的网站都通过软文来推广，小到论坛发帖，大到门户企业站，都可以通过软文来推广。目前软文几乎遍布网络的每个角落，所以利用软文推广不但范围广，而且更容易挖掘到潜在用户。

11.2　软文营销的步骤

不同于软文推广，软文营销是一个完整的流程，包括调研、策划、撰写、评估五个环节，每个环节都相互环扣，如果一个环节出现问题就会影响整个企业软文营销的效果，如图 11-7 所示。

图 11-7　软文营销的四个步骤

• 专 家 提 醒

　　软文营销中的主导思想是结合一切可以利用的资源，对自己进行软性的包装。在这里，营销者要清楚自己的用户群体的定位，以及他们经常使用的网站、软件、工具、报纸杂志、工作爱好等。

11.2.1　营销活动的调研

　　所谓营销调研，是指系统地、客观地收集、整理和分析市场营销活动的各种资料或数据，用以帮助营销管理人员制定有效的市场营销决策。下面我们以通信行业的领军企业中国联通的软文营销为例，详解软文营销的操作步骤。

　　一个企业在做软文营销时必须要有一个清晰的目标和定位，前期的调研工作不可缺少。从企业内部到企业外部，调查企业的创建史、商业模式、经营范围、荣誉、资质、组织构架、文化等。图 11-8 所示为中国联通的内部信息。

　　对于企业外部就是要全面了解行业的发展情况，与公司相关的新闻热点，公司客户群的主要特征、行为习惯和竞争对手的分析，特别是对手的营销策略。图 11-9 所示为中国联通新闻中心。

• 专 家 提 醒

　　软文的定位根据特定人群而定，要了解认知相关人群：企业内部人员、企业创始人、企业管理层构架以及企业员工；企业合作伙伴、企业大客户；第三方人员的业内的竞争对手、行业协会、监管机构人士以及普通消费者等。

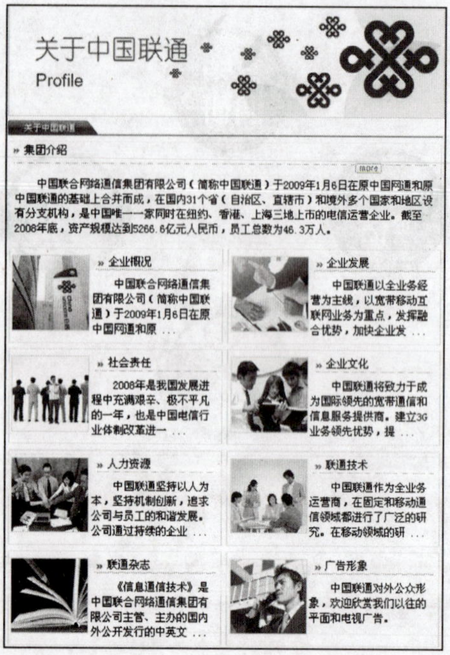

图 11-8　中国联通内部信息

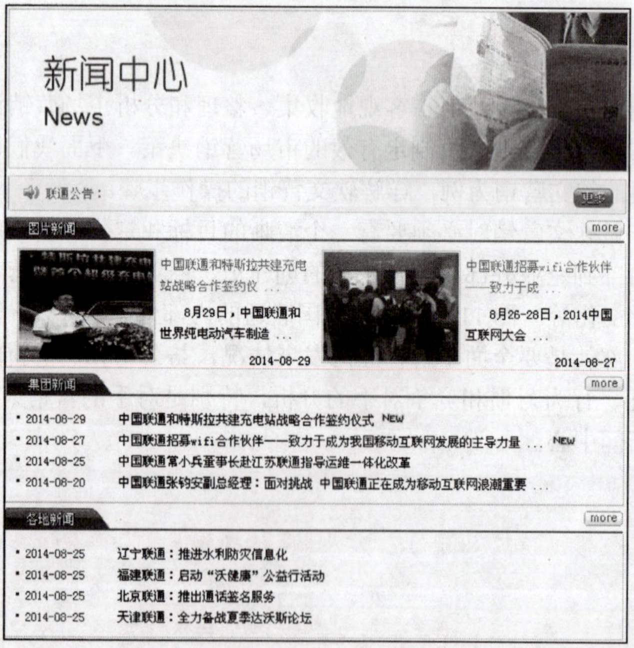

图 11-9　中国联通新闻中心

11.2.2　策划软文营销方案

策划软文营销方案指的是根据企业的自身情况、资源等，做出具体的分析。

实际上，实施软文营销就相当于对企业的各个方面做了一次全面梳理、做了一次初步的管理咨询。一个好的企业软文营销策划主要有以下三点。

(1) 明确目标。首先要搞明白软文的"目的"是树立品牌还是拉动销售以及与竞争对手的策略回应等。若是多个目标，必须要有顺序，否则会影响软文营销的效果。

(2) 明确实施策略。要明确软文营销实施策略，要明确软文营销的时间要求、数量要求和投放渠道等。图 11-10 所示为中国联通在不同时间、不同平台渠道推出的软文。

广东联通双旦促销　手机买一送"一"

2013-12-19 13:20 共计877次阅读 来源：太平洋电脑网　♥ 赞 0 　我有话说　　📊分享 ▾ 🔳 A⁻ A⁺

　　距离圣诞还有7天，广东联通商城启动"距离不是问题，想念不止在心里"大型促销活动。即日起至29日，联通卡号低至5折优惠，5S、NOTE3、红米等热门机型也进行促销。同时，购买任一合约机或手机号卡产品即送随身WIFI、每位晒单的用户还会赠送蓝牙耳机一个，大家可以密切关注。

广东联通打出流量牌 台港澳上网卡尽显差异优势

2014-02-08 15:08:35 来源：中国网　作者：　我有话说（0人参与）

　　马年春节伊始，国内三大运营商已竞相推出诸多优惠业务，力求在竞争越来越激烈的通信市场上抢占先机。根据广东联通相关负责人表示，本次推出的台港澳上网卡中，199元月卡享受2G省内流量+800M台港澳流量，99元月卡享受1G省内流量+300M台港澳流量，50元周卡可享受400MB省内流量+100MB澳门流量。

0元秒杀iPhone5 情人节广东联通送大礼

2014年02月13日16:14 it168网站原创 作者：陈天韵 编辑：陈天韵 查看全文

👍 赞（0）　💬 评论（0）　↗分享

　　【IT168 什么值得买】广东联通网上营业厅（www.10010.com）在情人节当天的14时14分举行iPhone5秒杀活动，全新的iPhone5合约机只要0元就可以到手，只有一台，机会难得。另外2月12日至2月22日，一连11天，10点、12点、2点、4点，逢整点秒杀2台华为Y511，每天共8台，秒杀成功可以参加预存100元得400元话费的优惠活动。

图 11-10　软文营销的时间、渠道及数量

(3) 明确营销策划。根据确定的目标和策略做出软文撰写的角度，把目的和策略依序写出来做成表格，包括行动目标、撰写角度、投放渠道、软文数量、投放时间、费用预算等。图 11-11 所示为中国联通在"新浪科技"频道推出的软文，我们可以将该软文营销的目标和策略用表格列出来，如表 11-1 所示。

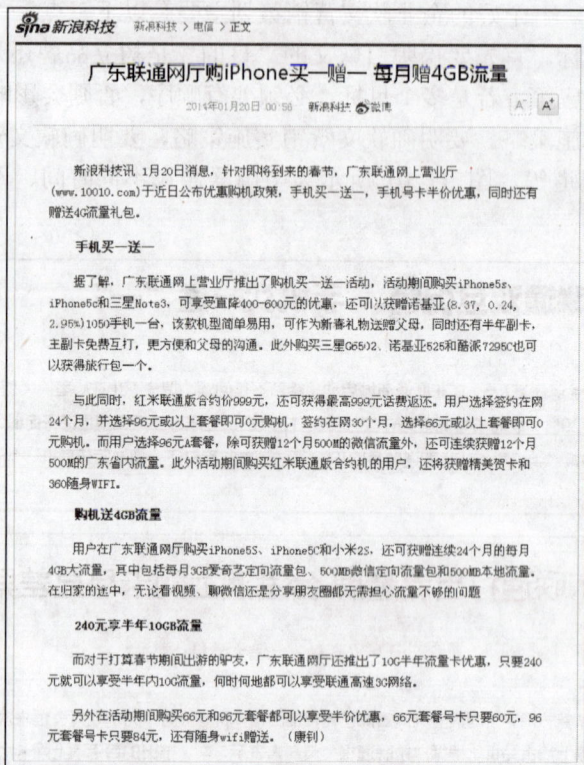

图 11-11　确定软文营销的目标和策略

表 11-1　中国联通软文营销策划要素

策划要素	要素详解
行动目标	销售：提升手机销量和办卡率，宣传广东联通品牌
撰写角度	分类：分小标题介绍优惠活动
投放渠道	网站：新浪网科技频道
软文数量	同类别软文约 5 篇
投放时间	春节期间：2014 年 1 月 20 日
费用预算	营销费用根据新浪科技频道推广费用而定

在软文营销进程中，需要对自己的方案不断地调整，毕竟不是每种情况都面面俱到的。这里需要根据已经实现的营销效果，对不同软文营销中的方法，做出主次分明的划分。

11.2.3 软文撰写要划分主次

前文中我们已经介绍过，软文撰写的技巧主要分为标题、内容布局、语言风格运用以及收尾等方面。软文撰写要有重点，其次要切记用词太猛，软文中的植入广告要有力度，有软的一面也要有硬的一面。

下面就来欣赏一篇专家软文。

马云：说淘宝假货多的人基本在淘宝上没买过东西

互联网大会上，各路豪杰纷纷亮相，社会上都在屏住呼吸聆听大佬们的声音，而马云的一句话更是引发了网络上的热议。

马云说，对电子商务来讲，假货的解决只能靠互联网，说淘宝上假货多的人基本在淘宝上没买过东西。就购物来说，你想 25 元钱就买一个劳力士手表这是不可能的，这只能说明自己太贪。

假货的问题一直困扰着淘宝的成长，也一直是被外界特别是被竞争对手质疑的焦点问题，马云在这个场合敢于主动挑明地说出来，也证明了他并不怕讨论这个难题。

当然，马云之所以会在大会上提起假货问题，可能是对社会上最近一段时间舆论的回应。在阿里巴巴上市前后及双十一购物节中，假货的问题一再被提出并炒作，甚至成了主要竞争对手攻击的靶子，这应该让他很不爽，借助这个世界互联网大会的平台当着对手的面讲出来，也算是不怯场。

水至清则无鱼，电商怎会无假货？

如果说淘宝没假货，恐怕马云自己也不敢说，所有淘宝管理团队的人都不敢说。事实上，淘宝无假货是不可能的，即便是号称无假货的 B2C 电商们，包括京东、唯品会、当当、亚马逊等，估计一个也不敢站出来保证无假货。

假货问题的产生与中国的商业环境有关，如果中国的商业大环境得不到根本改善，作为商业一部分的电商群体也不可能不受到假货的影响。

对于淘宝网来说，其经营模式是鼓励单个体开店销售，通过它的网络平台实现个体经营与客户的对接，等于是开了一个农贸市场，然后把商铺出租给一个个的个体经营者。在这种经营模式下，出现假货也非常正常，而且其概率注定会被大商场要高。

不过，我们也不要把消费者当成傻子，假货骗得了一时却绝对骗不了一世，以售卖假货为主的电商绝对不可能做大。在淘宝网建立之初，就有各方面的专家预言淘宝网不可能长期生存，只能作为一种特例而存在，并不适合大量的复制和推广，其生命周期会很短。但是，我们看到的淘宝网却逐渐壮大，以至于以其为核心的阿里巴巴集团成功登陆美国资本市场。

可以说，淘宝网确实有假货，但对假货的治理能力却是淘宝网的核心竞争力，也正是在不断完善的管理规则与制度下，淘宝才有了现在的成绩。当我们看到因为淘宝的强硬管理而引发的网络攻击和群体事件的时候，就应该看到淘宝的竞争力所在。

当然，非常可笑的是，有些人一方面痛骂淘宝有假货，另一方面却支持被惩罚的店主闹事。

因此，我们可以说，电商平台的假货是必然存在的，只是需要进行严格的打击，将假货比例控制在一定的比例之下，这也符合社会的普遍规律，也是电商健康发展的必需。

买到假货的消费者该负主要责任吗？

媒体报道，福州警方破获一起涉案 2000 多万元的"淘宝假货案"，抓获 3 个犯罪团伙，捣毁制售、造假窝点 79 个。有业内人士认为，与打假多年仍走不出售假泥潭的秀水街一样，巨大的商业利益是驱使网店店主出售假货的主要原因。

以名牌包为例，一般情况下，假冒 LV 的钱包进货价仅需 10~20 元，背包进货价在 40~50 元，而假名牌钱包的售价可以达到 50~80 元，背包售价则可过百元，利润率超过 100%。

那么问题来了，一个人花了不到 100 元买到了一款所谓的 LV 包，自己不知道自己在主动买假货吗？如果以这样的价格还可以买到真货，那就不是一般的不聪明了。

当然，作为电商平台来说，并不能把买假货的责任都推给消费者。很多的假货往往只会比正品便宜一点点，甚至以打折的名义进行各种各样的促销以招揽买主，这样就很容易让消费者上当。特别对于一些不容易鉴别的商品来说，消费者自身也难以进行准确的判断，上当受骗就难以避免。

淘宝网上的商品太多、种类太丰富，面对千千万万聪明绝顶的中国商人，确实难以做到管理上的滴水不漏，事实上也无法做到杜绝假货，但这并不能成为淘宝出现假货却推卸责任的借口。作为电商管理平台，用最大的努力去减少假货是必需的选择，如果出现了假货，不留情面地打击也是必需的行动，而对于消费者的损失，也应该有责任与义务担当。

打击假货，电商义不容辞

马云说，今天你去广东和福建有很多假货的地方去调查一下，他们最怕到淘宝网上去卖，原因很简单，我们很容易地查出谁在卖，公安马上就扑上去了。

这个说法确实有一定的道理。毕竟，在电商平台上进行销售，其管理力度与可追溯性都远远超过了马路边和小型农贸市场。假货卖家一旦被揭发出来，淘宝有一整套的处理系统，工商与警方都能够比较容易地追踪到不法商家的行踪、进货销货渠道，取证比较容易，而损失的弥补也比线下简单。

这些年，随着电商的快速发展，城市中的批发市场、农贸市场等都已经被改变，大量的商品销售转移到了线上，而假货的泛滥逐渐转移到了农村阵地，主要原因就是农村的市场管理混乱，制假售假相对容易。一旦农村地区的网购活跃起来，假货将更加没有容身之地。

假货是中国经济的毒瘤，也是这些年经济发展的副产品，会随着社会消费水平的提升、商业信誉的提高和国家管理制度的完善而逐渐得到比较彻底的解决，电子商务平台显然会起到催化剂的作用。

假货可恶，人人得而诛之；制假售假可耻，所有的消费者都应该勇于揭发，所有的电商平台也都应该坚决打击。不仅淘宝网应该如此，其他的电商也应如此。

【分析】

此文围绕马云说的"说淘宝假货多的人基本在淘宝上没买过东西"这句话，来进行对淘宝的一种推广，以 3 个小标题来诠释"淘宝有卖假货的存在""消费者贪便宜也可能是买到假货的其中一个原因""淘宝一整套打击假货的处理系统"，让读者能理解淘宝假货的存在，分析消费者的心理，推出淘宝应对假货的处理方式，让读者更加信任淘宝，打破了淘宝卖假货的不良形象，在不良形象的基础上理性分析，逐渐逆转为良好的形象。

通过上面的专家软文可知，专家软文是以个人影响力为噱头，围绕个人话术，进行产品的推广，且重点在于与众不同的观点、直截了当的观点、吸引影响的观点，被转载、传播的概率高，影响迅速快。

只要专家的名声够响亮，那么人们在搜索引擎中搜索专家的名字，则很有可能出现专家软文。

专家软文到底该如何撰写呢？可以参考下面 3 个写作要点。

- 企业可以找一些专家发布的观点，找到与自己产品有关联的部分，进行专家软文的撰写，可以将标题命名为"某某说：_____"，注意文章必须扣题，否则就有挂羊头卖狗肉的嫌疑。
- 企业还可以自己建立名气，多发布一些观点文章，价值度高的、阅读性强的文章，吸引读者的目光，需要注意的是，这种做法是需要日积月累地去做，并且在文章上要署一样的名字，这样才能让读者记得住。
- 专家软文最好是发布一个知识领域的文章，不要太杂乱。

11.2.4 营销评估需项目统计

在移动互联网时代的软文营销中，通常需要对以下几个营销项目进行统计，如图 11-12 所示。

图 11-12 营销评估需要的项目统计

(1) 锁定软文营销目标。 软文营销是一个有目标、有计划、有步骤的营销活动，企业在展开软文营销之前必须先确定一个目标，即通过此次软文营销想达到什么目的，是直接提高网站流量，提高企业品牌的知名度，还是直接促进产品的在线销售等，都必须有一个明确的目标定位。唯有如此，在接下来的软文营销活动中，才能对软文营销的效果进行评估，并根据效果对软文营销的策略进行及时调整，以达到效率最大化。

(2) 统计达成的目标数量。 当有了软文营销的目标之后，在接下来的软文营销中便有了可供参考的评估标准。针对这些软文营销的目标，对达成目标的数量进行统计，便是有效的效果评估手段。当软文营销的效果达到目标之后，就应该在软文页面或者网站页面上有一个明确的目标达成标志。也就是说，用户一旦访问某个页面，说明已经达成网站目标。电子邮件注册系统中的目标完成页面就是用户填写姓名及电子邮件，提交表格后所看到的确认页面。如果是填写在线联系表格，那就和订阅电子杂志类似，完成目标页面也是提交表格后的确认页面。如果是下载产品目录，就是文件每被下载一次，则标志着完成一次目标。

(3) 营销评估常用的方法。 营销评估常用的方法有：软文的点击率，即软文在发布载体上被用户点击的数量，这能反映一篇软文的受关注度；软文的评论数，即软文在发布载体上被用户评论的数量，这能反映一篇软文所引起用户的互动影响力；转载量，即软文在一个网络载体上发表后，被其他网络载体转载的数量，这能反映一篇软文的新闻价值，也就是可读性；搜索引擎的收录量，即软文发表出去后，分别被百度、谷歌等搜索引擎收录的数量，这能反映一篇软文的质量和受众喜好度；直接 IP 数量，即通过软文发布地址直接访问网站的数量，用户浏览软文过程中，点击相关关键词进入企业网站的 IP 数量；有效 IP 数量，即这些通过软文访问网站的 IP 数量中，有多少达成了目标，如有多少下载了相关软件，有多少留下了联系方式、E-mail，有多少直接在线进行了订单，有多少进行了在线购买。

以上几种常见的目标统计方法，充分利用了互联网技术的优势，能对效果进行精准统计；但这仅仅是软文营销可视化的效果评估方法。软文营销对于企业认知度、品牌知名度、产品线下的销售促进等作用，也是不容忽视的，即便不能用数据进行统计，但效果是客观存在且非常明显的。

(4)　计算达成的目标成本。效率即为产出与投入的比值，达成目标的数量与计算达成目标的成本即为软文营销的效率。通常软文营销的成本可从以下几个方面进行计算，如图 11-13 所示。

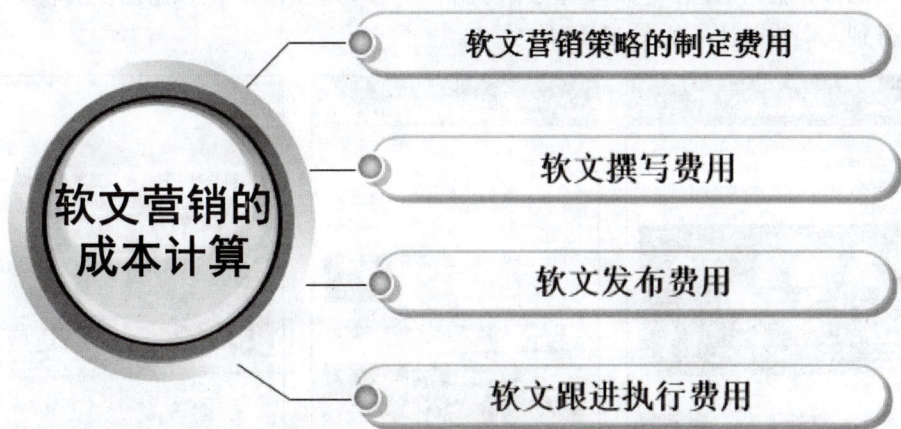

图 11-13　软文营销的成本计算

·专家提醒

软文营销成本计算的具体方面如下。

- 软文营销策略的制定费用：专业的软文创意方案需要找专业的团队进行集体创意，这是一个智力碰撞的脑力劳动，需要付出一定的成本。

- 软文撰写费用：网络软文的撰写，客户可以专门找专人写，也可以找像"软文之家"这样的专业团队代写，区别在于企业雇专人撰写投入的成本远远大于请专业团队撰写软文。

- 软文发布费用：软文发布需要一定的载体，而但凡有质量的载体都是需要付费的。

- 软文跟进执行费用：不管软文是发布在门户还是论坛，抑或是其他网络渠道，发布的过程中、发布后都需要安排一个专人，对软文效果进行跟进评估，并对达成的目标进行统计，或者是对转帖、门户发文进行评论转发、论坛软文进行跟帖炒作等，都需要投入一定的人力和费用。

11.3 软文营销的策略

软文营销是一种生命力最强的广告形式，也是很有技巧性的广告形式。因此，企业应当掌握软文营销的策略，从而达到企业品牌宣传、产品销售的目的。软文营销有很多策略，下面笔者总结了几种主要的、常用的策略，供大家借鉴。

11.3.1 新闻策略

人们都有猎奇心理，也都渴望了解新事物、学习新知识，所以新闻性的软文非常容易得到人们的关注，如图 11-14 所示。

图 11-14 新闻性软文

不过在操作时应注意，新闻性软文一定要突出一个"新"字，文章中的内容一定是人们所不知道的、不了解的、不熟悉的，如新鲜的观点、事物、知识、话题等。文章的形式要符合新闻写作规范，发布的媒体及具体的板块也应该是正规栏目，切记不要发到广告板块。

11.3.2 经验策略

经验分享性软文是最容易打动用户和影响用户的软文类型。此类软文的策略主要是利用了心理学中的"互惠原理"，通过免费向受众分享经验、免费给予他们帮助，以达到感动用户的目的。图 11-15 所示为某贴吧的经验分享帖子。

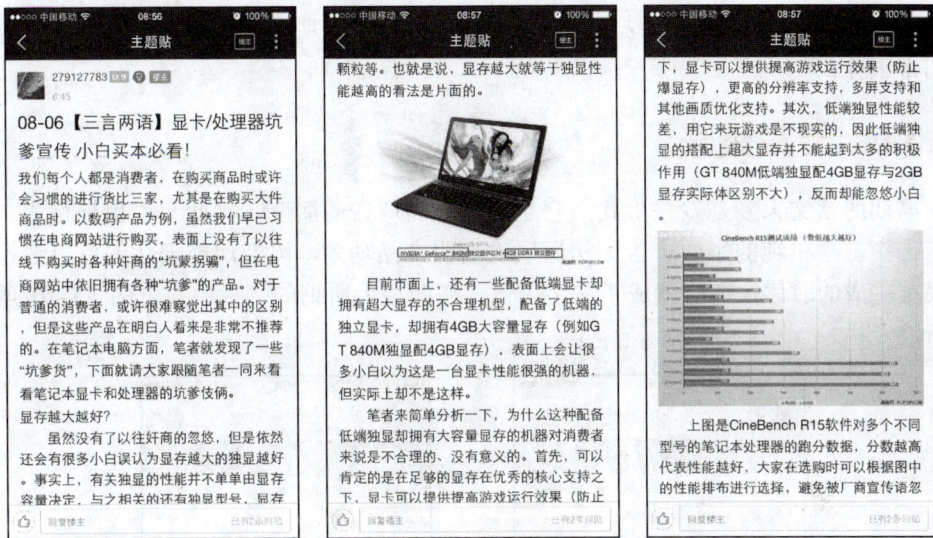

图 11-15　经验分享软文

11.3.3　话题策略

话题是最容易在用户中引起口碑效应的策略。因为只有足够热的话题，用户之间才会自发地讨论与传播。要想获得足够热的话题，比较好的方式有两种：一是围绕、结合社会热点制造话题；二是针对用户的喜好与需求引发争议。

·专家提醒

制造话题时，要注意话题的可控性，特别是制造争议话题时，不能引发用户对产品的负面情绪，一定要对产品品牌做正面引导。

11.3.4　概念策略

万物都是相通的，移动互联网营销也是如此，不同的营销与推广方法之间都有很多共性。理念和策略都适用，只不过具体的表现形式不同而已。

打造概念时应注意，这个概念一定是与目标用户息息相关的，要高度符合用户需求，能够引起受众强烈的关注与足够的重视；否则不管包装多漂亮，都是在做无用功。

11.3.5　技术策略

此策略的关键是通过技术层面的内容去打动用户。所以其中提出的技术不能是伪技术，必须具有一定的先进性，能够真正帮助用户解决一些问题。而且在描述时，不要过于高深,要用一些浅显易懂的语言和例子,让用户明白其大概原理,了解能够为他们带来什么。

11.3.6 专栏策略

早期的软文大多是专栏形式,它起源于平面广告的演变,因此专栏也被称为"文字广告"。当单纯的平面广告无法深层次说明产品功效,以及所能表达的信息通过广告很难完成的时候,广告就成了文字广告,亦即今天所谓的"专栏"。图 11-16 所示为新浪专栏。

图 11-16 新浪专栏

专栏是日常传播中不可缺少的一个补充,企业文化、产品深入介绍、消费环境模拟、试用手记等文章经常需要专栏来配合。目前,专栏的常用方式有以下几种。

(1) 危机感制造。 软文让受众产生恐惧感,进而抛出解决办法,水到渠成。 根据专家观察,这样的理论和现象都是值得各位站长深思的,所以希望大家多做研究学习,争取总结出更多更好的经验。

(2) 消费环境制造。 老婆给我买了什么,用了之后,脸色好了,精神爽了。

(3) 消费榜样树立。 去××地,某某怎么怎么样,自己却……形成鲜明对比。

(4) 产品深度介绍。 ××产品十大功效之一××,有几个功能投几次专栏,这个产品就是牛,有十大功效。

(5) 企业文化。 这个企业是多么多么的牛,这么牛的企业,产品当然过硬。

(6) 征文、促销、活动等。 非要在晚报让大家知道的时候。

就软文规划而言，"专栏"的价格过于昂贵，所以在市场推广过程中，能不用专栏软文就尽量不要用。

11.3.7 炒作策略

软文炒作是企业宣传不得不考虑的一个重要手段。一个好的炒作能够让企业的知名度迅速提升，从而引来大量的关注，以此达到提高企业人气的目的。经营者在平时的经营活动中，可以使用以下一些炒作手段。

(1) 悬念炒作法。 悬念炒作是要提炼 1～2 个所谓核心、神秘的卖点；根据进度，慢慢抖包袱，所有的资讯不要一次放完，说一半留一半。

例如，四大上市网站之一的中华网便使用过这种做法。中华网曾放言要收购新浪、网易、搜狐三大网站，以 4 亿美元垫床底的中华网绝对有能力去收购其他三家网站，关键问题这只是一厢情愿，最后不了了之。结果是，中华网既获得了舆论的宣传，又树立了财大气粗的老大地位，一箭双雕。

(2) 落差炒作法。 用一些很熟悉的东西，在平常人头脑中产生了相对的思维定式，一旦打破这种定式，人有如在太空的失重感，这种炒作方法要有平中见奇的功夫，善于提炼普通的素材，让媒体耳目一新，让大众或分众耳目一新。

(3) 第一炒作法。 人们的记忆中只能记住第一，比如人们知道世界第一高峰是珠穆朗玛峰，世界第二高峰是什么就不知道了。"第一"容易引起人的兴趣，容易吸引公众的眼球，容易被记住，还会使对手难以逾越，品牌形象脱颖而出，如图 11-17 所示。

(4) 名星炒作法。 根据马斯洛分析的人的心理需求学说：当购买者不再把价格、质量当作购买顾虑时，利用明星的知名度来加重产品的附加值，可以借此培养消费者对该产品的感情，从而赢得消费者对产品的追捧，如图 11-18 所示。

(5) 争议炒作法。 针对企业产品、质量、企业行为等，策划容易引起争议的事件或观点，引发社会讨论，吸引公众注目，如图 11-19 所示。

(6) 叫板炒作法。 叫板某知名人士、知名企业或产品，设下擂台，从而吸引消费者和媒体的注意，让媒体关注、报道结果，让自己变成可读性新闻。如红高粱叫板麦当劳、国安挑战李宁、非常可乐和可口可乐对比等，如图 11-20 所示。

(7) 活动炒作法。 活动炒作法是指企业为推广自己的产品而组织策划的一系列宣传活动，从而吸引消费者和媒体的眼球，达到传播自己的目的。比如，百事可乐采用巡回音乐演唱会这种方式同目标消费群进行对话，用音乐而不是广告来传播百事文化和百事营销理念，如图 11-21 所示。

(8) 内幕炒作法。 策划自曝"内幕"，或者别人揭"内幕"，进行炒作。为了显示自己的本质，不惜揭露行业黑洞，用他人的缺点突出自身的优点，这实质是一种对比形式。企业"内幕"涉及消费者利益，容易吸引公众关注。如珍极曝光有企业用猪毛水制作酱油。

图 11-17　第一炒作法

图 11-18　明星炒作法

图 11-19　争议炒作法

图 11-20　叫板炒作法

(9)　借势炒作法。所谓借势，是指企业及时地抓住广受关注的社会新闻、炒作以及人物的明星效应等，结合企业或产品在传播上欲达到其目的而展开的一系列相关活动。借势炒作就是借人们关注的焦点，顺势搭车，让更多的人认识、关注自己，以此提高自己(产品)的知名度。借自己的某一点让消费者注意自己、知道自己。

图 11-21　活动炒作法

(10) 纠纷炒作法。 策划一个"纠纷",吸引社会关注,一段时间后,不了了之,但企业却闻名于世,实现了炒作目标。例如,消费者状告中科院北极绒夺暖卡、小家伙状告乐百氏、生命源状告福运泉等。

(11) 反向炒作法。 古人云"反其道而行之",以反引出正,以邪突出正。反向炒作是把读者从一个概念引入到另一个概念,大自然和事物的发展都有它的规律性,为了吸引人们的好奇心和打破传统规律,策划者反其道而行之,冲破人的惯性思维方式,与人的定式规律相悖。

(12) 赞助炒作法。 赞助炒作法主要就是借助赞助、冠名等手段,通过所赞助的活动来推广自己的品牌。如蒙牛赞助航天、伊利赞助奥运、彩虹赞助飞黄等。费用从百万元到千万元不等,这种方法比较适合于大企业。目前体育活动已被越来越多的人所关注和参与,体育赛事是品牌最好的广告载体,体育背后蕴藏着无限商机,这已被很多企业认识到并投入其中,如图 11-22 所示。

(13) 双簧炒作法。 在现实生活中,黑与白虽然是对立的,但对于爱看热闹的人们来说,投其所好,对立得越强烈则关注得越热烈。而差异化的心理感应就让读者在不知不觉中对炒作有了一个完整的认识。结果不置可否,而炒作的意识已达到。其次当新闻播出后,热度不够,就要安排所谓的正反观点"媒子"向报社打电话,以此人为达到舆论高温,让媒体关注此事,让社会公众注意,从而达到目的。

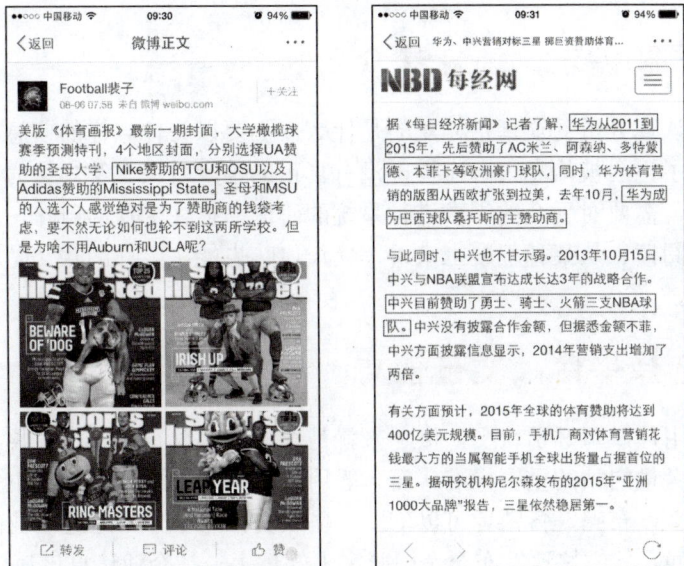

图 11-22　赞助炒作法

11.4　软文营销技巧

很多企业以为写一篇软文发到网上，然后被客户看到，进而来购买自己的产品，其实这种想法是错误的。那么，软文营销如何才能达到最佳效果呢？我们介绍以下一些技巧。

11.4.1　吸引受众，受众"埋单"

很多时候，我们都觉得软文的目的就是要宣传和做广告，但是由于功利色彩太浓重，因此我们的软文广告色彩也很浓重，这样反而吓跑了用户。笔者认为，软文是为受众而生的，只有受众真正埋单，软文才算是达到了最佳推广的效果，否则再多的广告和产品宣传也徒劳无益。

11.4.2　精准定位，准确投放

一种营销不是针对所有人的，尽管我们希望越多的人关注越好。但是并不是网撒得越大就能收获越大，有时候反而会顾此失彼，漏掉真正的潜在用户。结合自己的考察，确定受众群，才能真正针对这些有效人群投放信息。笔者认为，内容的不相关和太浓重的广告色彩都只能引起不相关人群的反感。

11.4.3　了解需求，抓住受众口味

营销者要认真分析受众真正喜欢的是什么，不要以为什么样的信息都能够传播，即使传播出去了也会被信息大海淹没，没有真正的推广效果。笔者认为，要想取得最好的传播效果，需要对受众的需求进行系统的研究，抓住受众的口味，这样才能吸引受众的关注和阅读。从某种程度上来讲，受众口味也能决定你的软文是否能够得到较好的推广效果。

11.4.4　选择平台，发布软文

研究好了用户，写好了软文，接下来就是选择软文发布的网站。收录、新闻源、转载率等都是考量网站的重要标准。而一般用户对这些并不了解，也不知道如何联系编辑，那该怎么发布呢？营销者可以借助一些软文推广平台，通过专业的营销平台，用户可以将新闻、软文快速发布至全国几家大媒体上，让企业信息迅速覆盖全网络。

11.4.5　策略转化，效益评估

软文信息投放后并不代表工作就完成了，营销者要真正考察这篇软文能够给自己带来多少效益，也就是我们说的效益的评估。多少人是你的潜在客户、哪些人群是忠实用户、什么人群能够真正转化为购买用户。

·专家提醒

> 网站的浏览量、关注度都是软文营销应该完成的策略转化，而且这次的软文效果可以为下次发布提供参考。

11.5　软文营销推广

软文推广是移动互联网时代的销售利器，因此营销推广软文就成为一种非常有必要的软文形式。

11.5.1　软文推广的作用

软文就是以文字的形式对自己所要营销的产品进行推广，来促进产品的销售，其本质还是广告，只不过表现形式是以文章出现。软文不仅只为企业网站带来大量流量，还要使其变成一种较大的商业价值，那才是软文推广的最终目的。目前，软文推广主要有 6 种作用，如图 11-23 所示。

图 11-23　软文推广的作用

(1)　提高品牌知名度。企业可以使用软文推广，通过大量的文章写作，宣传自己公司的形象、专业的领域、洞察用户要存在的实际问题，无疑是对企业自身信誉度增加砝码。并且，如果软文写得好，能引起读者内心的涟漪，则能非常有效地引起读者的信赖、有效地影响读者的信仰、有效地说服读者。

(2)　导入引流。企业可以在各大网站、论坛等发送软文，在软文里放置企业链接，如果有人点击，那么，这样的点击行为，就可以为推广者的网站带来基础流量，这样的流量可能不是企业的最终目的，不可否认的是在网站初期发展的时候是元老级人物，而且站在 SEO(SEO 是搜索引擎优化)的角度来看，如果网站在初期就有部分稳定的流量来源，并且网站结构和内容设置合理，那么，排名会慢慢地升上来。

(3)　传播作者价值观。软文不同于广告，很大程度上带有个人情绪、主见、建议等看法。如"我今天才知道减肥的正确方法"，然后带上网站链接，分析给网民。这不仅可以表达自己的观点，还可以宣传产品、吸引消费者的眼球。

(4)　软文可以传递口碑效应。一篇好的软文，会让网民不知不觉随口拿来做话题，这样起到的效果，比广告效果要强很多。如今，社会越来越进步，产品种类越来越多，软文也是如此，网络上有很多篇各式各样的软文，网民们只会选择点"赞"多的、转发量高的、评论多的阅读。

(5)　软文能带来群体效应。互联网是一个神奇的地方，如果网民在一个网站看到企业的软文推广，就可以在其他网站上看到，世界各地的网民也可以看到同一篇报道。众口铄金，消费者想不相信都很难，不知不觉就在消费者心中留下了深刻印象，下次购物，自然而然地会选择该商家。

(6) 软文可以树立企业形象。 现在同类竞争是企业生存的最大危机，很多企业都有相同的产品、相同的服务，那么消费者只能记住一家最好的，那必须是消费者印象中最深刻的，这个印象就要由好的软文来树立。为企业树立一个诚信的品牌、树立一个不一样的服务形象，让消费者记住，这比再多的广告效果都要好。

11.5.2 软文推广的优点

软文广告不像硬性广告一样给人一种乏味的感觉，软文更加贴近用户的心灵，更容易给用户灌入心灵鸡汤，使用户无比信赖。软文推广的优点有以下几种，如图 11-24 所示。

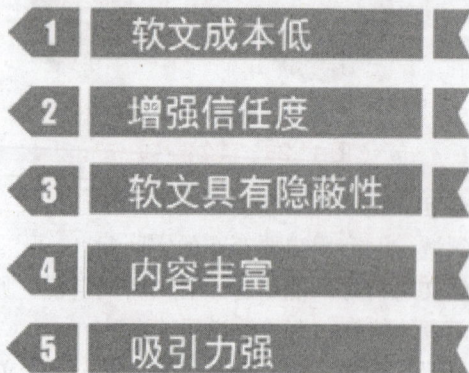

图 11-24　软文推广的优点

(1) 软文成本低。 软文广告不像硬性广告的门槛那么高，如湖南卫视黄金档《快乐大本营》插播 5 秒广告就要 120000 元，而软文推广几乎不花一分钱，只要你写得奇妙、契合、与读者产生共鸣，效果比硬性广告还要好。

(2) 增强信任度。 对于软文来说，只要有好的付出就会有好的回报，只要传播者能用心来撰写软文，哪怕一句话、一个观点对受众有启发，受众都愿意接受并帮助你传播。

• 专家提醒

就拿新闻性的软文来说，在生活中新闻具有权威性、真实性、客观性、容易被消费者信赖等特点，新闻性软文无疑可以起到很强的推动作用，帮助企业快速提高产品销量。

(3) 软文具有隐蔽性。 软文不同于网络广告，没有明显的广告目的，而是将要宣传的信息嵌入文字，从侧面进行描述，属于渗透性传播，让受众在潜移默化中受到感染。如今网络媒体的各个角落都充斥着商业性文章，如新闻、博客、论坛等，读者可能到了最后都很难分辨哪种是软文，哪种是平常的文章。

(4) 内容丰富。软文由于文字资料的丰富性，表现形式也多种多样，从论坛发帖到博客文章、网络新闻，从电影到游戏等几乎遍布网络的每个角落，因此，大部分的网络用户都是其潜在消费者。

(5) 吸引力强。软文的宗旨是吸引读者、得到读者信赖，撰写中应用极具吸引力的标题或话题来吸引网络用户，然后用细腻、具有亲和力或者诙谐、幽默的文字，以讲故事等方式打动消费者，而且文章内容应处处为消费者着想，分析消费者的内心，使读者易于接受，尤其是新闻类软文，消费者从关注新闻的角度去阅读，信任度就很容易获得。

11.5.3　软文推广的技巧

软文推广要想达到好的效果，就要选择合适的媒体，并做好内容策划。当然，软文推广并非如此简单，下面笔者总结了网络上盛行的软文推广技巧，供推广者们借鉴学习。

1. 推广前期的准备工作要做好

所谓推广前期的准备工作，是软文推广操作的基础，它包括以下几点。

- 一篇确定主题、内容精彩的软文。
- 确定推广平台。
- 从各方面做好推广预算。

在软文的环节要特别注意，推广出来的软文，必须是经过多次修改、优化所确定下来的。那么，该怎样来确定软文无须再优化、修改呢？要达到如表 11-2 所示的要求内容。

表 11-2　软文优化需注意的问题

需注意的问题	解　　释
行动目标是否植入	企业软文营销推广的主角是否成功地插入到软文中，并且不突兀；是否融合在软文所制造的情景中，其软文营销推广的主角可有企业产品、品牌、活动等
软文标题是否吸引人	软文标题是整篇软文中第一个与读者见面的环节，正所谓"第一印象可决定生死"，如果标题够好、够特别，那么读者自然会进去阅读；若标题平淡无奇，那么读者只会一扫而过

需注意的问题	解　释
软文中是否存在错别字	软文中若有错别字，会让读者觉得不靠谱，甚至是带有嘲笑的态度阅读，抑或直接停止阅读
软文内容是否上下连贯	若一篇软文整体不连贯，则会让读者在阅读时不知所云，不能够理解文章所要表达的东西，甚至会觉得自己遇上了可恶的"标题党"
软文是否存在标点错误	一篇好的软文，应该严谨，不能犯一丁点的"细心"错误
软文结尾是否自然合适	一篇好的软文应该首尾呼应，首尾自然衔接、合适，才能使整篇文章的可阅读性上升
软文的配图是否合适	软文中的配图能让文章不显得那么枯燥，在使用配图时，需要注意是否具有法律风险
关键词植入是否过于密集	密集的关键词能加深企业产品在读者脑海中的印象，关键词的布局要谨慎小心，不能太过招摇，应做到关键词密集，又不让读者发现这是一篇软文
软文的超链接是否正确	有些企业会在软文里放置超链接，而所谓的超链接是一种可以让读者点击，就能跳转到企业想要读者浏览的页面，所以超链接是否正确很重要

每篇软文的字数最好不要超过 1000 字，除非是研究性的软文，不然最好是越精练越好。这样才不会磨去读者阅读的耐心，达到推广的作用。

软文推广是品牌目标和销售目标广告化的产物，最终要达到的是建设形象与获取利润的目的，因此，软文推广也应遵循计划、组织、实施、修正的操作规律。

2. 选择软文发布平台

企业推广软文时选择平台发布尤为重要，首先要根据不同的软文做出分类，选择不同的平台；其次就是要对选择平台的搜索引擎中的权重进行分析和阶段的发布。

然而，如何发布软文才既能让搜索引擎收录，又能提高用户的体验呢？在笔者看来，发布软文时一定要注意以下三点，如表 11-3 所示。

表 11-3　软文发布时的注意事项

注意事项	正确的做法
网站权重问题	企业在发布软文时一定要选择权重相对较高的网站，因为，在权重相对较高的网站，软文很容易被收录；而在权重偏低的网站，软文就不一定会被收录
发布平台问题	平台的权重不同会影响软文发布的效果，好的平台会为软文营销带来大的流量；而差的平台则可能阻碍软文的线上传播

注意事项	正确的做法
操作方式问题	文章该怎么写、怎么发、发在哪里,一篇文章一次可以发布到多少个平台,什么样的文章更容易被收录,什么样的文章更容易吸引流量等,这些都是企业进行软文营销时必须考虑的问题。企业优化软文重复次数不要太多,因为收录后容易被忽略,进行软文营销推广时最好是大批量地发布,发布得越广效果会越好

软文发布平台是指提供给企业进行软文推广的一个归纳、结合、专业传媒资源的平台,软文发布平台可以为企业宣扬,找到新的突破口,以软文的方式经过软文发布平台媒体途径进行宣传发布。

下面笔者列出了一些软文营销推广的发布平台,如表 11-4 所示。

表 11-4 软文营销推广的发布平台

平　台	平台解释
微信	微信上面有很多功能,可以让企业发布软文,如朋友圈、公众号等
论坛	在论坛中的曝光率是有限的,需要与论坛管理人员联系好,置顶效果才是最好的,而且有的论坛不能带链接
微博	字数有限制,一般不超过 200 个字符,如果粉丝多的话,可以让很多人看到
博客类站点	博客类站点主要是针对搜索引擎优化用的,而且说不定哪天就会被博客编辑发现企业发的软文,从而向大家推荐。企业最好到各大网站的博客都注册一个账号,比如百度空间、搜狐博客、新浪博客、网易博客,有备无患
百度平台	百度平台有很多可以发布软文的地方,如百度文科、百度百科、百度贴吧、百度知道等
门户网站	它主要指的是新闻源站点全国较大的地方门户行业网站,如新浪、搜狐、网易、中国网等
站长类网站	站长类网站是指主要目的为站长提供各类交流、资讯、资源及服务的网站,虽然站长类网站是为站长服务的,但里面不乏民间高手,里面的从业人员也有不少,如中国站长站、Admin5、落伍者等
报刊	平面媒体如报纸、期刊等,一般为新闻稿件
分类信息网站	分类信息网站发软文也是软文营销的渠道之一,不过像 58 同城这些大型的分类信息网站对企业发布的信息有一定限制,并且外链需要通过严格审核

3. 把握软文推广时间

企业发布软文应注意时间点,选择在每天早上 8:30~9:00 进行软文发布,这个时候的转载率是最高的。不过不同的平台有着不同的黄金发布时间段，下面笔者以微信软文的发布时间为例进行说明，如表 11-5 所示。

表 11-5　微信平台的发布时间

发布时间	时间解释
早上 8 点左右	新的一天开始，人们的大脑得到了充足的休息，对信息的需求量也相对要大，这是企业推送信息的黄金时段
中午 11 点半到 12 点半	这段时间大家一般进入吃饭、午休的阶段，玩手机微信的概率大大增加，企业可以把握这个时间进行信息推送
晚上 8 点到 9 点	这个时间进入晚上的黄金时段，工作一天，大家进入放松的时刻，通常是在看电视或者散步，比较容易接受广告推送

不同的软文营销项目和不同的企业选择的软文发布渠道可能不尽相同，营销者可以结合优势资源和软文特点整合几种形式。此外，软文的发布时间并非一成不变，没有必要严格按照推荐时间进行发布。

接下来我们介绍一下把握企业微信内容推送时间的技巧，如表 11-6 所示。

表 11-6　微信推送软文时间的技巧

技 巧	时间解释
因人而异	对不同的营销对象，企业要采取不同的推送时间，由于微信里很多好友都在自己熟悉的朋友圈，对于朋友们的作息时间，一般都能算准，所以，很容易做到因人而异
分析数据	分析数据是企业针对不熟悉的好友而做的，这样是为了成功把握好友活动的时间，利用合适的时间进行微信内容的推送，效果往往会事半功倍
定时推送	对于一个想要塑造品牌形象的企业而言，在保证微信内容质量的同时，最好形成定时推送的习惯，这样能让用户避开那些骚扰信息，定时地去翻看企业的微信
拒绝刷屏	要根据固定的时间进行软文的推送，不要出现刷屏现象，这样只会伤到朋友情谊
紧跟动态	企业必须随时注意社会动态，当遇上重大时事政治、社会新闻时，可以根据具体情况改变推送微信的时间

4. 做好软文推广计划

所谓推广计划，是指一篇软文从主题确定、开始撰写，到最终的推广平台、效果统计的整体组织、实施以及修正。可以说软文广告推广计划是软文广告操作的基础。

一般来说，软文推广计划源于企业的广告策略，善于操作软文广告的企业大多是非常讲求策略的，也是精于低成本运营的。

以良治电器"洗之朗"为例，广告计划比新产品上市计划早了三个月，其中主要就是软文广告计划。由于"洗之朗"是一个新品类的产品，更是一个观念性很强的新兴电器，需要做大量的市场教育和观念引导宣传，因此在 2003 年全年广告计划中，软文广告占了 70%的比例。

每篇软文不少于 800 字，并按顺序依次发布。公关软文在产品上市前完成发布，炒作周期为 1 个月。功能软文在产品上市后发布，上市推广周期为 1 个月，销售目标 50 台。

正是凭借着详尽的推广计划，"洗之朗"迅速占有了市场，而在"非典时期"，"洗之朗"及时改变推广计划，凭借着《一个被 99%的人忽视的卫生习惯》一文获得大量关注，销量不减。

• 专 家 提 醒

> 软文推广是广告目标软文化的具体表现，而推广又是品牌目标和销售目标广告化的产物，最终要达到的是建设形象与获取利润的目的，因此，软文推广也应遵循计划、组织、实施、修正的操作规律。

5. 精心选择软文的"脸面"——标题

前文中我们就已经提到，就整篇软文广告而言，标题就像"脸面"一样，切忌标题取得不清不楚、不温不火，标题需要在第一时间吸引到读者的目光。

例如《人类可以长生不老？》《男人流行画眉毛？》《保肝价太高，市民怎么办？》《老爸老妈中毒啦》《奥普浴霸何以"霸"京城？》这些优秀的标题，不但曾经风靡一时，而且如今记忆犹新，为什么？因为它不但像新闻标题，甚至比当时的新闻标题更吸引人。选择标题时具体可以参考以下四点。

(1) 标题党。网络上那些带有轰动性标题的文章，远远比标题平平的文章更能获得较高的点击率，这也就是经济学家经常提到的眼球经济。

(2) 标题要有新意、有个性。标题编写有独到之处，才有刺激性和吸引力，因此，广告标题要有创意，但是要注意尺度。

(3) 关注热点和流行。要注意网上流行什么，当前社会上哪些是热点，哪些东西人们比较关注，把软文跟这些内容结合起来。

(4) 标题要生动、传神。俗话说"人看脸，树看皮"，一篇文章要想吸引人，关键是标题要出彩，要让人产生浓厚的阅读兴趣。

6. 用心组织软文"骨骼"——结构

有了好的软文标题，只能算成功了一半，要让读者更多地吸纳软文信息，软文结构至关重要。一篇优秀的精品软文，结构是它的骨骼，是支撑软文的框架。推广者可以按照"新闻写作"的思路，组织软文的结构。

例如，京东日前宣布，将与北京、上海、广州等 15 座城市的上万家便利店进行战略合作，推广零售店 O2O 模式，促进实体店向互联网转型。

据悉，与京东合作的企业包括快客、好邻居、良友、每日每夜、美宜佳等，覆盖上海、北京、广州、温州、东莞、乌鲁木齐、哈尔滨、西安、呼和浩特、石家庄、南宁、太原、大连等城市，未来还会覆盖中国所有的省会城市和地级市。

上述企业将在信息系统、会员系统、消费信贷体系和服务体系等方面与京东深度整合，而京东则会在网上给这些便利店搭建入口。

京东首席物流规划师侯毅表示，京东 O2O 平台的移动端将会与 PC 端同时搭建，借助 LBS 技术，用户可以找到距离自己所在位置最近的店铺，"京东线上和线下的会员体系将实现共享，会员的订单由京东统一下发给商家，由商家或京东自营配送团队进行配送"。此外，京东还与零售业主流 ERP 软件服务商 SAP、IBM、海鼎等签订了战略合作协议，实现了零售业 ERP 系统和京东平台的无缝对接，并升级了零售业 ERP 系统。

整篇软文的结构优势体现在两个方面，一方面是软文思路清晰，从开篇点题，到规模介绍，再到合作前景环环相扣；另一方面是文章排版美观，符合大部分读者的阅读体验，可以提高软文的转载率。

7. 增强软文的"新闻性"

在软文的写作过程中，要善于运用新闻惯用的一些词汇，来增强正文的"新闻性"。例如，时间、地点词汇可以用"近日""昨天""正当××的时候""在我市""某商场"等，这些时间以及地点的概念可以引导读者产生与该时间、该地点的相关联想，加深印象，淡化广告信息。图 11-25 所示为顺丰物流的推广软文，文中较多地应用到新闻词汇。

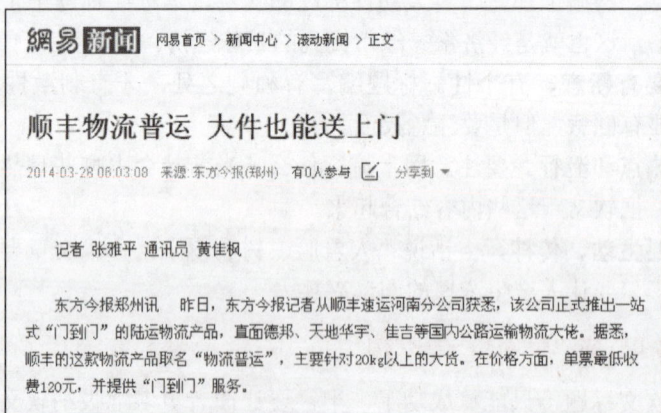

网易新闻 网易首页 > 新闻中心 > 滚动新闻 > 正文

顺丰物流普运 大件也能送上门

2014-03-28 08:03:08 来源：东方今报(郑州) 有0人参与 分享到 ▼

记者 张雅平 通讯员 黄佳枫

东方今报郑州讯 昨日，东方今报记者从顺丰速运河南分公司获悉，该公司正式推出一站式"门到门"的陆运物流产品，直面德邦、天地华宇、佳吉等国内公路运输物流大佬。据悉，顺丰的这款物流产品取名"物流普运"，主要针对20kg以上的大货。在价格方面，单票最低收费120元，并提供"门到门"服务。

图 11-25 顺丰物流软文

此外，常用的新闻词汇还包括以下两种。

(1) 新闻源由词汇。比如"据调查""据了解""笔者还了解到""在采访中了解到""据说"等，这些词汇让读者更能感到信息的真实与有据可查。当然，信息本身首先必须是真实的。

(2) 身份词汇。如"笔者""记者""我""笔者亲眼看到"等词汇能让读者与作者"合二为一"，读者的视角、观点也会"跟着作者的感觉走"。图 11-26 所示为《曝光"洗之朗"热销背后！》一文节选，大量运用"记者""采访中""对记者说"等身份词汇和语句。

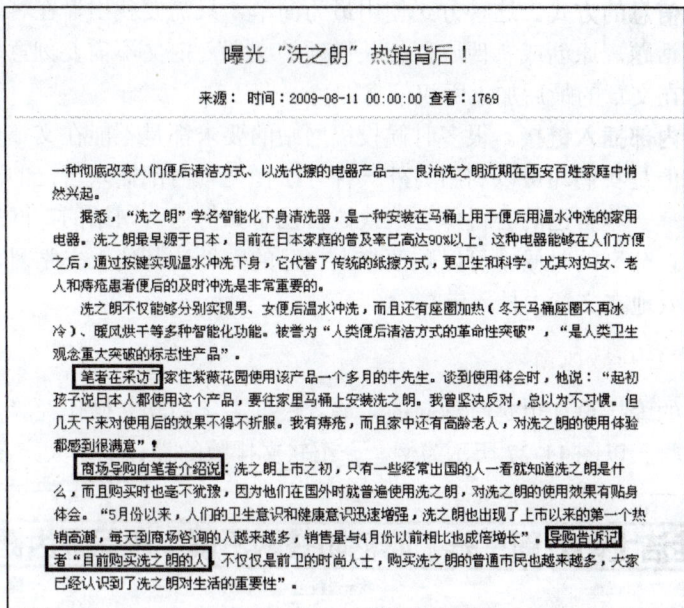

图 11-26 软文中的身份词汇

8. 巧用"广告炒作"

电影中，主角李冰冰拿起了一瓶矿泉水，透过镜头，我们可以明显地看到"怡宝"的商标……这是热映的《变形金刚 4》里边的一个桥段。中国品牌"怡宝"投入数千万元资金，以植入式广告的方式亮相好莱坞电影。

其实，软文植入与电影和广告植入是"异曲同工"的，下面笔者就为大家介绍软文比较实用的植入广告的几种方式。

(1) 以举例的方式展现。这种方式可以适当展开几十个字，多用于平面媒体的软文。这一点在写互联网的文章或者写教程类等的文章中经常提到。

(2) 借用第三者的身份。比如某专家称、某网站的统计数据、某人的话。这种方式引入的文字不宜太长，同样地，这种方式多应用于平面媒体的软文。

331

(3) 以标题关键词形式。 内文将植入的关键词拟人，如"小惠(千惠超市)认为"。这类植入方式尽管没有太多地融入产品信息，但是因为关键词及内文多次带有产品、商标或者公司名称，既能传达一种理念，又能达到被百度检索收录的效果，多用于网络门户类软文。

(4) 故事揭秘的形式。 这种方式开始就围绕植入的广告编故事，一切都是以这个需要植入的广告为线索展开的。这种植入尽管让读者意识到是软文，但是只要故事新颖，大胆创新，读者还是愿意一口气看完的。这种方式多用于论坛软文。

(5) 版权信息的方式。 这种方式使用最为简单，只需要找出潜在客户群体，找出他们感兴趣的话题，原创或者伪原创相关话题的文章，内文不需要刻意琢磨如何植入广告，只需要在文章的最后加上版权信息即可。

(6) 文章内部插入链接。 很多时候投稿网站的要求都是不能在文章内部中加入广告性的链接，但是我们却可以利用另外一种方法在文章内部插入自己的网站链接，比如在文章中分享一些自己的心得体会，谈谈自己是如何运营网站的，网站又是怎么做成功的，这样在分享的时候就可以顺便带上自己的网址让其他人去学习，通过这样的方式也能够有效地在文章中植入链接。

9. 设计特色排版风格

软文广告的编排设计也是有学问的，笔者根据多年的软文操作经验，总结了软文排版设计的经验。以图 11-27 所示为例，介绍软文排版的设计，供大家参考借鉴。

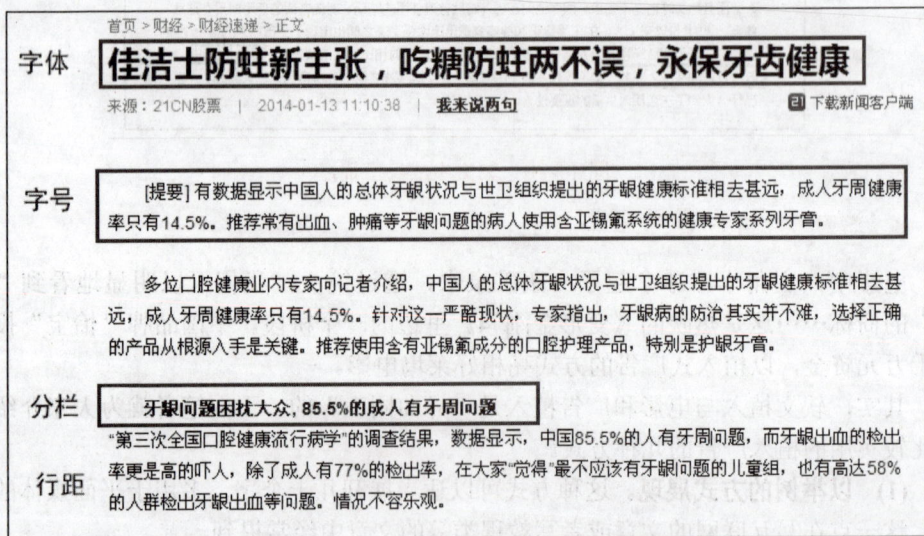

图 11-27 软文排版范例

(1) 字体。 标题(包括引题和副题、小标题)的字体、正文的字体均应和发布媒体惯用的新闻字体一致。对字体的装饰(如底纹、阴影、立体等)也要和新闻的设计风格保持一致。

(2) 字号。 除字体的设计与新闻保持一致之外，字号也要和新闻稿件惯用的字号一样，这样才会从整体上让读者感到"像新闻"。

(3) 分栏。 对较长的软文稿件(一般 800 字以上)，在设计时要进行分栏处理。分栏时要参考发布媒体的分栏方式，严格把握每栏的栏宽长度。一般大报的每版以五栏划分，每栏约 6 厘米宽；小报的每版以四栏划分，每栏约 5.5 厘米宽。

(4) 边框。 每种报纸的新闻稿件边框线都有其固定的风格，如《华商报》的新闻边框线为 3 毫米的灰色(彩版为绿色或蓝色)，而《西安晚报》则为粗线条边框。北京、上海、广州等各地报纸媒体也都不尽相同，甚至没有边框，这些都是软文广告编排设计时要参考的细节。

(5) 行距、字距。 一般来说，新闻正文的行距一般以 1 毫米为佳，1 厘米的距离内只能排三行字。字距一般小于 1 毫米，1 厘米内可以排 3.5 个字。软文编排设计时严格把握行距和字距的疏密，再配合字体、字号的一致，可以和新闻稿别无两样。

第 12 章
抓住时机——事件热点营销

事件营销概述
什么是事件营销
事件营销的特点
事件营销的表现形式

抓住时机
——事件热
点营销

事件营销关键
借"事"造"势"、
"创势"造"事"、
抓住时机、
抓住切入点

事件营销技巧
美女牌、情感牌、
热点牌、争议牌、
公益牌

12.1 事件营销概述

事件营销在网络营销中的地位是不可忽视的，在其他的营销过程中或多或少都会与之融合在一起，虽然事件营销没有软文营销那样贯通于整个网络营销中，不过它的威力还是不可否认的，其营销效果也是无可撼动的，只要企业运用得当，事件营销就相当于给你的"财神爷"。

12.1.1 什么是事件营销

事件营销是指企业通过策划、组织和利用具有新闻价值、社会影响以及名人效应的人物或事件，吸引媒体、社会团体和消费者的兴趣与关注，以求提高企业或产品的知名度、美誉度，树立良好品牌形象，促成产品或服务销售的手段和方式。简单地说，事件营销就是通过把握新闻的规律，制造具有新闻价值的事件，并通过具体的操作，让这一新闻事件得以传播，从而达到广告的效果。

加多宝冠名《中国好声音》一炮而红，如图 12-1 所示；干露露的借车展之势迅速提升知名度；刘翔代言让人记住了 EMS；张瑞敏砸冰箱被人津津乐道；茅台酒在世界博览会上一摔成名……这些事情无不跟事件营销有关。

图 12-1 事件营销

从上面的例子中简单地分析就会发现，有的是自身的造势，有的是借势传播。造势的前提除了事件本身要具有新闻性外，还要产品过硬、企业有影响能够引起媒体和受众的关注；借势的前提是关注度高的事件的内涵要与企业的价值相吻合，这才能起到一箭双雕(知名度与品牌内涵的双提升)的作用。

品牌的建设一般分为三步走：第一步是品牌策略(我是谁)、第二步是推广(八大推广手段)、第三步是推广调研(品牌审计)。在品牌策略清晰的基础上，推广是品牌建设的重心，而事件营销又是品牌推广的核心。

根据互联网出现的事件营销，可以把企业事件营销运作手法分为两类。

- 企业借用已有的社会热门事件或话题结合企业或产品在销售或传播上的目的而展开的一系列活动。
- 企业通过策划、组织和制造具有新闻价值的事件，整合自身资源，来吸引媒体、社会团体及消费者的兴趣和关注。

12.1.2　事件营销的特点

在网络营销中，不管企业选择哪种事件营销的方式，都具有以下几种特点，如图 12-2 所示。

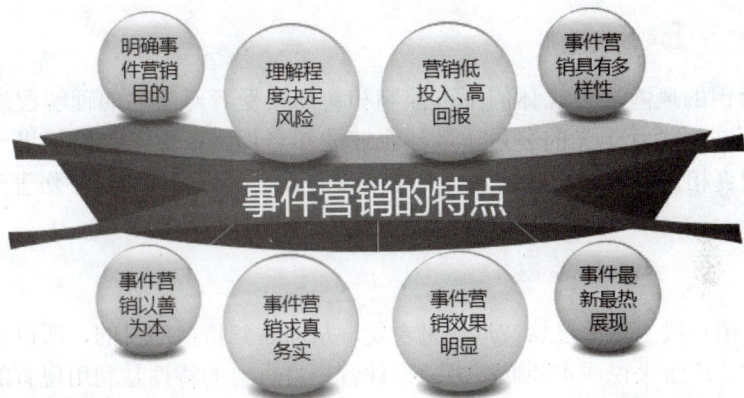

图 12-2　事件营销的特点

1．明确事件营销目的

事件营销应该有明确的目的，这一点与广告的目的性是完全一致的。事件营销策划的第一步就是要确定自己的目的，然后明确通过怎样的新闻达到自己的目的。

通常某一领域的新闻只会有特定的媒体感兴趣，并最终进行报道。而这个媒体的读者群也是相对固定的，如图 12-3 所示为"新浪旅游"频道，集中地新闻自然是关于旅游的，面向的读者也是旅游者。

图 12-3　"新浪旅游"频道

2. 理解程度决定风险

事件营销的风险来自媒体的不可控和新闻接受者对新闻的理解程度。例如一些利用负面新闻进行曝光的公司，虽然企业的知名程度扩大了，但如果一旦市民得知了事情的真相，很可能会对该公司产生一定的反感情绪，从而最终伤害到该公司的利益。

3. 营销低投入、高回报

事件营销一般主要通过软文形式来表现，从而达到传播的目的，所以事件营销相对于平面媒体广告来说成本要低得多。事件营销最重要的特性是利用现有的非常完善的新闻机器来达到传播的目的，避免了其他营销方式的高额宣传费用，可以产生低投入、高回报的宣传效果，甚至让企业一夜成名。

以前段时间成名的"黄太吉"为例，所使用的招数就是：不断制造话题，引发围观，吸引潜在客户和媒体注意。作为一名营销老兵，"黄太吉"的创始人赫畅深谙现代社会吸引眼球之术，于是在"黄太吉"创办之初，他开出了自家的奔驰去送煎饼。

廉价的煎饼与高端的奔驰车形成对比，迅速吸引了消费者的注意，"老板开奔驰送煎饼"的新闻就这样诞生了，做这条新闻没有花一分钱，却在网上热翻了天，如图 12-4 所示。

4. 事件营销具有多样性

事件营销是国内外十分流行的一种公关传播与市场推广手段，它具有多样性的特性，它集合了新闻效应、广告效应、公共关系、形象传播、客户关系于一体来进行营销策划，多样性的事件营销已成为营销传播过程中的一把利器。

5. 事件最新最热展现

事件营销往往是通过当下的热点事件来进行营销，这样事件营销就是拿当下最热的事情来展现给客户，因此它不像许多过剩的宣传垃圾广告一样让用户觉得很反感。事件营销更多地体现它的新颖性，吸引用户点击。

例如，昆士兰旅游局"招聘大堡礁看护员"事件，澳大利亚大堡礁久负盛名，但因为随着海洋升温及游客增多，一度大堡礁的珊瑚虫濒临灭绝，经过一段时间的休养生息，大堡礁生态环境得到了恢复，知名度却已大不如从前。尤其是拥有"大堡礁之星"美誉的哈密尔顿岛，由于受到金融危机的冲击，游客量大减。于是，昆士兰旅游局策划了一次网络营销活动来推广其旅游业。

2009 年 1 月 9 日，昆士兰旅游局网站面向全球发布招聘通告，并为此专门搭建了一个名为"世界上最好的工作"的招聘网站，招聘大堡礁看护员。网站提供了多个国家的语言版本，短短几天时间网站吸引了超过 30 万人的访问，导致网站瘫痪，官方不得不增加数十台服务器。

"世界上最好的工作"共吸引来自全球 200 个国家和地区的近 3.5 万人竞聘。据昆士兰旅游局称，整个活动的公关价值已经超过了 7000 万美元。在中国，这一热门创意营销事件同样火热，各类报刊网站争相报道该事件，如图 12-5 所示，让昆士兰旅游局一时间名声大噪。

图 12-4　"黄太吉"事件营销

图 12-5　创意营销事件

6. 事件营销效果明显

一般通过一个事件营销就可以聚集到很多用户一起讨论这个事件，然后很多门户网站都会进行转载，效果情况显而易见，仅以上述昆士兰旅游局的营销事件，我们以"世界上最好的工作"为关键词进行搜索，可以看到千万条搜索结果，如图 12-6 所示的搜索结果。

图 12-6　事件营销效果明显

7. 事件营销求真务实

网络把传播主题与受众之间的信息不平衡彻底打破，所以事件营销，必须首先做到实事求是，不弄虚作假，这是对企业网络事件营销最基本的要求。

·专 家 提 醒

> 自觉考虑、维护社会公众利益也应该成为现代事件营销工作的一个基本信念。而营销实践也证明自觉维护社会公众利益更有利于企业实现目标，反之，如果企业只是一味追求一己私利，反而会投入更多的精力和财力，去应付本来可以避免的麻烦和障碍。

8. 事件营销以善为本

所谓"以善为本"，就是要求事件的策划和网络传播都要做到：自觉维护公众利益，勇于承担社会责任。

12.1.3 事件营销的表现形式

事件营销的表现形式有很多，总体要归为三类，即公益、聚焦和危机。这三类事件都是消费者关心的，因而具备较高的新闻价值、传播价值和社会影响力。

1. 公益活动，吸引关注

公益切入点是指企业通过对公益活动的支持引起人们的广泛注意，树立良好的企业形象，增强消费者对企业品牌的认知度和美誉度。

例如，2003 年"非典"肆虐的时候，不少企业各施所长，通过捐助、广告、活动等形式展示了自身的社会责任感，有效地达到了提高企业和产品的知名度及美誉度的目的。

又如，在 2014 年"鲁甸地震"发生后，人称"切糕王子"的阿迪力·买买提吐热向灾区捐献 1 万斤切糕(价值约 50 万元)，利用这次公益活动，阿迪力的切糕变得更加知名，销量也是大增，如图 12-7 所示。

2. 热点事件，聚焦目光

聚焦事件是指消费者广泛关注的热点事件。企业可以及时抓住聚焦事件，结合企业的传播或销售目的展开新闻"搭车"、广告投放和主题公关等一系列营销活动。

图 12-7　巧用公益营销

例如，华泰宝利格借北京 7.21 大雨的势，自拍视频真人演示司机水下脱困，帮助更多的司机了解水下如何脱困，起到了很好的效果，如图 12-8 所示。

此外，许多万众瞩目的体育赛事，也是事件营销的好机会。

图 12-8　利用聚焦事件营销

3. 化解危机，恢复形象

企业面临的危机主要来自两个方面：社会危机和企业自身的危机。社会危机指危害社会安全和人类生存的重大突发性事件，如自然灾害、疾病等。企业自身的危机是因管理不善、同行业竞争或者外界特殊事件等因素给企业带来的生存危机。图 12-9 所示为加多宝在与王老吉的竞争中失败后，进行了一场成功的品牌营销。

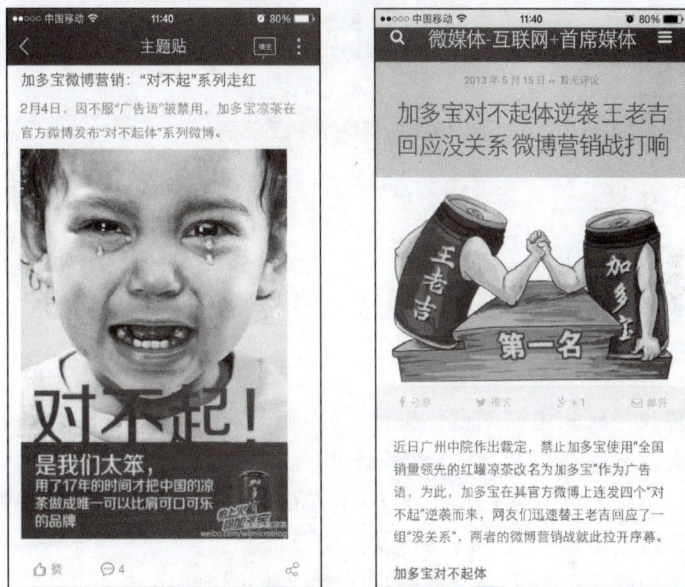

图 12-9 加多宝的危机营销

·专家提醒

管理不善、同行业竞争或者外界特殊事件都有可能给企业带来生存危机。针对危机，企业必须及时采取一系列自救行动，以消除影响，恢复形象，将企业损失降至最低，甚至化被动为主动，借势造势进一步宣传和塑造企业形象。

12.2 事件营销技巧

事件营销，可以认为是因某项事件而做的营销活动，可是"事件"并不单单只用这两字所诠释的，其实"事件"可以包括：美女、情感、热点、争议、公益等事件，只要运用得好，企业定能化腐朽为神奇。所以笔者向企业推荐 5 种事件营销的技巧，如图 12-10 所示。

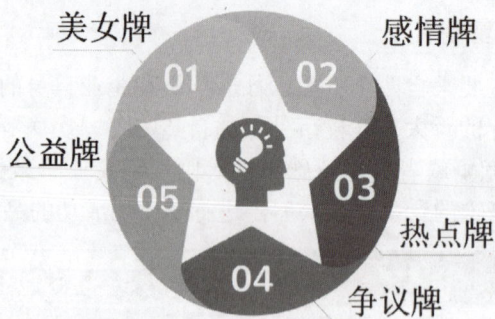

图 12-10　事件营销五张牌

12.2.1　美女牌

企业用美女来进行事件营销是第一个技巧牌，美女的出现定能引起轩然大波，特别能获得各地宅男的注目礼。

1. "美女专车充电"——充电宝

一款手机游戏与杭州地铁站合作推出的一项"专车充电"活动，当天，该公司派出了 12 名美女，分散在车厢，随身携带充电宝，免费为车厢里手机没电的人充电。当天上午，就有不少的网友在微博、朋友圈发布消息称杭州地铁车厢有美女出没，免费给手机充电，这些消息经大量网友转发评论。

由此可见，如此具创造力，又懂得把美女牌和实用牌相结合的活动，引起人们广泛参与以及热烈讨论倒也不会很奇怪。只要活动热点足、话题足、又能被市民接受，那必然是一个能达到预期宣传效果的事件营销，如图 12-11 所示。

图 12-11　地铁美女充电宝活动

2. "众里寻她签百度"——"度娘"招聘

2012 年的"度娘",一位百度公司 HR 管理职位的职员,在一次百度年会中的妖娆身姿和甜美长相,引起了无数网友的注目礼,从而一夜红遍了网络,也相继出现"度娘"的称号。随着"度娘"的红火,也成为百度历史上最好的一次招聘广告,吸引了很多网络才子的目光,大家都直呼"众里寻她签百度"。总之,美女"度娘"赚足了网民们的眼球,而百度也赚足了人才,如图 12-12 所示。

总之,企业要利用互联网以美女作为载体来传播企业产品,无疑是一个富有创意而又"养眼"的传播途径。打出美女牌,只要不恶俗必然是一个成功的事件营销方式。

图 12-12 百度用"度娘"做招聘海报

12.2.2 情感牌

女性相对来说比较感性,情感需求很丰富,很容易被富有感情的事件所打动和引起关注,所以企业在进行事件营销的时候,打出情感牌,来捕获女性同胞那柔软的心灵,也是一种不错的选择。

就拿电影《致我们终将逝去的青春》来说,正值大学毕业季,大学恋情、大学离别、怀念青春的话题本来就很热,在这个阶段把具有话题性的电影《致我们终将逝去的青春》投放市场,就像把一颗火苗投放到森林里,引起熊熊大火,一发而不可收,如图 12-13 所示。

与其说这是一部怀念青春的电影,不如说在这个时间节点,网友需要这样一部怀念青春的电影。这样网友边看电影,边会想到自己的青春时光,观看电影、谈论电影成为这个时间节点重要的精神消费。所以,这个时候,可能电影本身好坏并不重要了，重要的是这部电影已经融入网友的情绪中去，随之缅怀已逝去的青春。

图 12-13　致青春宣传海报

微博上也出现了一篇长微博"致我们永远不朽的男颜"，说的是赵薇作为"致青春"的导演来到"鲁豫有约"做客时的点点滴滴，最重要的是突出了赵薇和黄晓明永垂不朽的友情，文章里最有代表的一段文字说道"有一张友情叫赵薇黄晓明，有一种坚守叫 16 年我依然在，有一张陪伴叫当你需要的时候，有一种遗憾叫你是黄太太却没有嫁黄晓明……他们不是红颜，却是最好的蓝颜知己"，这段话获得了无数女性的憧憬，并想起以前那个陪着她们的男颜，在网络上也引起了网友们的热烈讨论和传播，也促使电影《致我们终将逝去的青春》的票房呈上升趋势。

总之，事件营销的感情牌，就是拿出最牵动人心的事件，让人们引发感触，夺得眼球。

12.2.3　热点牌

事件营销也可以叫"借势营销"，可以认为是企业及时地抓住受关注的社会新闻、事件以及人物的明星效应等，结合企业或产品在传播上达到一定高度而展开的一系列相关活动。更简单地来说就是企业利用围绕时事热点张开的营销活动。

就拿电视剧《来自星星的你》来说，从 2014 年 2 月 13 日中国粉丝筹钱为偶像都教授买下新京报正版广告预祝生日快乐一事，便可看出《来自星星的你》的火热性，在网络上被网民们大肆热论"如果我要遇见一个都教授就好了"之类的话题，而淘宝店主们也不闲着，纷纷相继出现了来自星星的你淘宝同款，在淘宝届风靡，久久都难以平息，各大粉丝都会按捺不住对《来自星星的你》的狂热，会不约而同地去淘宝寻找所爱的同款，从而让淘宝店主们赚了个"满金箔"，如图 12-14 所示。

在网络上还出现了《来自星星的你》里的"炸鸡和啤酒"热点关键词，在微博上掀起了一阵刷屏狂潮，微博上出现了大量的炸鸡啤酒相关话题，一夜之间，朋友、同事、情侣之间相继请吃炸鸡啤酒成为一个时髦的举动，很多餐馆顺势推出相关套餐，卖得相当火爆。就连小米董事长雷军发出的小米食堂提供炸鸡和啤酒的微博，都能轻松获得 2000 多的转发量，可见在网络上大家都学会推出热点牌，来做事件营销，从而达到营销的目的，如图 12-15 所示。

图 12-14　某淘宝店《来自星星的你》同款

图 12-15　小米食堂提供炸鸡和啤酒的微博

总之，企业只要抓住热点事件营销，就能轻松地获得群众的目光，让他们自愿地跟着企业的营销活动而走，从而得到意想不到的营销结果。

12.2.4 争议牌

事件营销中争议性的话题很容易引起广泛的传播，但争议往往又都带有一些负面的内容，企业在口碑传播时要把握好争议的尺度，最好使争议在两个正面的意见中发展，不然会让企业的名声扫地，那就得不偿失了。

如今企业的招聘条件可谓是"怪招不断"，让人目不暇接。在遭遇性别歧视，属相拷问后，求职者又遭星座考验。某企业招聘员工的广告中，招聘条件为："处女座、天蝎座不要，摩羯座、天秤座、双鱼座优先"。这则招聘广告被热传，引起了网友、媒体的关注与讨论，多家媒体纷纷报道，但事件却并没给企业带来正面的收益，大众纷纷指责该企业存在用人歧视，封建迷信等问题，给企业带来了极其严重的负面效果，如图 12-16 所示。

图 12-16　失败的争议营销

而相反，另一家企业在打争议牌的时候就做得比较成功，这家企业为了把事件营销做成功，在举行一次展会之前，以麒麟作为中国的象征物并打算制作成展会的吉祥物，向社会征求意见，引起了大众的关注，引导大众的讨论："到底中国该用龙做象征物还是麒麟？"此问题一推出就备受网民们的争议，不过，大家在做争议的同时，知晓了此次展会的存在，从而做到了很好的传播效果，最后该讨论以企业把麒麟和龙都作为展会的吉祥物而告终。

由以上两个案例对比可见，企业不能盲目地为了引起网民们的注意，就随意想出怪招打出争议牌，应该贴合正常人的群众心里，不要做超出人们心理底线的营销活动，不然只会费力不讨好，事件营销不成功就罢了，还损害了企业的美誉度，真正是"赔了夫人又折兵"！

12.2.5 公益牌

当今时代是一个充满爱的时代，大家对于公益事业都是大肆叫好，企业在做事件营销的过程中就可以打出公益牌，以关心人的生存发展、社会进步为出发点，借助公益活动与消费者进行沟通，在产生公益效果的同时，使消费者对企业的产品或服务产生偏好，并由此提高品牌知名度和美誉度。这是一种互惠的行为，对于那些需要帮助的人来说，让他们有了生活的希望，而对于企业来说可以扩大人们心中的品牌形象，获取消费者的信任度。

例如，松下志愿者携手松下育英基金获奖学校，走进北京高家园小区，为偏远山区募集冬衣，为老人院募集图书；电影《大轰炸》剧组、路虎中国共同发起"探寻驼峰英雄轨迹"公益活动，如图 12-17 所示。

图 12-17 巧用公益营销

12.3 事件营销的关键

刚接触网络营销的企业新手，不能只单单理解营销方式的理论，还要掌握其要点，才能完美地实现其营销活动，在事件营销中，企业掌握以下 4 点要点，再加上之前所学的营销理论知识，就能很好地完成事件营销的目的，从而提升企业的知名度、品牌美誉度及产品销售量。

12.3.1 借"事"造"势"

事件营销，首先要有"事"，必须有一个具体的事件可供企业"借势"，而企业必须敏锐地抓住一个具有高关注度和高传播度的"事"。事件营销的本事，就是敏锐地借助更大的"事件"帮助品牌造势。

比如，在汶川地震期间，王老吉的捐款数额是足以引起一片赞誉的，况且是在当时"比富"的大舆论背景下。央视那场捐款晚会的收视率是毋庸置疑的，"一鸣惊人"是那场晚会赋予王老吉最大的收获。

从那之后网上就出现了一篇帖名为"封杀王老吉"的帖子尤为火爆，"作为中国民营企业的王老吉，一下就捐款一个亿，真的太恨了，网友一致认为：不能在让王老吉的凉茶出现在超市的货架上，见一罐买一罐，坚决买空王老吉的凉茶，今年爸妈不收礼，收礼就收王老吉！支持国货，以后我就喝王老吉了，让王老吉的凉茶不够卖！让他们着急去吧！"这篇文章首次出现在天涯论坛就获得了极高的点击率，而后又被网友们疯狂转载，如图 12-18 所示。

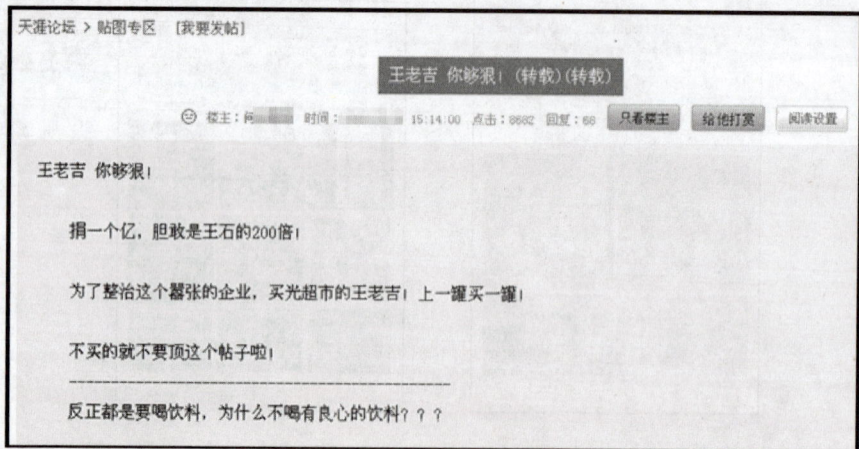

图 12-18 "封杀王老吉"帖子

由此可见，这起事件显得尤为成功，敏锐地利用王老吉在汶川地震上造的声势，从而造就网民们的关注，此事件首发天涯等大论坛，然后迅速的转载各个小论坛，变成广为人知的事件。

这次成功的事件营销为王老吉带来了极大的影响。在销售量上，许多城市的终端都出现了断货的情况；在王老吉品牌宣传上，很多人之前都只是听说过这个牌子，但没有喝过，在此次事件营销之后，他们开始试着去喝，甚至还点名就要王老吉。

12.3.2　"创势"造"事"

事件营销除了打出热点牌"借势"之外，还可以利用诸如新概念提出与引领生活、借助新闻事件、企业自身公关宣传活动等方式来"创势"。

企业可以自己想出一个新概念，引发群体关注和追捧，如发布新产品、新思想、新做法、新方式，总之，就是要创新，有了创新才能更好地引起各大网民的关注，才能在这个遍布网络营销的圈子里立足。

就拿海尔来说，在某一天，海尔为了给多年来一直赤裸亮相的"海尔兄弟"置办新的"行头"，特意在网上开展了一场别开生面的新形象征集活动，不过，海尔兄弟被脑洞大开的网友们"玩坏"了，在网上出现了许多另类版本的海尔兄弟，如肌肉美男版、土豪版、Q 版版本。网友直呼："雷翻了""毁童年"。从而引出了"海尔兄弟玩'变装'捡肥皂根本停不下来"的热议话题。

从而"海尔兄弟"新形象活动顺利成为网友热议的话题，作品在微博上疯传，同时创造了品牌亲近消费者的机会，如图 12-19 所示。

图 12-19　网友的海尔"变装"

12.3.3　抓住时机，趁"事"追击

企业在找到一个适合的热点做事件营销的时候，应该乘胜追击，就当时的火爆程度展开营销活动，不要等热点冷却之后再经行推广营销，那样不会有好的效果，并且不会引起网民太多的注意，他们会觉得这已经是过时的东西，没有必要关注下去了。

就如之前说的百度"度娘",而今度娘已经是过去式了,随着时间的流逝,人们对"度娘"已经过了保鲜期,如今最火的应该就是"韩国 90 后柳胜玉",她是因为在某剧中显露了凹凸有致的身材,从而成为热议话题,慢慢就有人说,她还通过 Balletion 运动法成为 Balletion 教练,她被粉丝们称为曲线终结者,而这一切全靠健身所得。在柳胜玉成为话题的过程中,让她红的电视剧和 Balletion 运动法做了一个无意识的推广,如图 12-20 所示。

图 12-20　微博热点

企业可以试想一下,如果现在用过时的度娘打美女牌事件营销和用柳胜玉来打美女牌事件营销做对比,那必然是后者获胜,前者已经过了人们热议的时间,而后者正是人们感兴趣的,想要深入挖掘,那样才能引起网民的注意。

由此可见,企业在及时并准确判断出社会热点事件之后,才具备了利用该事件进行事件营销的前提。企业在有效的时间内进行决策并合理实施,最终决定了企业能否抓住机会并把握机会、能否真正搭上事件营销的快车,在这一点上,时间重于金钱。

12.3.4　抓住切入点,借"势"提升形象

在网络营销中,事件营销是普遍被企业所征用,而事件营销的一大关键就是要将最为关键的信息准确地传播给公众。因此,企业在运作事件营销的时候,必须要抓准事件的切入点,并与目标受众心理高度契合,才能发挥事件营销的威力。

比如在 2015 年奥运宠儿刘翔正式宣布退役,而耐克迅速地做出了"平凡也能飞翔"的 9 张致敬图,分别以眼睛、大脑、背、手、耳朵、心脏、左脚、嘴巴、右脚、

展开致敬语，并在每张图上印上了耐克的 LOGO，这也算是一种创新，能引起广大网友的关注和讨论，如图 12-21 所示。

并且在微博上发起了"#平凡也能飞翔#"的热门话题，以"凡也能飞翔，奥运冠军刘翔于 2015 年 4 月 7 日 17:00 正式发长微博宣布退役。作为中国体育界的"超级明星"，"翔飞人"从此隐退，无疑将成为永恒的"时间节点"。

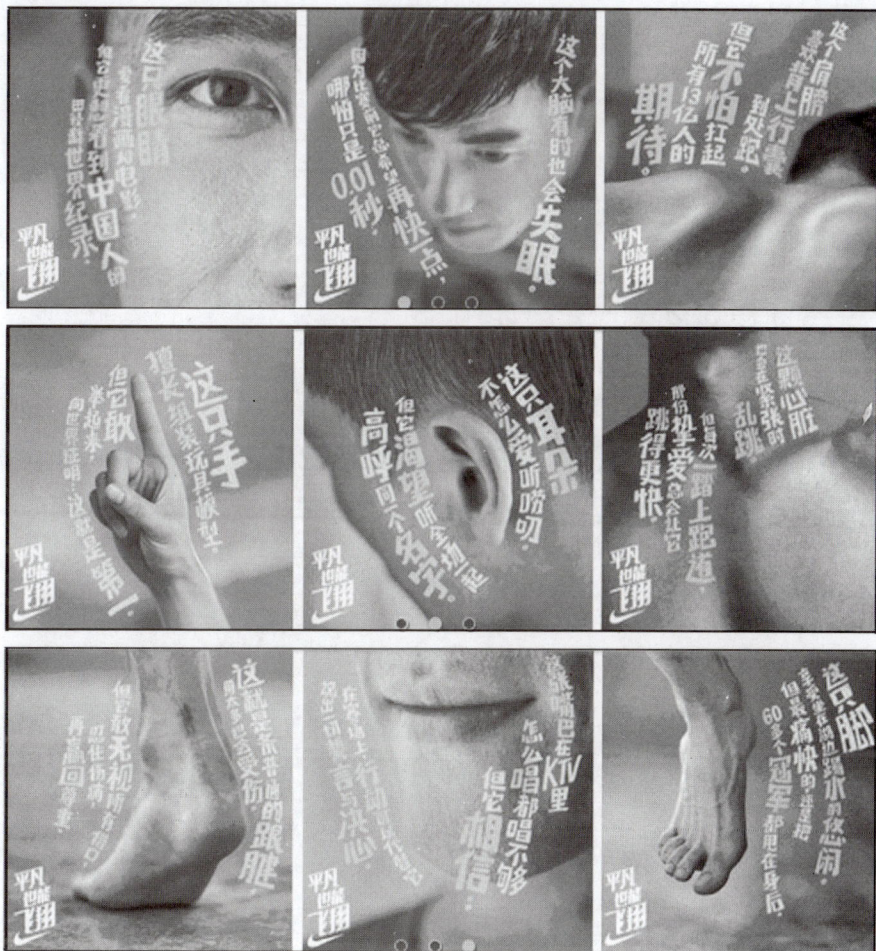

图 12-21 耐克"平凡飞翔"致敬图

"让我们一起为他送上祝福。"为导语，引起大量网友的关注、转发、点赞、评论。而耐克的做法，非常切合广大网友对刘翔退役的心情，那股又遗憾又祝福的感情，被耐克公司狠狠地抓住，以至于成为热点话题，不仅为刘翔提供了满满的祝福，还为自身的品牌提高了知名力度，如图 12-22 所示。

·专家提醒

　　企业在做事件营销的时候，一定要抓住事件的切入点，并与公众心理完美结合，才能有效地提高自身品牌知名度、产品销售量以及企业信誉度，更重要的是，能让企业做营销的时候不那么显著，而让大众自己无意识地接受企业的产品，这种营销效应在网民的大脑里会存在得越久，效果越好。

图 12-22　微博热门话题"#平凡也能飞翔#"